KiWi

1885

DAS BUCH

Wohin man auch schaut, immer ist es die eine Frau, die sich durchsetzt. In der Bibel ist es die jungfräuliche Maria, damit fing das Unheil an. Im Märchen gibt es immer die eine Prinzessin, sehr schön und sehr blöd. Die sündige Eva aus der Bibel und die böse Stiefmutter oder Hexe lassen wir mal hübsch beiseite, denn die sollen nur als Beispiele dafür dienen, was passiert, wenn Frauen nach Macht streben: Sie werden aus dem Paradies geworfen oder verbrannt. Mit dieser Prägung entlässt man Frauen ins Leben und wundert sich dann über die ständige Konkurrenz unter Frauen um diese begrenzten Plätze. Dann wird so getan, als wären Frauen von Natur aus eben stutenbissig und selbst schuld an dieser Rivalität.
Carolin Kebekus kommt diesem bösen Spuk auf die Spur, sie untersucht alte und neue Geschichten, um zu zeigen, warum uns Frauen eingetrichtert wird, dass wir um den einen Platz – im Fernsehen, in der Firma, im Karneval usw. – konkurrieren müssten.

DIE AUTORIN

Carolin Kebekus wurde 1980 in Bergisch Gladbach geboren. Sie ist die erfolgreichste Comedienne Deutschlands und wurde sechs Mal hintereinander mit dem »Deutschen Comedypreis« ausgezeichnet. Mit ihren Bühnenshows avancierte sie zu den größten Comedy-Acts in Deutschland, Österreich und der Schweiz. Sie ist Ensemblemitglied der ZDF heute-show und hat mit der hochgelobten Carolin Kebekus Show ihre eigene Sendung im Ersten.

DIE CO-AUTORIN

Mariella Tripke ist eine freie Autorin aus Köln, die mit scharfem Humor, feministischen und antifaschistischen Tweets sowie bissigen, sozialkritischen Statements Sketche und Stand-Ups für viele Satire- und Comedyformate schreibt.

CAROLIN KEBEKUS

ES KANN NUR EINE GEBEN

Mit Mariella Tripke
Illustrationen von Studio Mila

KIEPENHEUER & WITSCH

*Für meine Freund*innen*

VORWORT

Ich freue mich sehr, dass es nun eine Taschenausgabe von dieser Lektüre gibt, die schon so unglaublich viel Aufmerksamkeit bekommen hat. Unsere Welt hat sich seit dem ersten Erscheinen ein Stückchen weitergedreht und auch in vielen Punkten verändert. Aber nach wie vor ist das Thema dieses Buches hochaktuell.

Wenn ein Kind geboren wird, fragt man[1] immer zuerst nach dem Geschlecht. Nicht danach, ob es gesund ist oder wie es der Mutter so geht. Man fragt nach dem Geschlecht, so als wüsste man, dass die Einordnung in Junge oder Mädchen den künftigen Lebensweg vorherbestimmt. Als wäre diese Frage die wichtigste, die es zu beantworten gilt. Denn bist du ein Mann, hast du höhere Chancen auf einen einflussreichen Posten. Bist du eine Frau, hast du höhere Chancen auf Altersarmut. Passt du in keines dieser beiden Geschlechter, hast du höhere Chancen auf ganz andere Probleme. Wenn ich hier über die Sichtbarkeit von Frauen in allen Bereichen des Lebens spreche, dann ist mir klar, dass ich das Thema nur anreißen kann und es noch so viele Unterkategorien zum Thema Sichtbarkeit gibt, dass man zehn Bücher darüber schreiben könnte. Denn wenn ich als weiße Frau Diskriminierungen und Ungleichbehandlungen empfinde und anprangere, haben schwarze, asiatisch-stämmige Frauen, Musliminnen oder Transfrauen noch zusätzliche Probleme.

Da, wo ich mich über die Ungleichbehandlung von Frauen allgemein aufrege, können meine BIPOC oder queeren Freund*innen nur müde lächeln. Mit »Frau« ist in diesem Buch jede gemeint, die sich als Frau fühlt.

Das Thema »Konkurrenz unter Frauen« beschäftigt mich schon sehr lang und mir war klar, dass ich daraus ein Buch machen muss. Weil diese Konkurrenz nervt, uns im Weg steht und schlicht und einfach sinnlos ist. Außerdem passt sie nicht zu uns. Durch die vielen Absurditäten, die die Diskriminierung von Frauen mit sich bringt, ist dieses Buch an den meisten Stellen sehr lustig. Aber nicht an allen. Dies ist ein feministisches Buch, und ich verstehe unter Feminismus, dass wir für die Gleichberechtigung aller Menschen kämpfen. Damit wir uns nicht gegenseitig bekämpfen müssen.

1 NUR EINE KANN GERMANY'S NEXT MAIKÖNIGIN MARIA IM KINDERGARTENKRIPPEN-SPIEL WERDEN

Habt ihr schon mal was von Bienenköniginnen gehört? Ich meine jetzt nicht die aus dem Biologieunterricht, und die Rede ist auch nicht von der Biene Maja. Obwohl Maja – neben der Tatsache, dass sie eine Biene ist – ein weiteres wichtiges Merkmal einer Bienenkönigin erfüllt: Sie hängt lieber mit Typen ab als mit Frauen. Majas bester Freund ist schließlich ein Junge. Bienenköniginnen, das sind im Volksmund nämlich die Frauen, die keine weiteren Frauen neben sich dulden. Bei Männern heißen die übrigens Alphamännchen. Da muss man keine lustigen Tiervergleiche ziehen, was vielleicht damit zusammenhängt, dass männliche Chefs im Tierreich gar nicht so verbreitet sind, wie gerne behauptet wird. Die Chefin der Elefantenherde nickt gerade übrigens bestätigend, die Hyäne grinst und von der Bonobo-Äffin bekomme ich ein High Five.

Aber zurück zur Bienenkönigin. Bienenköniginnen werden vom Bienenvolk herangezogen. Sie entscheiden nicht selbst, dass sie Alleinherrscherinnen werden wollen. Verantwortlich ist die Bienengesellschaft, in die sie geboren werden. Passender für Frauen, die sich zur Alleinherrscherin hinaufkämpfen, wäre eigentlich die Bezeichnung »Nacktmullkönigin« (wenn man denn unbedingt das Tierreich bemühen möchte). Ja, Nacktmulle sind die kleinen Nager, die aussehen wie Penisse mit Zähnen. Und diese Nacktmullkönigin, die ist wirklich stutenbissig, um bei den animalischen Allegorien zu bleiben (Stuten gehen übrigens meistens sehr friedlich miteinander um). Oder halt mullbissig. Aber alles der Reihe nach. Nacktmulle sind genau wie Bienen staatenbildende Arten. Es leben etwa 300 Individuen und eine Mullkönigin gemeinsam in einer unterirdischen WG. Und im Zimmer der Königin geht es äußerst frivol zu. Denn für die Produktion des Nachwuchses ist einzig und alleine Ihre Majestät zuständig. Dafür hält sie sich einen kleinen, aber feinen Harem aus zwei bis vier männlichen Tieren. Und ja, es ist genau so, wie ihr jetzt denkt: Der Harem hat nur eine Aufgabe – die Königin zu beglücken. Allerdings hat die Sache einen Haken. Die potenten Herren altern überdurchschnittlich schnell und segnen deswegen sehr früh das Zeitliche. Für die Mullkönigin natürlich ein Traum: Ihre Kerle sind stets jung und frisch. Heidi Klum kennt und schätzt das.

Der Rest der Nacktmull-Gang hingegen ist unfruchtbar. Sie sind die Garde. Genauer gesagt arbeiten sie als Soldat*innen oder Wächter*innen. Zumindest so lange, bis die Nacktmullkönigin stirbt. Ab da herrschen Chaos und Anarchie im Nacktmullreich. Denn kaum hat die Königin ihre letzten Atemzüge getan, werden alle Weibchen gleichzeitig fruchtbar, und ein erbitterter Kampf um den vakanten Thron beginnt. »Game of Thrones« ist dagegen eine Tour mit der Kindereisenbahn durchs Märchenland. Den Thron besteigt am Ende die Nacktmullin, der es zuerst gelingt, schwanger zu werden. Und von da an ist sie die eine. Die besondere Frau, die nicht so ist wie alle anderen. Hätte sie ein Social-Media-Profil, würde sie wahrscheinlich so etwas schreiben wie: »Ach, irgendwie kann ich viel besser mit Männern. Die machen nicht so viel Drama.«

Ich würde ja sagen, sie hat das Drama gewonnen, weil sie ansonsten nicht die Königin wäre.

Und schließlich hat mich schon meine Oma gelehrt, dass ich nicht auf den Dreck im Nacktmullgehege zeigen soll, wenn ich vor meiner eigenen Haustüre noch nicht sauber gemacht habe ...

Denn leider ist es ja so: Viele Frauen wären nicht gerne wie andere Frauen, sondern die eine, die besondere. Sozusagen der ALF unter den Frauen. Und natürlich gibt es für diesen Wunsch einen Namen: Das Ganze nennt sich Pick-me-Syndrom, auch bekannt als das »Not like other Girls«-Phänomen.

Ich kenne das, und auch darüber werde ich in diesem Buch ausführlich berichten.

Ein bekanntes Beispiel aus unserer Kindheit für dieses Pick-me-Syndrom ist übrigens unsere allerliebste Heldin Pippi Langstrumpf. Ja, tut mir leid. Auch mir ist das unangenehm, was Schlechtes über Pippi zu sagen. Aber leider ist es so. Denn um zu zeigen, wie supercool Pippi ist, musste die arme kleine Annika möglichst uncool sein. Dabei ist es doch eigentlich total gut, dass es auch die Vorsichtigen gibt, die Besonnenen, die etwas Spießigen und die Strebsamen. Ohne Hermine wäre Harry Potter in Band eins gestorben. Eine Blume hätte ihn umgebracht. Seinen Kumpel Ron übrigens auch ... Unsere liebsten Kinderfiguren werde ich im Verlauf dieses Buches weiter entzaubern müssen. Pippi und Annika sind einfach wunderbare Beispiele dafür, wie uns Frauen schon von klein auf eingeredet wird, dass Mädchen generell doof sind. Außer halt der einen, der Besonderen, die eigentlich ein bisschen ist wie ein Junge.

Auch deswegen ist es wichtig, uns von starren Geschlechterrollen zu verabschieden. Denn erst wenn es keine Rollenklischees mehr gibt, können wir endlich wir selbst sein. Und ein wirklich wichtiger Schritt in diese Richtung wäre, dass Frauen sich nicht mehr einreden lassen, sie wären doof. Das ist der Kreislauf, den es sofort zu unterbrechen gilt. Auf der Stelle, bitte! Denn wie sang schon Rolf Zuckowski? »So wie du bist, so wie du bist, so und nicht anders sollst du sein.«

Doch leider sind wir noch nicht so weit, und deswegen werde ich in diesem Buch auch auf die Bitchfights zurückkommen, die wir untereinander so ausfechten. Ja! Unangenehm. Aber wir sehen der Realität ins hässliche Glotzauge!

Und wenn Frauen gerade keine andere Frau zum Bitchfighten haben, dann kaufen sie sich Magazine, in denen Frauen verglichen werden. Ich frage mich bis heute, wie sich eine Journalistin fühlt, die für die »inTouch« in Fußgängerzonen rennt, Leuten Fotos von zwei prominenten Frauen im gleichen Outfit unter die Nase hält und fragt: »Wem steht's besser?« Ist das ein Ausbildungsberuf, macht das die Praktikantin? Und dann sitze ich da als Leserin und vergleiche. Und bestimme natürlich auch selbst mit, wem das verdammte Kleidungsstück jetzt besser steht.

Jetzt kann man natürlich sagen: »Wir können ja nix dafür, was in so Zeitschriften steht.« Aber in dem Fall muss ich leider entgegnen: Der Markt regelt das, und wir sind diejenigen, die solche Zeitschriften kaufen. Aber warum sind wir Frauen so wahnsinnig unsolidarisch miteinander? Nehmen wir zum Beispiel mal das Klischee der bösen Schwiegermutter. Die ist nur so böse, weil sie früher für ihren Sohn die Königin war, und dann kommt diese neue Partnerin oder der neue Partner und weiß alles besser. Sorry? Nur weil du meinen Sohn oder meine Tochter bumst, heißt das noch lange nicht, dass deine Rouladen besser schmecken!

Klar, dass die Klischee-Schwiegermutter das so nicht auf sich sitzen lassen kann und ihr Revier weiter markieren möchte. Weil zwei Frauen, die nebeneinander funktionieren – das gibt es nicht mal im Märchen. Als Nächstes biegt noch ein Einhorn um die Ecke. Und das kann ja nun wirklich keiner wollen. Aber falls ihr doch Bock auf Einhörner habt, dann lasst uns diesen Teufelskreis oder besser Teufelinnenkreis durchbrechen. Denn wir Frauen sind ja wahnsinnig flexibel in unserer Missgunst. Egal, ob in Bezug auf Aussehen, Wohnung, Job, Partner*in oder Kinder: Überall müssen wir uns vergleichen. Und natürlich steht dann die Frage im Raum: Was hat sie, was ich nicht habe? Oder aber: Wie kann sie nur? Da sind wir ja völlig flexibel. *Die Ärzte* haben es schön zusammengefasst: »Hast du etwa ein zu kurzes Kleid getragen, ohne vorher deine Nachbarn um Erlaubnis zu fragen?«

Wird eine Frau Kanzlerin, kritisieren wir ihre Kinderlosigkeit. Bekommt eine Frau Kinder und verzichtet auf eine Karriere, ist sie rückständig oder zu faul zum Arbeiten. Zeigt eine Feministin zu viel Dekolleté, kann sie keine Feministin sein. Solidarisieren sich Frauen im Zuge von #MeToo, distanzieren sich andere, weil man ja wohl noch flirten dürfe. Machtmissbrauch, Nötigung und Vergewaltigung haben zwar mit Flirten in etwa so viel zu tun wie Äpfel mit einem Raumschiff, aber na ja.

Kleiner Trost: Wir Frauen sind nicht alleine schuld an unserem Umgang miteinander. Unsere Mütter sind schuld. Scherz! Unsere Väter haben natürlich auch Schuld. Aber das ist ja auch so ein gängiges Ding. Mütter haben immer Schuld, Väter nie. Was sollen die schon groß falsch gemacht haben? Die sind ja nie da. Der Ursprung der weiblichen Missgunst untereinander liegt aber tatsächlich in den gewachsenen gesellschaftlichen Strukturen und in unserer Kindheit. Bei kleinen Mädchen werden Wut und Aggression sanktioniert, während sie bei kleinen

Jungs meistens toleriert werden. Ben schlägt jetzt schon seit einer halben Stunde lärmend mit dem Stock irgendwo gegen. »Der Ben ist halt ein Junge. Der muss das rauslassen dürfen. Kleine Jungs sind einfach wild.«

Lina schreit rum, stampft wütend mit den Füßen auf und boxt Ben? »Kann mal jemand dieses hysterische Mädchen in den Griff bekommen? Wo ist denn ihre Mutter? Bestimmt auf Facebook.« Kleine Mädchen lernen keinen offensiven Umgang mit Konkurrenz, weil so ein Verhalten gar nicht erst geduldet wird. Raufende Jungs sind ganz normal. Raufende Mädchen gilt es sofort zur Vernunft zu rufen. Also hat die kleine Lina ja gar keine andere Möglichkeit, als sich subtilere Wege zu suchen, um Frust rauszulassen. Und hey, wir wissen doch alle, wie das mit den unterdrückten Gefühlen ist: Je mehr wir sie in die Skinny Jeans quetschen, desto offensichtlicher ploppen sie an den Seiten wieder hervor.

Hinzu kommt noch die winzig kleine Tatsache, dass Mädchen in Familien immer noch eher der Plan B sind. Gynäkolog*innen dürfen das Geschlecht erst nach der zwölften Woche verraten, weil für die weiblichen Embryonen sonst ein erhöhtes Risiko besteht, abgetrieben zu werden. Ja, so habe ich auch geguckt. Klar, das Prinzip der Mitgift in Deutschland ist veraltet. Dennoch symbolisiert offenbar immer noch der Sohn finanzielle Sicherheit für die Familie. Damit ist er im wahrsten Sinne des Wortes mehr wert als die Frau.

Das Konkurrenzgefühl zwischen Frauen hat natürlich auch einen historischen Ursprung. Nehmen wir zum Beispiel mal die Hexenverfolgung. Wer wurde da besonders denunziert? Frauen, die irgendwie verdächtig waren. Die alleine lebten oder, noch schlimmer – über besonderes Wissen verfügten. Zum Beispiel Heilerinnen oder Hebammen. Natürlich landen Frauen nicht mehr buchstäblich auf dem Scheiterhaufen, wenn sie mit besonderen Fähigkeiten herausstechen. Dennoch sind wir erfolgreichen Frauen gegenüber misstrauisch. Die Bitch bekommt Kind UND Karriere unter einen Hut? Wie bitte? Die muss ja eine schlechte Mutter sein. Mit diesem Denken halten wir uns aber nur gegenseitig klein. Und die Männer lachen sich in ihren Burschenschaften und Männerbünden ins Fäustchen. Männer müssen keine Angst vor Frauenpower haben, selbst dann nicht, wenn das auf unseren T-Shirts steht. Denn solange wir selbst nicht in der Lage sind, unseren Teufelinnenkreis aus Missgunst und Konkurrenzgefühlen aufzulösen, solange bleiben wir die kleinen, wesentlich schlechter bezahlten Arbeitsbienen (nein, nicht die Bienenköniginnen!) des Patriarchats.

Wir müssen endlich anfangen, Netzwerke zu gründen und Mitstreiterinnen heranzuziehen. Und vielleicht brauchen wir sogar einen Geheimorden mit einem superspeziellen Gruß. Und Capes. Es gibt eh viel zu selten Gründe, Capes zu tragen. Feministin zu sein, bedeutet nicht, sich als Solokämpferin zu begreifen. Interessanterweise ist es aber so: Je höher eine Frau kommt, desto unfeministischer scheint sie zu werden. »Der Teufel trägt Prada« wirkt da schon fast wie ein Tatsachenbericht aus Hollywood. Vielleicht liegt es einfach daran, dass mächtige Menschen oft auch unempathisch sind.

Doch gerade als mächtige Frau kannst du was verändern! Du bist die Chefin eines Betriebs und dein Abteilungsleiter ist dir gegenüber nett und konstruktiv, behandelt aber deine weiblichen Angestellten eher mies? Sieh dich bitte nicht als Standard. Der Typ muss nett zu dir sein. Du bezahlst ihn. Aber wer nach unten tritt, ist kein besonders guter Vorgesetzter, und wer das bevorzugt bei Frauen tut, ist dazu auch noch ein Sexist. Ach, okay, du bist gar keine mächtige Frau. Na ja, markiere dir die Stelle bitte trotzdem. Vielleicht wirst du ja mal eine. Und dann kannst du die Weichen neu stellen, weil du deinen Wert nämlich nicht mehr von irgendeinem Mann bestimmen lässt (meistens ein Thomas oder Michael, so heißen die Männer in Vorständen größtenteils). Und da liegt nun halt auch schon der Hase im Pfeffer: Wenn wir unseren Wert nur dann sehen, wenn ein Mann den auch sieht, dann ist es klar, dass wir unsere Konkurrentinnen niedermachen, um selbst besser dazustehen. Und dann ist es eigentlich auch nachvollziehbar, dass bei Frauen oft das Gefühl entsteht, gar keine andere Wahl zu haben, als die andere von der Klippe zu schubsen. Uns wurde wirklich lange und nachhaltig eingebimst, dass nur Platz für eine ist. Und von dem Gedanken müssen wir uns echt erst einmal frei machen. Gar nicht mal so einfach. Wie oft wir schon Blut und Wasser geschwitzt haben, wenn wir einer anderen Frau beruflich und privat auf die Sprünge geholfen haben ... *Was, wenn die mir jetzt meinen Platz wegnimmt?*

Denn in unserer Gesellschaft ist es immer noch so, dass die meisten Bereiche von Männern dominiert werden. Egal, welche Gruppenkonstellationen man sich anschaut, es gibt fast immer eine patriarchale Gruppendynamik. In fast jeder Berufsbranche, wenn man mal von sozialen Berufen wie/und der Pornoindustrie absieht, sind Frauen unterrepräsentiert und unterbezahlt.

Und in extrem vielen Bereichen, in denen man eine Gruppe von Menschen zusammenfasst, kommt oft nur eine einzige Frau vor. So als würde es reichen, eine von uns zu Wort kommen zu lassen, weil ja gefühlt sowieso alle gleich sind. Ob in Talkshows, in Märchen oder Kinderbüchern, Filmen, Serien, im Karneval oder im christlichen Glauben. Überall gibt es nur eine Frau.

Die eine coole Frau im Freundeskreis mit sonst nur Jungs, das Funkenmariechen im Karneval, die eine Frau in der Come-

dyshow, die Schlumpfine im Schlumpfdorf, die Maria im Krippenspiel, die Leia bei »Star Wars«, die Gaby bei »TKKG«.

Der eine kleine pinke Fleck. Es reicht eine Frau aus, um alle Frauen zu repräsentieren.

Die eine, die Schönste, die Beste, die Auserwählte.

So erhält man ein Bild, als gäbe es nur begrenzten Platz für Frauen. Als wäre der Korridor zur Entfaltung für Frauen ganz eng. Wenn eine Frau vorkommt, dann aber bitte eine, die alles an weiblichen Attributen vereint. Schließlich muss in diese eine kleine Lücke alles passen, was uns als Frauen repräsentiert. Männern wird in diesem Zusammenhang immer größere Vielfalt und dementsprechend viel mehr Fehlertoleranz zugestanden, Frauen hingegen haben nur ganz wenig Platz.

Mit dieser Prägung entlässt man uns ins Leben – und wirft uns dann aber vor, wir wären stutenbissig und man könne nicht gut mit reinen Frauenteams arbeiten, denn da gäbe es ja immer diese Rivalität untereinander. Es wird oft so getan, als wären Frauen nun mal von Natur aus alles Zicken, die sich untereinander nix gönnen. So als wäre es eine weibliche Charakterschwäche.

Privat sind wir übrigens ganz toll vernetzt! Wir haben dreißig Whatsapp-Gruppen mit den GÖRLZ, wir sind allerallerbeste Freundinnen.

Aber beruflich gönnen wir einander nicht den Dreck unterm Fingernagel, oder? Es ist so! Es ist ganz schwer, eine andere Frau in der Karriere nicht als Konkurrentin zu sehen.

Bei Männern ist das anders. Die reden auch über Gehälter, die empfehlen sich im Job. Das machen wir nicht. Und ich glaube, das liegt daran, dass wir denken, es gäbe nicht genug Platz für uns alle. Als wäre der Platz für Frauen immer begrenzt. Es kann immer nur eine geben. Immer nur die eine, die Schönste, die

Beste, die Auserwählte. »Nur eine von euch kann Germany's Next Topmodel werden, nur eine.«

Davon müssen wir uns befreien, denn es gibt eben nicht nur Platz für eine, auch wenn wir das seit Jahrhunderten glauben.

2 FRAUEN IN ALTEN GESCHICHTEN

DIE FRAU IN DER BIBEL

In der Bibel gibt es Maria. Na gut, um ein bisschen fair zu bleiben: Natürlich gibt es in der gesamten Bibel schon noch ein paar Frauen mehr als Maria. Zum Beispiel Maria Magdalena und Eva. Das sind zumindest die, die einem als Erstes, und ohne zu googeln, einfallen. Alle anderen biblischen Frauen kennen in erster Linie nur diejenigen, die regelmäßig in der Kirche sitzen. An dieser Stelle schon einmal herzlichen Glückwunsch für eure Geduld, falls ihr gläubige Katholik*innen seid. Die katholische Kirche spielt auch in meinem Leben eine wichtige Rolle, deswegen weiß ich, wovon ich spreche. Aber zur Kirche selbst kommen wir später. Erst einmal gehen wir zurück zum Anfang. Zu Eva. Die erste Frau im Alten Testament. Über Eva sind vor allem drei Fakten bekannt.

1. Sie wurde aus einer Rippe Adams zusammengebastelt. (Genau genommen besteht Eva also aus den Resten eines Grillabends.)
2. Ihretwegen bleibt der gesamten Menschheit das Paradies vorenthalten.
3. Es ist ihre Schuld, dass wir jeden Monat unter teilweise großen Schmerzen menstruieren.

Seien wir ehrlich: Das alles ist nichts, womit man sich gerne im Büro vorstellt. »Hi, ich bin Eva, die neue Kollegin. Ich bin aus Schlachtabfällen entstanden, wegen meiner Fehler müssen Sie überhaupt hier sitzen und arbeiten, statt auf Gottes grüner Wiese abzuhängen – und, ach ja, die Sache mit der Periode tut mir auch sehr leid. Aber glauben Sie mir bitte, mir tut das jeden Monat auch sehr weh. Wo ist mein Arbeitsplatz?«

Nee, da wäre ich dann doch lieber die jungfräuliche Mutter. Ich möchte aber hier einmal anmerken, dass Gott für meinen Geschmack bei der Bestrafung von Eva für die Apfelnummer etwas überreagiert hat. Direkt eine Erbsünde für alle Frauen find ich schon ein bisschen übertrieben. Ich sehe ein, es gibt durchaus pädagogische Gründe, die ganze Klasse für die Verfehlungen eines*r Einzelnen zu bestrafen, aber, come on, direkt 'ne Erbsünde? Zudem wurde hier ja gar nicht die ganze Klasse bestraft, immerhin hat Adam auch vom Apfel genascht. Aber gut, wir wissen ja, die Verführung durch das Weib ist eben das, wovor alle eine wahnsinnige Angst haben, und die gilt es zu bestrafen.

Es gibt noch eine dritte Frau in der biblischen Girlband:

Maria Magdalena. Maria ist unter den weiblichen Vornamen übrigens bis heute ein Dauerbrenner, deswegen ist es auch nicht weiter verwunderlich, dass es schon vor 2000 Jahren sehr viele Marias gab. Aber natürlich kann es in einer anständigen Girlband nur eine Jungfrau geben (Baby Spice, ihr erinnert euch ...), und deswegen muss diese zweite Maria hier die Hure sein. Natürlich ist sie in Wirklichkeit keine Hure, sondern sie wurde von irgendwelchen Männern dazu gemacht. In diesem Fall sollte Maria Magdalena diskreditiert werden, damit die Männer in der Bibel sich besser verkaufen. Das ist in etwa so, als hätte man die Karriere beendende Pressekonferenz von *Tic Tac Toe* erfunden, damit eine Männerband mit dem Namen

Schnick Schnack Schnuck anstelle von *Tic Tac Toe* durchstartet. *Tic Tac Toe* haben die Sache mit ihrer Band selbst versaut, aber Maria Magdalena oder Maria aus Magdala, wie sie eigentlich hieß, war nie eine Hure. Eigentlich war sie eine Jüngerin Jesu, die wichtigste Osterzeugin und die erste Apostelin. Aber meine Güte. Hure, Jüngerin Jesu ... Da kann man schon mal durcheinanderkommen.

Tatsächlich! Jesus hatte Jüngerinnen! Viele Frauen sind mit ihm gezogen und waren demnach Jüngerinnen. Aber weil die Sprache damals nur das generische Maskulinum kannte und man davon ausgegangen ist, dass man sich die Frauen in den biblischen Texten ja einfach mitdenken kann, wurden die Jüngerinnen Jesu nicht explizit benannt. Na, kommt euch das irgendwie bekannt vor? Dass sich Frauen einfach mit angesprochen fühlen sollen, das machen wir bei Kontoinhabern und Bürgern doch bis heute so.

Und genau deshalb ist Gendern so wichtig. Stellt euch mal vor, wie in 2000 Jahren ein Zukunftsmensch zum anderen sagt: »Nee, die hatten früher keine Ärztinnen und Richterinnen. In diesen Druckerzeugnissen und Fernsehsendungen hört und liest man nix davon. Die sprechen da nur von Männern, also müssen das alles Männer gewesen sein.«

Die wenigen Frauen, die mit Jesus gezogen sind, also seine Jüngerinnen, werden zum Beispiel bei der Kreuzigung explizit genannt. Aber auch nur, weil keine Jünger mehr da waren. Die hatten sich nämlich aus dem Staub gemacht, bevor es noch Ärger gab, weil sie mit einem toten Verbrecher abgehangen hatten. Aber immerhin werden die Jüngerinnen endlich mal erwähnt. Da möchte man fast »Juchhu!« schreien, wenn da nicht auch der tote Jesus hängen würde und das allein deswegen schon nicht angebracht wäre ...

Aber nach Jesu Tod ging die Geschichte um Maria von Magdala eigentlich erst richtig los. Nachdem Jesus in seine Grabhöhle gebracht worden war, ging Maria am nächsten Tag dorthin, um ihn zu waschen. Doch die Höhle war leer. Der Leichnam war weg ...

Und Maria setzte sich erst einmal hin und heulte. So weit eigentlich nachvollziehbar, weil mit Leichenklau muss man sich ja schließlich nicht jeden Tag auseinandersetzen. An der Stelle, an der Jesus gelegen hatte, saßen jetzt zwei Engel. Die beiden taten ganz unschuldig und fragten Maria, was denn los sei und warum sie weine. Die Jüngerin erklärte ihnen die Situation. Als Maria sich dann umdrehte, sah sie plötzlich Jesus vor sich stehen. Zuerst erkannte sie ihn nicht. Und auch Jesus fragte Maria, warum sie weine. Und auch ihm erklärte sie die Situation und fragte, ob er nicht wisse, wo der tote Jesus sei. Und vermutlich konnte sich Jesus das Lachen kaum verkneifen, denn die Situation war schon absurd, wenn man einmal darüber nachdenkt – oder Maria tat ihm ganz einfach leid. Auf jeden Fall gab Jesus sich zu erkennen, indem er Maria mit ihrem Namen ansprach. Da verstand sie endlich, wer da vor ihr stand. Und er erklärte ihr alles. Dass er nun zu seinem Vater aufsteigen würde und dass dies ab jetzt für alle seine Anhänger*innen gelte. Alle Christ*innen würden nach dem Tod in den Himmel aufsteigen und dort in einer glücklichen WG mit ihm und seinem Vater leben. Arbeitstitel der Kommune: »Himmel«. Dies alles sollte Maria nun in seinem Namen verkünden. Heutzutage würde man bei dieser Aussage vielleicht schlucken oder zumindest mal nachfragen. Aber für Maria waren Jesu Worte absolut nachvollziehbar. Und seien wir mal ehrlich: Wer von uns seinem Idol widersprechen würde, der werfe den ersten Stein. Das alles ist ganz genauso in der Bibel nachzulesen, und damit ist Maria offensichtlich Apostelin, und das beweist, dass natürlich auch Frauen die kirchliche Botschaft verkünden können.

Denn Jesus erschien nicht irgendwelchen Männern, sondern einer Frau. Und es kommt sogar noch besser: Es war nicht nur eine Frau, die OFFENSICHTLICH beauftragt wurde, die frohe Botschaft der zukünftigen Himmels-Kommune zu verkünden, es gibt sogar ein Evangelium nach Maria Magdalena. Ein Papyrus, welcher in Ägypten gefunden wurde und im ägyptischen Museum in Berlin für jedermann sichtbar ausgestellt ist. Also, wie zur Hölle kommt man jetzt darauf, dass Maria von Magdala eine Hure gewesen sein soll?

Offensichtlich ist auf jeden Fall eins: Auch in der Bibel kann es nur eine geben! Also eine Frau in Spitzenposition. Und die war Maria. Darum gab es für Maria Magdalena nur noch die Hurenrolle.

Aber kleiner Trost: In der katholischen Kirche kann es dafür bis heute *gar keine* Frau geben. Zumindest keine in Spitzenposition. Im Ehrenamt sind Frauen natürlich gern gesehen.

Die Kirche ist eine tolle Karrieremöglichkeit für Männer, die gerne prunkvolle Kleidung tragen, aber ein Ausbeuterbetrieb, wenn es um die Gleichberechtigung von Frauen geht.

Jesus hat zwar gesagt: »Das Reich Gottes ist nah und in ihm sind alle Menschen gleich.« Aber was interessiert die Kirche das Geschwätz von Jesus, wenn doch der Kirchenlehrer Thomas von Aquin sagte: »Der wesentliche Wert der Frau liegt in ihrer Gebärfähigkeit und in ihrem hauswirtschaftlichen Nutzen.« Und: »Mädchen entstehen durch schadhaften Samen oder feuchte Windel.«[2] Daran hat sich auch 800 Jahre später nichts geändert, und die katholische Kirche bleibt ein Himmelreich für alte weiße Männer. Selig sind die, die mit Penis geboren wurden.

Aber eigentlich ist das auch nicht weiter verwunderlich, denn obwohl wir uns kein Bild von Gott machen sollten, haben wir uns eben doch eins gemacht. Und Überraschung:

Wir beten einen leicht reizbaren alten weißen Mann an, der dem Weihnachtsmann ziemlich ähnlich sieht, der aber definitiv nicht der Weihnachtsmann ist. Weil: Der Weihnachtsmann ist erfunden. Die Frauen in Bibel und Kirche hingegen wurden zu Sünderinnen, zu Huren und manchmal auch zu Männern gemacht, wie zum Beispiel die Apostelin Junia, deren Name einfach männlich gelesen wurde. Obwohl Jesus selbst ja rein gar nichts gegen Frauen hatte. Aber kaum war Jesus aufgefahren in den Himmel, wurde das Christentum zu einem Men's Paradise. Und da haben Frauen nun mal nichts zu melden. Oder zu vermelden. Heute heißt es, Frauen können keine geweihten Ämter bekleiden, weil Jesus ein Mann war und er nur männliche Jünger hatte. Aber Jesus war auch Jude und Schreiner.

Und das kann man von den wenigsten Pfarrern behaupten. Dass die katholische Kirche sich die Dinge so dreht, wie sie ihr am besten in den Kram passen, ist jetzt leider auch keine große Neuigkeit. Und dann immer alles schön auf Gott schieben. Ich hatte als Kind mal eine Zeit lang eine fiktive Freundin. Die hieß Lisa. Und immer, wenn ich Scheiße gebaut habe, war Lisa schuld. Lisa hat mir den Pony geschnitten. Lisa hat das Parfüm meiner Mutter in den Ficus benjamini geschüttet, damit der nach irgendwas riecht. Lisa hat nach der Disco in den Flur gekotzt – und sollte dieses Buch ein Flop werden, dann hat natürlich Lisa das vergeigt. Sehr praktisch. So kann man sich den göttlichen Willen immer schön zurechtbiegen.

An einem schönen Tag im 15. Jahrhundert hat Gott zum Beispiel spontan beschlossen, dass Biber und Otter jetzt Fische sind und es deswegen total okay ist, sie in der Fastenzeit zu essen. Und alle so: »Na, wenn Lis..., ähm, GOTT das sagt ...«

Der Platz für Frauen ist also scheinbar begrenzt, so als könne es überall nur »eine« geben. Das hat unser Sichtfeld eingeschränkt, uns hat es einfach an Geschichten gefehlt, in denen vielfältige Frauenfiguren vorkommen.

Und vor allem: Geschichten, in denen Frauen oder Mädchen Verbündete haben, Gefährtinnen. Andere Frauen, die sie auf ihrem abenteuerlichen Weg begleiten und ihnen zur Seite stehen. Solche Geschichten kannte ich als Kind gar nicht. Und was wollte ich werden als Kind? Prinzessin! Logisch. Ich wollte Prinzessin werden.

Natürlich kannte ich die ganzen Volksmärchen in der Version der Gebrüder Grimm. Die haben nicht alle Märchen selbst erfunden, die meisten sind Volkserzählungen oder Überlieferungen, aber in Sachen Frauenfeindlichkeit haben sie mit ihren Versionen auf jeden Fall noch schön einen draufgesetzt.

Trotzdem wollen fast alle Mädchen irgendwann mal Prinzessin werden.

Jetzt fragt man sich: Was kann denn so eine Prinzessin aus einem grimmschen Märchen Besonderes, was man unbedingt auch können will?

Ich sag's euch: Nix! Absolut gar nix.

Keine Prinzessin in irgendeinem grimmschen Märchen hat irgendeine besondere Fähigkeit oder einen besonderen Charakter. Nichts. Sie sind alle absolut austauschbar. Die Rolle der meisten Königstöchter ist einfach nur passiv, teilweise sogar schon apathisch.

Keine von diesen Figuren bekommt in ihrem Leben irgendwas allein auf die Beine gestellt. Gut, Aschenputtel vielleicht, die scheint recht gut putzen zu können, aber die ist ja auch streng genommen noch keine Prinzessin.

Alle anderen können nix.

Gar nix.

Alle stecken aber in gehörigen Schwierigkeiten, in absoluten Ausnahmesituationen, die meisten sind sogar in Lebensgefahr! Da wäre es wirklich von Vorteil, mit dem ein oder anderen Talent ausgestattet zu sein.

Die Art und Weise, wie sie mit dieser gefährlichen Situation dann im Märchen umgehen, ist noch nicht mal besonders mutig oder schlau. Nein, die allermeisten sind sogar wahnsinnig dämlich.

Wenn man das einmal begriffen hat, dann kann man diese Geschichten nicht mehr lesen oder im Fernsehen ansehen. Dann kann man an Weihnachten keine einzige tschechische Verfilmung mehr gucken, ohne sich schrecklich fremdzuschämen.

Früher habe ich diese Filme geliebt, heute winde ich mich vor dem Fernseher. Ich kann da richtig wütend werden!

Nehmen wir Schneewittchen. Entschuldigung, aber wie dumm kann man sein? Schneewittchen wusste ganz genau, ihre Stiefmutter, die böse Königin, will sie umbringen. Das war ihr absolut klar. Da gab es kein Vertun, es gab mehrere Zeugen für die Morddrohung.

Darum ist Schneewittchen ja auch zu den Zwergen geflohen! Während sie sich dort versteckt hält, versucht also diese böse Stiefmutter, die übrigens zusätzlich noch magische Fähigkeiten besitzt, mehrmals, das Schneewittchen umzubringen.

Jetzt könnte man bei Schneewittchen ja wenigstens ein Mindestmaß an Lernfähigkeit voraussetzen. Also: Das letzte Mal, als ich einer fremden Frau die Tür aufgemacht habe, hat die mir etwas Verhextes verkauft und versucht, mich damit umzubringen. Dabei wäre ich fast draufgegangen. Ergo: Ich bin auf der Hut und falle nicht mehr auf die Verkleidungen der Hexe rein.

Das wäre dann eine gesunde Lernkurve. Wenn es das erste Mal passiert, dass eine Hexe versucht, dir etwas Vergiftetes zu verkaufen, und du fällst darauf rein, okay. Wer weiß. Vielleicht war der vergiftete Gürtel wirklich toll. Und vielleicht auch ein Schnapper. Ein absolutes It-Piece zu der Zeit … Black Friday, whatever.

Das kann bestimmt jedem mal passieren.

Aber eben nur EINMAL! Ich bin mir sicher, bei mir würde dieses Erlebnis einen bleibenden Eindruck hinterlassen, und diese Nahtoderfahrung hätte mich zumindest dazu gebracht, so ein Spießerschild mit »Betteln und Hausieren verboten« an die Haustür zu hängen.

Aber bei Schneewittchen muss nach dieser ersten Begegnung irgendjemand die Festplatte gelöscht haben.

Die Hexe hat insgesamt drei Mal an die Tür geklopft, in der Gestalt einer alten Oma, um ihr was Vergiftetes zu verkaufen. Jedes Mal ist Schneewittchen drauf reingefallen und wäre schon bei den ersten beiden Malen fast dabei gestorben. Zwei Mal! Wie gesagt, ein Mal … okay, kann passieren. Von mir aus fällt man dann auch ein zweites Mal drauf rein. Ganz vielleicht, bei ’nem wirklich wahnsinnig guten Angebot.

Aber, Leute, ganz im Ernst. Ein drittes Mal auf die Hexe reinzufallen, ein drittes Mal die Tür zu öffnen … Sorry, aber das ist doch schon ’ne Diagnose.

Jeder Goldhamster und sogar eine Amöbe hätte besser reagiert! Und die hat nicht mal ein Gehirn, sondern lagert ihr Gedächtnis in ausgeschiedenem Schleim ab, damit sie sich erinnert, wenn sie wieder dran vorbeikriecht.

Aber was macht Schneewittchen am dritten Tag, als es klopft? »Hallo, wer sind Sie denn? Oh, was wollen Sie mir denn verkaufen? Einen Apfel? Toll! Den nehm ich! Ich hab wirklich nur tolle Erfahrungen mit diesen Haustürverkäuferinnen gemacht.«

Die Haare schwarz wie Ebenholz, aber das Hirn klein wie eine Erbse?

Und selbst, als sie an dem Apfel vermeintlich erstickt ist und tot in ihrem gläsernen Sarg liegt, ist sie noch wunderschön. Darum der Glassarg, damit es alle sehen können. Sie ist sogar noch so schön, dass der Prinz, der vorbeikommt, sie auch tot noch mitnehmen will. Nur ihre Schönheit hat sie sichtbar gemacht.

Aber Moment mal. Der Prinz will das tote Schneewittchen mitnehmen?

Warum?

Hat irgendjemand schon mal darüber nachgedacht, wie creepy das ist? Nekrophilie muss doch auch im Märchenland einfach nur illegal sein ...

Die anderen Prinzessinnen sind auch nicht besser.

Nehmen wir mal Dornröschen. Auch ein schönes Beispiel.

Kurz zusammengefasst: Auf dem Königreich von Dornröschens Vater liegt ein Fluch, den eine böse Fee ihm auferlegt hat. Diese Fee war sauer, weil sie zur Taufparty von Dornröschen nicht eingeladen worden war oder keinen goldenen Teller hatte. Irgendetwas in der Richtung. Darum verfluchte sie das ganze Königreich. An ihrem sechzehnten Geburtstag sollte sich Dornröschen an einer Spindel stechen, und dann sollten alle Menschen im Land hundert Jahre schlafen. Leichte Überreaktion, muss man zugeben.

Dornröschen war ganz sicher bekannt als die dümmste Nuss im Märchenwald. Statt Blondinenwitzen gab es in ihrem Königreich sicher Dornröschenwitze. Im Grunde genommen war sie die Paris Hilton unter den Prinzessinnen. Sie hatte wirklich alles! Burgen, Schlösser, Pferde, Schmuck, Klamotten, Dienstboten. Alles.

Alle haben ihr permanent gesagt: »Gönn dir, Mädel, gönn dir. Mach, was du willst! Außer einer kleinen Sache. An deinem sechzehnten Geburtstag tu uns allen den Gefallen und stich dich nicht an einer Spindel. Geht für alle hier scheiße aus.« Mehr nicht.

Das war jetzt keine unlösbare Aufgabe, oder? Das hätte man schaffen können. Die haben ihr ja nicht gesagt, hör auf zu atmen! Die haben ihr auch nicht gesagt, sie dürfe ihren Geburtstag nicht feiern! Nee, sie hätte eine Party machen dürfen, die anderen Girls einladen und mit Aschenputtel einen durchziehen dürfen.

Aber was macht Dornröschen? Die geht in diesen scheiß Turm und findet 'ne Spindel.

Nicht nur das, nein! Sie sticht sich sogar damit in den Finger und blutet. In einem Turmzimmer, wo nichts anderes steht als diese Spindel. Das muss man erst mal schaffen. Genau so, wie es die böse Fee vorausgesagt hat. Was für ein Zufall, oder?

Gut, vielleicht ist das plötzliche Einsetzen einer Blutung bei einer Sechzehnjährigen in diesem Märchen gar nicht ihre Schuld, sondern steht hier tatsächlich im übertragenen Sinne für die Menstruation? Also kann sie vielleicht gar nichts dafür, und der Fluch wäre quasi auch ohne ihr Zutun in Kraft getreten? Das würde sie dann noch passiver machen, denn dann würde man ihr auch noch die einzige aktive Handlung aus dem Drehbuch streichen. Aber es wäre trotzdem alles ihre Schuld, denn dafür steht die Menstruation schließlich.

Die Erbsünde, wir erinnern uns.

Kein Wunder, dass in fast jedem grimmschen Märchen am Ende der Prinz kommen muss und dann alles für die Mädels regelt. Keine Prinzessin in irgendeinem Märchen kommt aus eigenem Antrieb aus ihrer Misere raus. Keine einzige!

Fairerweise muss man aber sagen, dass der Prinz hier einfach nur zur richtigen Zeit am richtigen Ort war. Die hundert Jahre waren vorbei, die Dornenhecke hat sich geöffnet, und der Prinz konnte einfach reinmarschieren, um dort ungefragt das seit hundert Jahren schlafende Dornröschen zu küssen. Womit wir wieder bei der Nekrophilie wären ...

Ja, ich weiß ... Gretel hat im Alleingang die Hexe verbrannt und ihren Bruder gerettet, aber sie ist eine AUSNAHME! Außerdem ist sie keine Prinzessin ... Und welches Mädchen hat denn bitte beim Märchenhören früher gedacht: »Boah, cool, ich werde mal Gretel!«? Wir wollten alle Dornröschen sein ...
Das Einzige, was Gretel mit den anderen Prinzessinnen gemein hat, ist die böse Stiefmutter. Frauen, die in den grimmschen Märchen neben der Prinzessin mitspielen dürfen, sind nie ihre Freundinnen, Gefährtinnen oder Verbündeten. Sondern immer nur böse Stiefschwester, böse Stiefmutter oder böse Hexe. Die Rivalität unter Frauen wird in jedem Mädchen zur Tatsache gemacht. Ab und zu gibt es zwar so eine Art »Quoten-Gute-Fee«, aber die ist in ihren Fähigkeiten oft extrem limitiert und keine wirkliche Hilfe. Die liebende Mutter ist meistens schon am Anfang des Märchens tot, was den Vater völlig handlungsunfähig und manipulierbar macht. Total hilflos, man hat sogar Mitleid mit ihm, weil er von der weiblichen Heimtücke so überwältigt wird. Interessant, dass hier die eigentlichen Patriarchen zu hilflosen Opfern gemacht werden.

Der Vater von Aschenputtel zum Beispiel, der bringt seinen Stieftöchtern teure Kleider von der Reise mit und seiner leiblichen Tochter nur einen fucking Zweig. Außerdem schaut er tatenlos zu, wie seine Tochter versklavt und von seiner Frau und ihren Töchtern misshandelt wird. Irgendwie ist man aber gar nicht sauer auf den Vater, sondern denkt sich: Ach,

BOAH LETZTE WOCHE WAR JA MAL ANSTRENGEND...
ZUERST NERVT DIE OLLE HEXE UND MEIN BRUDER IST AUCH NUR AM HEULEN!
GRETEL KOMMST DU?
KEIN BOCK...
HEXEN SLAYER

der Arme, er kann nix dafür, seine zweite Frau hat ihn dazu gebracht ...

Es gibt sogar eine Urfassung von Dornröschen von Perrault, in der Dornröschen nach ihrer Heirat mit dem Prinzen zwei Kinder und dazu noch eine böse Schwiegermutter bekommt.

Da heißt es: »Als er im Krieg ist, will seine Mutter nacheinander die beiden Kinder und seine Frau schlachten lassen, um sie zu essen ...«[3]

Cool! Und jetzt schlaft schön, liebe Kinder.

Also, ausnahmslos alle anderen Frauen, die neben der Prinzessin im Märchen vorkommen, sind böse und auch immer wahnsinnig neidisch auf die Prinzessin, geradezu vom Neid zerfressen! Und worauf? Sie neiden ihr immer das Einzige, was die Prinzessin besitzt, das Einzige, was sie wirklich auszeichnet und was wir alle auch wollen. Nämlich: die Schönste zu sein.

Die Schönste, die Einzige, die Auserwählte. Das ist das höchste Gut. Die Schönheit von Schneewittchen treibt ihre Stiefmutter zu Mordgelüsten, ihre Schönheit bringt die Stiefschwestern von Aschenputtel zur Weißglut und löst in jedem Prinzen den Wunsch aus, sie unbedingt retten und heiraten zu wollen. Durch ihre Schönheit wird sie für den Prinzen überhaupt erst sichtbar.

Die Schönste wird also auserwählt. Sie muss gar nichts können.

Schön und passiv warten eigentlich alle Heldinnen in den grimmschen Märchen darauf, endlich Ehefrau und so zur Trophäe für den heldenhaften Mann zu werden. Die meisten Märchen-Ehen werden so eingegangen. Die Prinzessin ist so 'ne Art Pokal oder Belohnung und wird eigentlich auch nie gefragt, ob diese Ehe für sie okay ist.

Manche von ihnen sind sogar so schön, dass der eigene Vater

sie heiraten will. Ein extrem verstörendes Beispiel hierfür ist das Märchen von Allerleirauh. Auch von den Gebrüdern Grimm, aber wegen dieses superedgy Storytwists eher nicht so bekannt.

In diesem Märchen nimmt die Königin dem König auf ihrem Sterbebett das Versprechen ab, nur eine neue Frau zu heiraten, wenn diese mindestens so schön wie sie selbst ist und auch genauso schönes goldenes Haar hat.[4]

Na klar. Auch 'ne nette Art zu sagen: Denk immer daran, ich bin die schönste Frau, die du je hattest. Und jetzt leb wohl.

Aber so formuliert klingt es erst mal total nett. So als würde sie ihm für sein restliches Leben nur das Beste wünschen.

Ganz ehrlich: Auch wenn ich (fast) allen meinen Ex-Freunden wirklich gewünscht habe, dass sie glücklich werden – ganz hinten im Kopf, in dieser einen geheimen Ecke meiner Seele, wo ich ganz alleine bin, habe ich ihnen ganz sicher keine gut aussehenden Freundinnen gewünscht.

Mein Unterbewusstsein ist da wohl oldschool.

Aber was für eine heilige Wunschvorstellung, nach dem eigenen Tod auf einer Wolke zu sitzen, auf seinen Ehemann und seine neue Frau hinabzublicken und zu denken: Ach, wie toll, seine neue Frau ist wunderschön und so viel schlanker und hübscher als ich. Gönn ich ihm!

Never ever gonna happen.

Bei Allerleirauh hat der König natürlich Mühe, eine neue Frau zu finden, die mindestens so schön ist wie seine verstorbene Frau. Aber zum Glück fällt dann dem König irgendwann auf: Oh, so schön wie meine Frau ist ja nur meine Tochter! Dann will ich die heiraten.

Die hat natürlich nicht so richtig Bock darauf und versucht, durch Untertauchen und unlösbare Aufgaben der Sache zu entkommen.

Aber, Achtung, Spoiler: Am Ende heiratet sie ihren Vater.

Cool.

Happy End.

Was also stimmt denn bitte nicht mit den Gebrüdern Grimm?

Elke Liebs, Literaturwissenschaftlerin und Psychotherapeutin, formulierte es so: »Einige Kinder und im Übrigen nur Frauen sind die bevorzugten Objekte dieser obskuren Begierde: zu überwachen, zu maßregeln, einzusperren, zu strafen, fortzujagen, zu verstümmeln, zu verschenken, zu verkaufen, der Kinder zu berauben, bis aufs Blut zu schinden, zu töten, zu zerstückeln.«[5]

Ja, auch 'ne Art Diagnose.

Und was lernen wir aus diesen Märchen? Sei lieb und schön, schlaf hundert Jahre, mach keinen Ärger, dann kommt zur Belohnung der Prinz.

Und vor allem: Traue anderen Frauen auf keinen Fall.

Wie weit das alles vom echten Leben entfernt ist. Wie einsam dieses Prinzessinnenleben ohne verbündete Frauen ist! Wie einsam man ohne Freundinnen ist! Keine einzige der dunklen Stunden in meinem Leben hätte ich ohne meine starken, schlauen, schönen Freundinnen überstanden. Allein bei allen Lebenskrisen in Sachen Liebe! Was hätte ich getan, wenn nicht meine Mutter meinen ersten Liebeskummer mit mir ausgehalten hätte? Stundenlang saß sie neben mir, dem weinenden Häufchen Elend. Ich musste nicht zur Schule gehen und habe jedes tröstende Wort aufgesaugt. Nur sie wusste, dass ich noch Wochen später gelitten habe, als ich in meiner Clique schon als »total drüber weg« galt.

In fast jeder meiner persönlichen Krisensituationen, egal, ob privat oder beruflich, habe ich immer Frauen um Rat gefragt.

Gar nicht, weil ich nur weibliche Ratschläge wollte, das war vielleicht sogar Zufall. Oder diese Ratschläge blieben mir eben besonders in Erinnerung. Ich habe auch immer männliche Freunde gehabt, die mir in so vielen Lebenslagen beiseitestanden, aber hier möchte ich jetzt mal die Frauen hervorheben.

Wie oft meine liebste Freundin Jeannine sich meine bis in die Formulierung wiederholenden Traumatageschichten angehört hat. Wie sie für alles und jede Krise immer den perfekten Plan hatte. Wie sie, als ich völlig unfähig war, sogar meine Beziehungskonversation übernommen hat.

Könnte man das alles bei VG Wort anmelden, sie wäre reich.

Die Passivität der Prinzessinnen in den grimmschen Märchen kann einen echt nervös machen. Man wünscht sich so sehr, sie würden ihr Leben selbst in die Hand nehmen, weil sie eben nicht passiv sind und darauf warten, dass jemand den Shit für sie regelt!

Schneewittchen wäre schon beim zweiten Besuch der bösen Stiefmutter auf der Hut und hätte die Tür verbarrikadiert! »Nein danke! Beim letzten Mal haben Sie versucht, mich umzubringen, Anzeige ist raus!«

Oder Dornröschen würde sagen: »Den Teufel werd ich tun und diese Spindel anpacken, ich will mich ja nicht stechen, außerdem kenn ich den Fluch! Ciao, goodbye, Spindel!«

Oder Aschenputtel, die würde sich eben nicht im Taubenhaus verstecken, wenn der Prinz auf dem Hof nach ihr sucht und ihre Stiefschwestern den gläsernen Schuh anprobieren. Sie würde sofort rauskommen und sagen: »Hier! Mein Schuh! Das ist meiner!«

Das wären mal angemessene Vorbilder für Mädchen und junge Frauen.

3 FRAUEN IN NEUEN GESCHICHTEN

FEHLENDE IDENTIFIKATION

Die Philosophin Judith Butler sagt in ihrem Buch »Das Unbehagen der Geschlechter«: »Normen können nur durch Inszenierungen aufrecht gehalten werden. Das Fernsehen ist so eine Inszenierung. Dadurch weiß jeder, an welchen Platz er gehört.«[6]

Als junges Mädchen sucht man einfach nach Identifikationsfiguren. Wer ist so wie ich? An wem kann ich mich orientieren? Wie gehe ich mit Emotionen oder Konflikten um? Bin ich normal? Mit wem kann ich meinen Körper vergleichen? Ist der normal? Wer ist mein Vorbild?

Sind die Figuren, die ich sehe, so wie ich? Will ich so sein? Oder zeigen sie ein Idealbild? Ein Bild von Frauen, wie sie gar nicht sind?

Wir suchen diese Figuren, mit denen wir uns identifizieren können. Nicht nur im echten Leben, sondern eben auch im Fernsehen und in den Medien. Da die stereotype Rollenverteilung auch im Kinderfernsehen eine Tatsache ist, gestaltet sich dieser Identifikationsprozess extrem schwierig, weil es den weiblichen Charakteren nicht nur an Vielfalt fehlt, es gibt auch viel zu wenige!

Auch in neueren Kinderprogrammen, zum Beispiel bei »Paw

Patrol«, gibt es eine Reihe von Jungs und ein einziges Mädchen. Und das ist wie so oft besonders stereotyp dargestellt.

Laut der Medienexpertin Prof. Dr. Elisabeth Prommer sind Frauen in allen Bereichen des Fernsehens unterrepräsentiert. Außer in Soaps gibt es keine gerechte Geschlechterdarstellung.[7] Soaps. Hurra. Aber logisch, hier braucht man richtig viele intrigante Biester, die Ehen auseinanderbringen und Morde vertuschen. 72 % der Unterhaltungs- oder Informationssendungen der TV-Sender KiKA, Super RTL, Nickelodeon und Disney Channel sind männlich, nur 28 % weiblich. Sogar bei Geschichten, bei denen es überhaupt nicht um Menschen geht, sind weibliche Figuren unterrepräsentiert.

> »Handlungstreibende Tiere sind zu 87 Prozent in allen Produktionen männlich, bei den Pflanzen sind es sogar 88 Prozent, bei Monstern oder anderen Kreaturen beträgt der männliche Anteil 69 Prozent.«[8]

WTF! Sogar bei Pflanzen? Immerhin haben wir bei den Monstern und Kreaturen wieder aufgeholt. Bestimmt hauen uns da die ganzen Hexen wieder raus. Übrigens auch bei Kinderserien über Maschinen, wie den »Dinotrux« (ihr ahnt es: halb Dino, halb Baustellenfahrzeug), gibt es nur eine einzige Dame. Die hat aber 'ne ganz coole Rolle, muss ich zugeben, die der Abrissbirne. Also auch bei den KIs im Kinder-Genre sieht es mit vielschichtigen weiblichen Figuren mau aus.

Wenn es in Kinderserien denn doch mal Frauenfiguren gibt, dann sind diese entweder extrem sexualisiert und/oder so übertrieben dünn, dass sie als echte Menschen mit diesen Proportionen wahrscheinlich gar nicht überleben könnten.

Eine Studie aus dem Jahr 2016 zu animierten Körpern im Kinderfernsehen von Christine Linke, Julia Stüwe und Sarah

Eisenbeis hat untersucht, mit welchen unnatürlichen Körperbildern sich Kinder mittlerweile auseinandersetzen müssen.[9]

Dazu benutzten die Autorinnen unter anderem eine Formel, bei der man die Körperproportionen ausrechnet und mit denen von normalen, gesunden Menschen vergleicht. Für Frauenfiguren rechnet man dabei zum Beispiel den Waist-to-Hip-Ratio (WHR), also das »Taille-Hüft-Verhältnis«, aus. Für männliche Figuren war der Waist-to-Shoulder-Ratio (WSR), also das Verhältnis zwischen Taille und Schultern, besonders interessant.

Ein normales Mädchen hat demnach einen WHR von 1 und ein normaler Junge einen WSR von 1. Mädchen können nach der Pubertät maximal einen Wert von 0,68 erreichen, Jungs maximal 0,5. Eine normalgewichtige erwachsene Frau hat einen WHR von 0,8.

> »Dabei wurde bei 50 % der weiblichen Hauptfiguren (n = 76) ein WHR von unter 0,67 gemessen, womit die Figuren nicht länger im anatomisch möglichen Bereich lagen [...]«[10]

Die Taille von Kim Possible beispielsweise wäre anatomisch nicht dazu imstande, einen vollständigen menschlichen Verdauungstrakt zu beherbergen, geschweige denn ein Rückgrat. Damit man das deutlich sieht, trägt sie auch immer bauchfrei.

> »Extreme Körperbilder zeigten sich zum Beispiel bei der Figur Marina aus der Super-RTL-Serie *Zig & Sharko*, die mit einem WHR von 0,2 den niedrigsten gemessenen Wert in dieser Kategorie aufwies.«[11]

Gut, okay, Marina ist eine Meerjungfrau, denen fehlt bestimmt sowieso alles an Fortpflanzungsorganen, sodass da gar kein Platz benötigt wird.

Wegen dieser Werte werden also in den vermeintlichen Mädchenfiguren gar keine Mädchenkörper, sondern übersexualisierte Frauenkörper abgebildet. Kleine sexy Mädchen.

Diese Art von Körperrelationen kennen wir von der klassischen Barbiepuppe, die uns alle schon in frühester Kindheit gezeigt hat, wie ein idealer Frauenkörper aussehen muss, dem wir am besten sofort anfangen nachzueifern. Dass die Maße von Barbie auch absolut utopisch sind, ist mittlerweile bekannt; um so auszusehen wie sie, müsste man sich mehreren Operationen unterziehen. Ihr WHR liegt bei 0,55, und sie hätte als echte Frau umgerechnet einen Taillenumfang von 46 cm. Damit ist ihr Kopf übrigens breiter als ihre Taille. Man könnte sich also theoretisch, um diese erstrebenswerten Maße von Barbie zu erreichen, auch einfach den Kopf vergrößern lassen. Ha! Ich glaube, ich bin auf eine sehr gute Geschäftsidee gestoßen. In welcher Welt das schön sein soll, außer vielleicht bei Aliens, fragt man sich da. Das Verhältnis zwischen Taille und Körpergröße (WHtR) wird von Ärzt*innen übrigens berechnet, um den allgemeinen Gesundheitszustand einer Person zu bestimmen.[12] Als gesund gilt hier ein Wert von 0,5. Ab 0,4 wird's kritisch. Barbie hat einen Wert von 0,2 und hätte somit weder Platz für ihre inneren Organe (oder kann man die in dem größeren Kopf ablagern …?) noch könnte sie schwer heben oder gerade gehen. Klingt sehr attraktiv.

Funfact: Sogar die von Mattel 2016 neu herausgegebene »Curvy Barbie«, die ein realistischeres Körperbild als ihre Vorgängerin abgeben soll, hat immer noch einen Wert von 0,3. Also ebenfalls noch weit entfernt von einer normalen Frau. Na toll, selbst die Curvy Barbie ist dünner als ich! Dabei sagt doch schon ihr Name, dass sie eigentlich fett ist!

In manchen Ankündigungen dieser neuen Barbie fielen übrigens die Worte: »draller und weiblicher«.

Ich lache.

Nicht.

Immerhin gehen die neuen Ausgaben dieser Puppe in eine bessere Richtung, wenn man sie mit solchen Special Editions wie der »Slumberparty Barbie« vergleicht. Zur Ausstattung dieser 1965 erschienenen Puppe gehörte damals neben einem Spiegel und einer Waage, die immer 50 kg anzeigte, auch ein Buch mit dem Titel: »How to lose weight«. Auf der Rückseite dann Barbies Tipp: »Don't eat.« Brillant.

Was für eine Entwicklung! Von der Slumberparty Barbie zu der fast normal gebauten und somit fast überlebensfähigen Curvy Barbie vergehen nur schlappe 55 Jahre! Yeah! We're getting there!

Aber zurück zu den animierten Wespentaillen-Figuren im heutigen Kinderprogramm. Diese stellen also einfach, genau wie Barbie, komplett unerreichbare Körperideale dar. Sogar die Biene Maja und Heidi haben in den Neuauflagen viel dünnere Körper als in den alten Folgen. Sie haben eine Art »Makeover« bekommen und sehen jetzt »hübscher« aus als vorher. Außerdem kichert Maja mehr als früher. Bei diesen Prozessen frage ich mich immer, wer kam bitte auf die Idee? Wer hat gesagt, lass uns die Maja mal ins Abspeck-Camp stecken? Was muss man für ein Mensch sein, wenn man denkt: »Die Biene Maja ist zu fett!«? Oder wer kommt auf die Idee, dass eine ... wie alt ist Heidi, fünf? Dass eine Fünfjährige schlanker dargestellt werden sollte?

Oder gab es vorher Umfragen unter den Kindern? Im Leben wäre ich nicht darauf gekommen, an meiner geliebten Maja irgendetwas zu ändern. Ich war riesiger Biene-Maja-Fan und habe, laut meinen Eltern, sehr gerne und oft das Maja-Lied gesungen. Am liebsten in der Kirche, weil es da so schön hallte. Die anderen Leute haben das Maja-Lied natürlich nicht mitgesungen, sondern gebetet, aber das hat mich wohl nicht gestört. Ich habe einfach die Gebets- und Gesangslücken genutzt, um in voller Lautstärke und Inbrunst von der kleinen, frechen, schlauen Biene Maja zu singen. Jetzt ist sie die kleine, kichernde, schlanke Biene Maja …

Durch diese extremen Körperbilder werden Mädchen schon in einem sehr jungen Alter damit konfrontiert, dass es nicht nur begrenzten Platz für sie gibt (klar, da ergibt Dünnsein natürlich Sinn), nämlich eigentlich immer nur für eine, sondern dass man diesen Platz auch nur mit einem absurd sexualisierten Körper erreichen kann. Also: gar nicht.

Entweder du bist die eine, die Schönste, die Auserwählte, oder du findest schlichtweg nicht statt.

Für die männlichen Charaktere im Genre Kinderfernsehen hat sich in der Studie der Universität Rostock eine deutlich realistischere Darstellung der Körperproportionen ergeben.

Somit lagen »75 % überwiegend im realistischen und nur 6 % im anatomisch unmöglichen Bereich«.[13] Zudem fiel die Bandbreite der verschiedenen Darstellungen auf. So gibt es unter den männlichen Figuren allein in der körperlichen Darstellung eine größere Vielfalt. Yuya von »Yu-Gi-Oh!« wird hier als Beispiel für eine besonders schlank dargestellte männliche Figur genannt und Obelix als das extreme Gegenteil. So entsteht für Jungs eine schöne Bandbreite an Identifikationsmöglichkeiten, während die Auswahl für Mädchen extrem begrenzt ist.

Natürlich gibt es auch unter den männlichen Figuren extrem sexualisierte V-Körper. Ich denke, wenn wir in dem Zusammenhang und für den Zeitraum meiner Kindheit über Barbie sprechen, dann muss man auch über He-Man reden. Wenn Barbie dem absolut sexualisierten Frauenbild entspricht, dann steht He-Man dem in nichts nach. He-Man hat eine so extreme Beinmuskulatur, dass er im echten Leben sicher niemals laufen, geschweige denn auf einem Tiger reiten könnte. Und auch er ist extrem spärlich bekleidet. Eigentlich trägt er nur diese Fellunterhose und eine Art Bodychain. Auch Männer sind heute heftigen Schönheitsidealen unterworfen, und auch sie hat der Beautymarkt entdeckt. Männer gehen zum*r Kosmetiker*in und stählen sich im Fitnessstudio. Alles unter Sixpack wird nicht akzeptiert. Ich kenne Männer, die haben seit Jahren weder Nudeln noch Brot gegessen. Alles nur wegen der Kohlenhydrate.

Mein Bruder und ich haben übrigens die beiden Welten von He-Man und Barbie beim Spielen immer verbunden. Ich hatte ein paar Barbies, aber nur einen Ken. Den fand ich doof, und er hatte ein abbes Bein, das immer nur lose in seiner Hose herumbaumelte. Außerdem hatte er anstatt eines Geschlechtsteils nur eine hautfarbene Unterhose. Kurz gesagt: Er hat einfach nur genervt. Gut, er war, wie das meiste Spielzeug, das ich besessen habe, vom Flohmarkt. Die Barbie zwar auch, aber die war etwas besser in Schuss. Also angezogen. Nackt konnte man sehen, dass eine*r ihrer Vorbesitzer*innen ihr mit einem Edding üppiges Schamhaar beschert hatte. Barbie ließ also auch entwicklungstechnisch Ken in seiner Hautunterhose alt aussehen.

In meiner Barbiewelt gab es also für meinen Bruder auch keine richtig coole Männerfigur. Ken war nicht dafür gedacht, dass Jungs mit ihm spielen, sondern ihn gab es nur, damit Barbie jemanden heiraten konnte. Also haben wir in Ermangelung von Frauen- oder Männerfiguren in dem ein oder anderen Bereich einfach immer genreübergreifend gespielt. Dann kam He-Man einfach bei Barbie vorbei. Im Gegenzug hat übrigens die übergroße Monsterbarbie als eine Art Godzilla immer ganze Playmobildörfer verwüstet!

Meine Barbie besaß neben ihrem Haus – übrigens ein hammergeiles, von meinem Opa selbst gebautes riesiges Puppenhaus, nicht so ein Plastikbarbiedings, wo die Möbel nur an die Wände gemalt waren – einen riesigen Reitstall, mit umfunktionierten Büchern als Boxen. He-Man arbeitete bei Barbie als Stalljunge und durfte dann ab und zu auch mal auf einen Kakao mit ins Haus. Die He-Man-Figur war halb so groß, aber dafür dreimal so breit wie Barbie, was das Ganze aus heutiger Sicht extrem grotesk aussehen lässt.

FERNSEHEN ALS KIND

Wenn mein Bruder und ich früher zusammen ferngesehen haben, vorzugsweise Disneyfilme oder Cartoonserien im Nachmittagsprogramm, dann gab es immer eine feste Routine.

Nachdem wir die Freigabe unserer Mutter oder unseres Vaters bekommen hatten, den Fernseher einzuschalten, startete sofort ein Wettrennen. Dabei konnte es gut sein, dass von Anfang an die Chancen sehr ungleich verteilt waren. Wenn man nämlich die Fernsehfreigabe nicht durch die Eltern direkt, sondern indirekt dadurch bekam, dass sie das Haus verließen, gab es einfach ungerechte Startpunkte. Mein Zimmer lag unter dem Dach, das meines Bruders im ersten Stock. Mein Bruder hatte dann also eindeutig einen Vorteil, den ich aber oft ausgleichen konnte, indem ich einen Sturz vortäuschte oder irgendeine andere intrigante Nummer abzog.

Ein Fernseher war im Schlafzimmer meiner Eltern, aber der »bessere« war natürlich im Wohnzimmer im Erdgeschoss. Bei dem TV im Wohnzimmer gab es außerdem den besten Sitzplatz.

Sobald wir also diese »Freigabe« erhielten, rannten wir wie besessen los, Richtung Fernseher. Auf dem Weg dahin schrien wir, jeweils möglichst bevor es der oder die andere tat: »UMSCHALTER!« – das bedeutete, man hatte die Hoheit über die Fernbedienung und damit die absolute Herrschaft über das, was geschaut werden durfte, und »PAPAPLATZ!« – was wiederum hieß, man hatte Anspruch auf den besten Sitzplatz im ganzen Haus, logisch, der Platz unseres Vaters. Das war der Sitzplatz auf der Couch, der nicht nur die beste Sicht auf den Bildschirm hatte, weil er sich einfach frontal davor befand, sondern er hatte auch diese gemütliche, labbrige, durchgesessene Kuhle. Und natürlich, nicht zu vergessen, die Armlehne der Couch und daneben direkt ein Tischchen, auf dem man seine Limo abstellen konnte.

Wir haben übrigens nie eine Art Gerechtigkeitssystem in diese Verteilung der Privilegien beim Fernsehen eingeführt. Man hätte ja durchaus sagen können: Pass auf, heute bin ich Umschalter und Papaplatz und beim nächsten Mal dann du. Das wäre total gerecht gewesen und hätte uns einiges an Gekreische, Stürzen, Teppichbrandblasen usw. erspart.

Aber in diesem Match gab es keine Gerechtigkeit, denn hier war kein Erwachsener involviert, der uns dazu ermahnt hätte, uns sozial zu verhalten. Wir bewegten uns hier in der absoluten Illegalität. Im Untergrund, im organisierten Verbrechen.

Wenn wir dann nach dem ersten Wettkampf tatsächlich zum Fernsehen kamen, waren es wie gesagt hauptsächlich Cartoons und Disneyfilme, die wir uns anschauten.

Von »Masters of the Universe« und dem »König der Löwen« über »Die Schlümpfe«, »Kimba« bis zu den »Looney Tunes« war eigentlich alles dabei.

Alle Anfangsmelodien konnten wir voll euphorischer Vorfreude mitsingen!

Was immer passierte, bevor eine Sendung startete: Wir stellten lauthals klar, wer wir in der nächsten halben Stunde sein würden. Welche Rolle würden wir übernehmen? Also, welche der Figuren wollten wir sein? »Ich bin He-Man!« Oder: »Ich bin Arielle!«, schallte es dann durchs Wohnzimmer. Darauf folgte dann oft ein: »Och man, der*die wollte ich sein ...«

Wir wollten uns auf jeden Fall mit irgendeiner der Figuren, mit denen wir in ein fantastisches Abenteuer aufbrechen würden, identifizieren. Wer ist so wie ich? Wem will ich nacheifern? Welche Eigenschaften kann ich mir von den Held*innen abschauen?

Wenn es darum ging, sich eine Figur auszusuchen, und man hat irgendwie instinktiv nach männlich oder weiblich unterschieden, gab es eine erneute Ungerechtigkeit:

Mein Bruder konnte in diesem Punkt fast immer aus dem Vollen schöpfen. Nicht selten brauchte er sogar einen kurzen Moment, weil er noch mal schnell alle Möglichkeiten durchging. Zum Beispiel bei »Masters of the Universe«. Natürlich wollte er die meiste Zeit He-Man sein, klar, das war die Hauptfigur. Welcher Junge wollte damals nicht He-Man sein? Ein muskelbepackter Superheld, der immer auftauchte, wenn auf dem Planeten Eternia das Gute gegen das Böse antreten musste. Die restliche Zeit lebte He-Man übrigens unerkannt als sein Alter Ego Prinz Adam auf Eternia. Niemand in seinem Umfeld ahnte, dass er He-Man ist. Was absolut erstaunlich ist, denn bei seiner Verwandlung von Prinz Adam zu He-Man veränderte sich exakt gar nichts an ihm, außer dass er plötzlich nackt war. Na ja fast, er trug eigentlich nur noch eine Rüstung, die ungefähr so viel verdeckt hat wie der legendäre grüne Badeanzug bei Borat.

Darum vielleicht wollte mein Bruder auch nicht jedes Mal He-Man sein. Manchmal war er auch Man-at-Arms, der engste Vertraute He-Mans, oder Man-e-Faces, bei dem man auch an der Actionfigur die Gesichter wechseln konnte, oder Clamp Champ, der mit seiner coolen Krebszange kämpfte, oder Ram-

Man, der sehr wenig geredet, aber dafür sehr viel mit seinem Kopf eingerammt hat (guter Typ. Husband material).

Insgesamt konnte er aus circa 25 männlichen Figuren von He-Mans Heroic Warriors, der Bande der Guten, wählen, oder aus 23 Jungs von den Evil Warriors, der Bande um Skeletor.

Ich war eigentlich immer Teela. Die eine von zwei Frauen bei den Guten. Die Actionfigur von Teela konnte übrigens nix. Absolut gar nix. Ja, gut, außer so 'nen Plastikstab halten.

Klar, »Masters of the Universe« war sicherlich in erster Linie für Jungs gedacht, aber trotzdem. Eine magere Ausbeute. Insgesamt ein Frauenanteil von 5,8 %. Die andere Frau war diese Zauberin, aber die wollte ich nicht sein, die kam mir zu alt vor, und sie war sowieso die meiste Zeit irgendein blöder Vogel. Teela war auch langweilig, aber immerhin die Tochter vom Truppenchef, also näher an der Macht und dem Abenteuer.

Dann hätte ich noch Evil-Lynn sein können. Eine von den Bösen, sozusagen die Eva Braun von Skeletor. Nee, die war einfach nur wahnsinnig unsympathisch und grün.

Also blieb mir nur Teela. Oder aber, und so hab ich mich durch einige Kinderserien gewieselt, eins der teilnehmenden Tiere. Fast jede Hauptfigur in einem Disneyfilm zum Beispiel hat einen kleinen tierischen Freund. Da gab es selten Zuordnungen zu einem Geschlecht, und wenn das dann doch Jungs waren, dann fand ich es bei Tieren irgendwie doch okay, die zu »sein«, obwohl sie männlich waren. Das war dann Battlecat, ein grüner Tiger, auf dem He-Man als He-Man reiten konnte. Oder es war Cringer, wenn He-Man Prinz Adam war. Cringer war derselbe grüne Tiger wie sonst auch, dann nur ohne Sattel und nicht ganz so aggro.

Mensch, Leute, wer ist nur dieser He-Man? Der halb nackte Muckimann mit blondem Pottschnitt, der auf einem grünen Tiger reitet? Hier ist nur der angezogene Muckimann mit blondem Pottschnitt, der neben einem grünen Tiger steht. STEHT! Hallo? Sein grüner Tiger hat keinen Sattel, er kann es also nicht sein!

Natürlich hätte ich auch einfach sagen können: Ich bin Man-at-Arms! Oder Skeletor! Das habe ich auch manchmal gemacht, aber darum geht's nicht. Ich wollte kein Mann sein, ich fand es toll, dass ich ein Mädchen bin. Also habe ich die Frauen gesucht und gelernt, dass man auch in diesem Bereich Frauen einfach keine Vielfalt zugesteht. Eine muss reichen. »Es gibt doch eine Frau. Die Teela. Die kannst du doch sein.«

Meine Eltern haben das Problem nicht wirklich gesehen. Einmal durften wir uns auf dem Flohmarkt aus einer Kiste jede*r eine »Ninja Turtles«-Figur aussuchen. Ich konnte mich nicht entscheiden, weil ich ja wusste, bei den Turtles gibt es keine Mädchen. Wenn wir Turtles im Fernsehen schauten, war ich immer Raphael, aber wollte ich den wirklich als Figur haben? Meine Mutter hat diese Unentschlossenheit genervt und gesagt: »Doch, dat da is doch ein Mädschen!« Sie zeigte auf Donatello, für meine Mutter weiblich, weil er eine lilafarbene Augenmaske trug.

Ich mochte die Turtles, das weiß ich noch, aber es wäre irgendwie schön gewesen, wenn es auch eine Schildkrötin gegeben hätte.

Mein Bruder und ich waren richtige Fans, obwohl auch das Setting dieser Serie einer ultrabekifften Birne entsprungen sein muss. Vier mutierte Ninja-Schildkröten und eine Kampfsportratte, die in der Kanalisation leben. Frauenanteil natürlich null Komma null.

Zugegeben, die beiden Beispiele He-Man und die Turtles wurden ganz offensichtlich eher für ein männliches Kinderpublikum entworfen. Immerhin, irgendwann hat Mattel sich dann daran erinnert, dass es auch Mädchen gibt und die ihren Eltern auch das Geld aus der Tasche betteln können, um irgendwelche Actionfiguren zu kaufen. Und so wurden »She-Ra: Princess of Power« und ihre Gang geboren. She-Ra war übrigens die Schwester He-Mans, sie verschwand vor langer Zeit, und He-Man macht sich auf den Weg, um sie zu retten. Schade, dass ihre Eltern nicht auf die Idee gekommen sind. Aber die haben vielleicht auch gedacht: He-Man reicht.

SCHLÜMPFE

Es gab aber natürlich auch Serien, die waren vermeintlich was für alle Geschlechter. Beispielsweise »Die Schlümpfe«.

Bei den Schlümpfen ist der Fall allerdings sehr eindeutig: Es gibt ungefähr einhundert Schlümpfe und eine Schlumpfine. Frauenquote: 1 %. In den neueren Folgen gibt es noch einen weiblichen Schlumpf, Sasette, ein Schlumpfmädchen, und ich habe gelesen, es gibt wohl auch noch einen »Oma-Schlumpf«, aber die zähle ich nicht mit. Denn als wir »Die Schlümpfe« als Kinder geschaut haben, gab es nur die eine, die Einzige, die Auserwählte: die Schlumpfine.

Wie es sein kann, dass diese Schlumpfpopulation mit nur einer einzigen Frau überlebt, ist natürlich eine interessante Frage.

In der Realität hätte so eine Gruppe keine Chance. Wenn man sich diese Situation mit Menschen vorstellen würde, also ein Dorf mit circa einhundert Männern und einer Frau, wäre das mit dem Überleben schwierig. Schließlich kann eine Frau auch bei bombiger Fruchtbarkeit nur einmal im Jahr schwanger werden, selten dann mit mehr als einem Kind. Man bräuchte also dringend mehr Frauen. Am besten sogar einige mehr als Männer. Für die Erhaltung eines solchen Dorfes braucht es genau genommen gar nicht viele unterschiedliche Männer, da reicht theoretisch ’ne Handvoll. Die können Fortpflanzung ja öfter als einmal im Jahr. Selbst bei Tierpopulationen sind die Verhältnisse der Geschlechter einigermaßen ausgeglichen, und bei den Menschen gibt es sogar etwas mehr Frauen als Männer, weil wir Frauen länger leben.

Es gibt sogar Tiere, die können, falls durch irgendwelche Umstände zu wenig Weibchen oder zu wenig Männchen am Start sind, einfach ihr Geschlecht ändern.

Funfact: Ich hab über eine Amphibienart, die das kann, meine Biologie-LK-Abiturklausur geschrieben. (Keine Angst, ich weiß von dieser Klausur rein gar nichts mehr.)

Welches Tier das aber anscheinend auch kann, ist der Blaukopf-Juncker, ein Fisch:

> »Die Fische leben in sozialen Gruppen mit einem dominanten Männchen. Das Männchen hat einen auffällig blauen Kopf [**HA! Schlumpf!**] und beschützt seinen Harem aus gelb gefärbten Weibchen. Wenn dieses Männchen die Gruppe verlässt oder stirbt, dann beginnt das größte Weibchen der Gruppe innerhalb von Minuten [**WTF?**] mit einer Umwandlung zum männlichen Tier. Das Noch-Weibchen verhält sich aggressiver und balzt genau wie ein Männchen es sonst tut. Außerdem verändert sich sein Körper und sein Kopf färbt sich blau.«[14]

Okay, krass! Das klingt ganz schön Hulk-mäßig. Laut Wissenschaftler*innen wird diese Umwandlung dann tatsächlich durch Stress ausgelöst ... Und, bitte, was? Innerhalb von Minuten? Man stelle sich das mal beim Menschen vor. Aus einer gestressten Hausfrau wird mitten auf der Straße innerhalb von Minuten ein Mann mit blauem Kopf. Die Insta-Story davon würde auf jeden Fall viral gehen.

Auch der Clownfisch, bei dem übrigens das Weibchen immer den dominanten Part übernimmt, kann sein Geschlecht wechseln.[15]

Ja, Leute, Nemo ist trans. So viel zu: Trans ist gegen die Biologie. Nope. Eat this, AfD.[16]

Die Schlümpfe können all das nicht, und es interessiert sie auch überhaupt nicht. Sie brauchen keine Frauen zum Überleben, da bringen die Störche die Babyschlümpfe (gähn ...). Also, sie haben die perfekte Gesellschaft, ganz ohne Frauen. Das gefällt bestimmt der katholischen Kirche, die hat schließlich auch die perfekte Familie ohne nennenswerten Frauenanteil erfunden.

Die Schlümpfe wollten eigentlich gar keine Frau, sie haben friedlich in ihrem Männerhaushalt gelebt und nie auch nur von einer Frau geträumt!

Schlumpfine kam nur zu ihnen, weil der böse Gargamel sie erschaffen hat.

Auf www.schlumpf.fandom.com/de (ja, das gibt's) steht:

> »Ursprünglich wurde sie vom bösen Zauberer Gargamel geschaffen, um Unruhe unter die Schlümpfe zu bringen.«[17]

Natürlich, was sonst? Denn nichts stört das friedvolle männliche Leben mehr als eine zickige Alte.

> »Zu diesem Zeitpunkt hatte sie kurze, struppige, schwarze Haare und eine große Nase. Erst Papa Schlumpf verwandelte sie in die hübsche Schlumpfine, die wir heute kennen und die die Herzen aller Schlümpfe schmelzen lässt; mit langen, glänzenden, blonden Haaren und einem kleinen Näschen. Jedoch seit die Schlümpfe 2 ist sie nicht mehr der einzige weibliche Schlumpf im Dorf.«[18]

Als junges Mädchen merkst du dir hier am besten schon mal: Dicke Nase und struppige schwarze Haare sind hässlich und böse! Kleine Nase und blonde Haare sind schön und lieb. Das kommt dann im Unterbewusstsein alles in die Schublade für den Selbsthass, die befindet sich direkt neben der für die Essstörung ... So hast du später für den Therapeuten alles schön beisammen.

Die Störche bringen also anscheinend nur die männlichen Schlümpfe. Auch Sasette, das in den späteren Folgen dazugekommene Schlumpfmädchen, wurde sozusagen: selbst gebaut.

> »Weibliche Schlümpfe wie Schlumpfine, Omaschlumpf und Sassette können nur durch einen Zauberspruch, angewendet auf blaue Tonerde, entstehen.«[19]

Aha. Sie wird also von Männern aus Ton geformt und dann mit der Gnade eines weiteren Mannes zum Leben erweckt. Das erinnert mich doch ein bisschen zu sehr an die Schöpfungsgeschichte mit Gott an der Töpferscheibe und der Rippe von Adam ...

Das ist sowieso alles ganz schön katholisch, diese Familie: der Vater, die Söhne und die heilige Tonerde ...

Aber was ich wirklich am schlimmsten finde an dieser Geschichte der friedlichen blauen Männergesellschaft, ist Folgendes: Alle männlichen Schlümpfe, also: 99 %, haben irgendein Talent oder eine Charaktereigenschaft, die sie ausmacht. Jeder von ihnen kann irgendetwas, das ihn einzigartig macht. Es gibt eine enorme männliche Vielfalt unter den Schlümpfen.

Es gibt den starken Schlumpf, den schlauen Schlumpf, den Malerschlumpf, den Handwerkerschlumpf, den hübschen Schlumpf, den Poesieschlumpf, den Tortenschlumpf, den Architektenschlumpf, den Tollpatschschlumpf, den Forscherschlumpf, den ängstlichen Schlumpf, den Schneiderschlumpf, den Naturschlumpf ... Es gibt sogar einen müden Schlumpf! Gefühlt eine Million verschiedene, in ihrer Persönlichkeit einzigartige männliche Schlümpfe. Sie alle haben ihre Berechtigung in der blauen Gesellschaft und ihren individuellen Platz, sie alle repräsentieren eine bunte Mischung aus verschiedenen Charaktereigenschaften. Das alles wird der blauen Männlichkeit zugestanden.

Und dann gibt es Schlumpfine. Sie ist eine Frau, das war's. Punkt.

Was sie gut kann?

Was ihren Charakter ausmacht?

Nix.

Frausein halt.

Ich habe von einem befreundeten Beleuchter mal die Theorie gehört, dass sich die vielen männlichen Berufe und Berufungen wie Medizinmann, Trommelmann usw. in den frühzeitlichen menschlichen Dörfern nur etablieren konnten, weil die Männer mit der Zeit bemerkt haben, dass sie für das Überleben des Dorfes relativ überflüssig sind. Klar, wir alle kennen die Geschichte von den Jägern und Sammlern. Die Männer jagen und sammeln, und die Frauen passen in der Höhle auf das Feuer und die Kinder auf. Aber wie viele Männer braucht man wirklich, um genug zu jagen und zu sammeln? Reicht da nicht eine Handvoll? Da macht es schon Sinn, wenn man sich darüber hinaus eine übergeordnete Existenzberechtigung einfallen lässt.

Bei den männlichen Schlümpfen gibt es sogar einen Muffi-Schlumpf, er ist einfach nur schlecht gelaunt. Oder einen dummen! Einen *dummen* Schlumpf, das ist sein Ding, einfach dumm sein. Selbst der dumme Schlumpf, der für alle sichtbar einfach nur SEHR DUMM ist, hat mehr Tiefgang als Schlumpfine.

Schlumpfine ist nur Frau.

»In den Cartoons und der alten Fernsehserie ist Schlumpfine sich sehr wohl darüber bewusst, welche Wirkung sie auf die Herzen der Schlümpfe hat, womit sie hin und wieder kokettiert. Hin und wieder spielt sie sogar mit dem Gedanken, einen der Schlümpfe zu heiraten, was daraufhin zu einem Buhlen um ihre Gunst ausartet.«[20]

Typisch Frau. Durchtrieben und gemein.

Ich erinnere mich auch daran, dass Schlumpfine bei fast jedem Konflikt heulend davongelaufen ist. Dabei spritzten ihr die Tränen in guter Zeichentrickmanier links und rechts aus den Augen wie Springbrunnen. Auch eine sehr stereotype Darstellung von Frauen in Filmen und Serien. Diese Art von weiblicher Konfliktbewältigung kam in meiner Kindheit überall vor. Vor allen Dingen in den Vorabendserien der Neunzigerjahre beendete fast jede Frau einen Konflikt mit einem klassischen »Storm-off«. Heulend, brüllend oder wortlos schluchzend, aber immer mit wehendem Haar wurde die Szene des Konflikts verlassen und, wenn vorhanden, eine Tür zugeknallt.

Ich erinnere mich, diese Taktik des Öfteren in Auseinandersetzungen mit meinen Eltern getestet zu haben. Der Konflikt wurde dadurch selten zu meinen Gunsten gelöst, aber meine Eltern erwähnten danach immer öfter Freunden gegenüber, nicht ohne Stolz, mein schauspielerisches Talent.

In meiner Kindheit hat Schlumpfine also eigentlich nur genervt, denn zusätzlich fräste ihre Stimmlage mir immer eine Rinne in den Gehörgang. Ja, wir haben es verstanden, sie ist 'ne Frau ...

In all diesen weiblichen Figuren konnte ich mich nicht wiederfinden. Es gab einfach keine Vorbilder für mich.

»TKKG«

Ein anderer interessanter Klassiker ist die Kinderbuch- und Hörspielreihe »TKKG«. Die Geschichten um die vier Detektive gehören mit 14 Millionen verkauften Büchern und 33 Millionen verkauften Hörspielkassetten und CDs zu den erfolgreichsten deutschen Jugendbuchreihen.[21] »TKKG« kommt, wie so viele andere Serien auch, mit nur einer einzigen Frau im Team aus. Auch sie ist, vor allem in den alten Folgen, nur hübsche menschliche Dekoration. Also Schmuck für den Helden.

Hier zwei schöne Auszüge:

»Sie verließen den Supermarkt.
Draußen umschmeichelte sie die weiche Luft des Spätsommers.
Gaby machte einen Schmollmund und pustete aufwärts gegen ihren Goldpony.«[22]

Hach, schön. Oder hier:

»›Wer war denn das?‹
Gaby öffnete ihre Kornblumenaugen ganz weit und schob die Brauen fragend unter den Goldpony hinauf. [*ALTER! Was ist das, ein Softporno?*]
Tim schnellte hoch.
›Ich erzähle unterwegs. Offenbar eine Familientragödie. Ein Verbrechen. Blumenstraße. Das schaffen wir in zehn Minuten. Los!‹«[23]

Also, die Verhältnisse sind klar. Der Junge nimmt die Dinge in die Hand, und das Mädchen guckt dumm aus der Wäsche. Oder eben aus dem Goldpony ... das scheint irgendeine Art It-Piece zu sein. Zugegeben, auch die Figuren der Jungs sind extrem klischeebeladen (der Dicke, der Schlaue und der gut aussehende, braun gebrannte Macho-Chef), aber hier geht es jetzt um Gaby Glockner oder »die Pfote«, wie ihr Spitzname in den Geschichten ist. »Die Pfote«, wow. Einen harmloseren Spitznamen hab ich tatsächlich noch nie gehört. Warum nicht gleich »die Watte«, »das gewisse Nichts« oder »Gaby, die Quote«. Das wäre wenigstens ehrlich. Oder eben »Goldpony«. Das wäre konsequent. (Okay, ich gebe zu, eine Geschichte mit einem goldenen Pony hätte mich als Kind wahrscheinlich immens interessiert.)

Aber wer ist denn jetzt eigentlich diese Gaby?

Ja, wo soll man da bloß anfangen, so ein mannigfaltiger Charakter ...

Also: Gaby ist ganz doll tierlieb und hat einen Hund, der vor ihrem Bett schläft.

Das war's auch eigentlich schon.

Viel mehr steht nicht in ihrer Charakterbeschreibung auf der »TKKG«-Homepage.[24] Ja, was denn? Ein typisches Mädchen eben.

Der Autor von »TKKG«, Stefan Wolf (nicht sein richtiger Name), antwortete auf die Frage nach der sehr klischeehaften Darstellung der Gaby in einem Interview 2007: »Wie viele Möglichkeiten hat man denn, ein Mädchen zu schildern?«[25]

Ja, stimmt! Wie soll man sie denn sonst beschreiben? Sie sind eben alle gleich! Was machen Mädchen denn bitte sonst noch, außer mit ihren Kuller-Kuhaugen unter ihrem Goldpony hervorzuschauen?

Auch hier also: Es gibt nur eine einzige Frau, die eigentlich keine besonderen Eigenschaften hat, außer eben, eine Frau zu sein. Hätte nicht wenigstens die Figur vom Klößchen-Willi auch weiblich sein können? Dick sein und Schokolade essen können wir auch!

»Alle Trümpfe sind auf ihrer Seite: Intelligenz, Anmut, Selbstbewusstsein und Schlagfertigkeit ...«[26]

Kurz zum Thema Schlagfertigkeit und Intelligenz ein tolles Beispiel:

»Gaby: ›Tim, Tim! Ich glaub, die haben mir Heroin gespritzt!‹
Tim: Wie fühlst du dich?
Gaby: ›Eigentlich wie immer.‹«[27]

Tja, schade eigentlich.

»... dazu blonde Haare und blaue Augen ... Für Tim ist seine Freundin das schönste Mädchen auf der Welt.«[28]

Na also, da haben wir es schwarz auf weiß: Sie ist die eine, die Schönste, die Auserwählte, die Freundin vom Anführer. Das einzige Mädchen in so 'ner Story ist nie mit dem kleinen Dicken zusammen, der nichts kann außer Schokolade fressen. Oder mit dem dünnen Computernerd, der sowieso nie 'ne Chance bei Frauen hat. Sie ist mit Tim zusammen. Das T von TKKG.

Funfact: In den früheren Folgen hieß er übrigens noch Tarzan (haha. Keine Fragen mehr ...). Seit Folge 32 heißt er Tim, weil er Tarzan in einem Film gesehen hat und dann mit diesem »halb fertigen Bodybuilder« nicht mehr verglichen werden will.

Äh, Moment mal! Schon damals kam mir das sehr strange vor, als Kind hat man eine Antenne dafür, wenn die vertrauten Geschichten plötzlich eine unlogische Wendung nehmen, nur weil es anscheinend irgendein produktionstechnisches Problem gab. So blieb bei mir als großer Bibi-Blocksberg-Fan immer ein fader Beigeschmack, weil Bibis kleiner Bruder Boris nach der neunten Folge einfach nicht mehr auftauchte. Lapidare Erklärung war, dass er ab sofort bei den Großeltern am

Meer leben muss, weil er angeblich so einen schlimmen Husten hat. (Subtext: Ist halt so, bitte keine weiteren Nachfragen.)

Danach kam er nie wieder vor und wurde in späteren Folgen sogar von seiner Familie komplett verleugnet, indem sie sich als dreiköpfige Familie beschreiben. Bibi Blocksberg hat einfach ihren kleinen Bruder vergessen? Für mich, ebenfalls Besitzerin (Beherrscherin) eines kleinen Bruders, einfach nur unvorstellbar.

Boris fiel damals übrigens schlicht und einfach der Modernisierung der Serie zum Opfer, seine Figur war sowieso irgendwie nicht so richtig ausgearbeitet, und außerdem kam sein Sprecher in den Stimmbruch und so ein Achtjähriger spricht nun mal selten so wie die Synchronstimme von Eddie Murphy.[29]

Bei Tarzans Wechsel zu Tim steckte in Wirklichkeit tatsächlich ein Markenrechtsanspruch einer amerikanischen Filmfirma dahinter, die den Namen Tarzan nicht rausrücken wollte. Jetzt konnte man Tarzan, dessen bürgerlicher Name in den Geschichten schon als Peter Carsten eingeführt war, nicht einfach so auf seinen »Peter« reduzieren, sonst hätte man ja alle Bücher in »PKKG« umtaufen müssen. Also gab es diese etwas ungelenke Geschichte, er hätte noch einen bisher nie erwähnten Zweitnamen und der wäre eben Timotheus, kurz Tim.

Klingt, ähm, logisch.

Also ist eben Tim der Freund von Gaby. »Er fühlt sich als ihr Beschützer – vor allem dann, wenn es gefährlich zugeht.«[30]

Ja, denn wenn es gefährlich wird, dann müssen die Mädchen schnell nach Hause! Und so ist es auch tatsächlich in fast jeder Folge. Aber zum Glück kann Gaby ja dann ihren Papa holen, der ist nämlich praktischerweise Polizist. Zwei Männer in ihrem Leben also, die den Shit für sie regeln, wenn's brenzlig wird.

»Außerdem kämen TKKG ohne ihren ›weiblichen Charme‹ oft nicht weiter.«[31]

Was das genau heißen soll, will ich lieber nicht wissen.

Ich habe früher auch »TKKG« gehört, und ich war natürlich immer Gaby. Ich habe weder die Tatsache hinterfragt, dass es nur ein einziges Mädchen in der Geschichte gibt, noch, dass die Ermittlungsmethoden der Detektive selbst von einem Horst Seehofer, der beide Augen zudrückt, nur als »Racial Profiling« bezeichnet werden können. Sehr schön festgestellt von Carolina Schwarz in einem Artikel für die »taz«.

Sie schreibt: »Jemand sprach mit osteuropäischem Akzent oder war schwarz? Das musste der Verbrecher sein. Jemand war Italiener? Ganz sicher ein Mafioso. Und mit seinen rassistischen Vorurteilen hatte er meistens recht. TKKG zeichnete ein Bild voller diskriminierender Stereotype: Alle, die nicht weiß waren, waren böse. Meist Menschen, die Tim mit dem N-Wort oder mit dem Z-Wort bezeichnete.«[32]

Zum Beispiel sagt Tim in der Folge »Wer raubte das Millionenpferd?«:

»Das haut den stärksten N**** aus der Weltraumkapsel.« Whatever that means ...

Aber auch Gaby haut einiges raus. Zum Beispiel in der Folge »Die Falschmünzer vom Mäuseweg« erwidert sie auf eine Frage zu ihren Wimpern: »Die sind echt, du Spinat-N****.«

Die neueren Folgen sind natürlich nicht mehr so rassistisch und eindimensional. Das wird im Internet von sehr vielen Fans übrigens bedauert. Alles sei jetzt so »langweilig« politically correct. Schlimm langweilig, so 'ne Gleichbehandlung, und wie spannend und abenteuerlich, auf Minderheiten rumzuhacken.

Immerhin sollen einige der Formulierungen dem Autor im Nachhinein peinlich gewesen sein. Gut, die erste Folge schrieb der 2007 verstorbene Rolf Kalmuczak im Jahr 1979, dass es da in puncto Sprache, Weltanschauung und Frauenbild noch anders zuging, geschenkt ... Allerdings hat der Autor unter mehr als einhundert Pseudonymen verschiedenste Geschichten geschrieben, und das eben bis zu seinem Tod auf einer elektrischen Schreibmaschine, und er hatte wohl nie einen Internetanschluss. Mehr kann man sich einer modernen Welt wohl nicht verschließen.

PS: Ach so, wer jetzt denkt: Na gut, wenn »TKKG« so scheiße ist, dann bleiben mir ja immer noch die »Fünf Freunde«!

Ja, sorry ... da sieht's auch nicht besser aus. Autorinnen machten es damals in Hinsicht Sichtbarkeit und Vielfalt von Frauenfiguren auch nicht besser.

In Enid Blytons Geschichten ist Anne die einzige »weibliche« Frau unter den fünf Freunden, George ist zwar auch weiblich, will aber ein Junge sein. Und auch Anne setzt ganz klare Prioritäten im Leben:

> »Julien: Los Leute, lasst uns fahren, bevor wir sie aus den Augen verlieren ... Anne: Aber ich habe Tante Fanny versprochen, ihr beim Marmeladekochen zu helfen ... Ach lass nur Anne, bleib nur hier und hilf Tante Fanny – na dann los! Kommst du Dick? ...«[33]

Hey, Marmelade kochen kann auch ein Abenteuer sein! Was, wenn man zu wenig Gelierzucker nimmt? Was, wenn sich Schaum bildet?

FRAUEN IN FILM UND FERNSEHEN

Warum bekommen wir die Vielfältigkeit von Frauen in Filmen und Serien nicht zu sehen? Ihre Verschiedenheit? Ihre Formen und Farben, ihre unterschiedlichen Charaktere und Altersstufen?

Warum kann es nicht mehr und unterschiedlichere Frauen geben, so wie im echten Leben? Auch hier scheint es einfach nicht genug Platz zu geben, damit man sie in ihrer Vielfalt abbilden könnte.

Frauen sind im deutschen Film und Fernsehen extrem unterrepräsentiert. Das ist das Ergebnis einer von der Schauspielerin Maria Furtwängler initiierten und von der Universität Rostock durchgeführten Studie zum Thema »Audiovisuelle Diversität«.[34] Dazu wurden 2016 insgesamt 3500 Sendestunden im Fernsehen und 800 deutsche Kinofilme ausgewertet.

Es waren zu 67 % Männer zu sehen und nur zu 33 % Frauen.[35] Das wundert wirklich niemanden. Frauen sind dabei nicht nur seltener sichtbar, sie sind auch kürzer zu sehen und haben deutlich weniger Redeanteil. Je höher übrigens das Alter der Frau im Film, desto weniger sichtbar wird sie: »Ab 50 Jahren kommen auf eine Frau drei Männer.«[36]

Klingt wie eine schöne Rubrik für eine Pornoseite, für den klassischen Film ist das allerdings ein Armutszeugnis. Im Alter verschwinden Frauen in Kino und TV also einfach von der Bildfläche.

Die Filmindustrie steht dabei symptomatisch für die Gesellschaft. Frauen berichten oft, sie würden sich mit fortschreitendem Alter immer unsichtbarer fühlen. Und nicht selten führt das zu Depressionen.

Ältere Frauenrollen sind tatsächlich sehr schwer zu finden.

Während Männer im Alter oft ihre großen Charakterrollen spielen, gibt es für ältere Frauen nichts mehr zu tun. Es sei denn natürlich, es ist ’ne Hexe zu besetzen. Die meisten Frauen, die wir im TV und Kino sehen, sind zwischen fünfundzwanzig und dreißig Jahre alt. Alle Rollen jenseits der fünfzig spielen übrigens gefühlt ausschließlich Iris Berben und Senta Berger.

Als Iris Berben siebzig wurde, hab ich dazu mit meiner Mutter zusammen einen Fernsehbeitrag gesehen. Ich sagte: »Wow, Iris Berben sieht einfach super aus, und die ist siebzig, Mama!« Der Kommentar meiner sechsundsechzig Jahre alten Mutter war: »Ja super! Dann hab ich ja noch vier Jahre ...«

REDEANTEIL

Frauen kommen übrigens nicht nur seltener vor als Männer, sie kommen auch seltener zu Wort.

Denn selbst wenn sie Text haben, sagen Frauen in Filmen statistisch betrachtet recht wenig. Nach Daten der USC Annenberg liegt der Redeanteil in insgesamt 900 populären Filmen, die zwischen 2007 und 2016 entstanden sind, von weiblichen Figuren konstant bei rund 30 %.[37]

Im Action-Genre liegt der Anteil der von Frauen gesprochenen Wörter im Jahr 2016 sogar nur bei 23,4 %.

Klar, man braucht halt nicht so viele Worte, wenn man immer nur heulend wegrennt oder den Helden anschmachtet. Das geht zur Not auch völlig wortlos.

Aber auch in Serien, in denen es tolle und vielschichtige Frauenfiguren gibt, quatschen die Männer mehr. Zum Beispiel in »Game of Thrones«, dort nehmen die männlichen Figuren circa drei Viertel der Redezeit in Anspruch.[38] Sogar in Disneyfilmen mit weiblichen Hauptfiguren wie »Arielle« haben die Jungs mehr Text! Selbst bei »Mulan«, einem Film über eine Kriegerin, die sich als Mann verkleidet hat, Sendepause. Selbst ihr kleiner Drachenfreund redet im Film mehr als sie!

Menno! Ich war als Kind der größte Arielle-Fan! Okay, zu ihrer Verteidigung muss ich sagen: Arielle verliert im Laufe des Films ihre Stimme! Dafür bekommt sie dann Beine und kann mit einem Typen abhängen, den sie kaum kennt bzw. eigentlich nur einmal kurz von Weitem gesehen hat. Ich nehme an, der Gesang wird in diesen Studien nicht als wörtliche Rede gewertet. Denn Arielle und ihre Kolleginnen singen doch in gefühlt jeder Situation. In jedem Disneyfilm wird dauernd gesungen. Und alle anderen Menschen, Kreaturen und manchmal sogar Pflanzen stimmen dann mit ein!

Ich weiß noch, dass ich als Kind dachte: Woher kennen die alle den Text? Haben die sich vorher zum Üben getroffen? Ich meine, in manchen Szenen, da werden mal eben so Choreografien abgefeuert, da proben Musical-Ensembles ein ganzes Jahr für!

Der Inbegriff des modernen Animationklassikers für Mädchen ist »Frozen – Die Eiskönigin«. Es kann nicht sein, dass in dieser Geschichte um die beiden Schwestern Elsa und Anna, also einem Film mit gleich zwei weiblichen Hauptfiguren, Männer einen größeren Redeanteil haben. Aber es ist so. Die Männer haben 57 %.[39]

WTF! Ich erinnere mich, dass es eigentlich UNSER Klischee ist, zu viel zu labern! Waren nicht die Frauen immer die Quasselstrippen, die einfach nicht aufhören können? Dabei sind es die Männer!

Die öffentliche Rede war eigentlich sowieso schon immer Männersache. In der Antike war es sogar ein allein männliches

Attribut. Die öffentliche Rede von Frauen war nicht nur nicht gestattet, es gab sie einfach gar nicht. Die tiefe Stimmlage des Mannes galt als überlegen und mutig, die hellere Stimme der Frau klang feige und falsch. Man hatte sogar Angst, die höhere Stimmlage einer Frau würde die der Männer übertönen und somit ihr ganzes Anliegen zerstören … Eigentlich war es damals Frauen nur gestattet zu sprechen, wenn sie sich zum Glauben bekannten oder ihren Suizid ankündigten. Bei Märtyrerinnen gab es das dann praktischerweise als Paket. Die sind damals sicher richtige Quasselstrippen gewesen.[40]

Wie viel Platz Frauenrollen in einem Film oder einer Serie genau einnehmen, kann man übrigens sehr leicht anhand des Bechdel-Tests herausfinden. Der Test besteht aus drei einfachen Fragen. Werden sie positiv beantwortet, hat der Film den Test bestanden.

- Gibt es mindestens zwei Frauenrollen?
- Sprechen sie miteinander?
- Unterhalten sie sich über etwas anderes als einen Mann?[41]

In jüngeren Varianten des Tests wird zusätzlich gefragt, ob die beiden Frauen im Film einen Namen haben. Diese Zusatzfrage finde ich berechtigt, denn von allen Rollen, die ich je gespielt habe, hießen mindestens 50 % »Frau 1«.

Auch wenn man den Test wissenschaftlich vielleicht nicht zu ernst nehmen sollte, macht es trotzdem Spaß, mal zu schauen, welche Filme durchfallen würden. Alison Bechdel hat den Test sowieso eher als lustiges Tool und nie als wirklich feministischen Test betrachtet.

Ich fand es trotzdem erstaunlich, bei wie vielen Filmen man

denkt: Der besteht den Test ganz bestimmt, und dann fällt er doch durch.

»Avatar«, »Herr der Ringe«, die alten »Star Wars«-Episoden, »Gravity«, »Bridget Jones«, die Liste ist endlos. Auch wenn man diesen Test hinterfragen kann, zum Thema Sichtbarkeit ist er ganz sicher interessant.

Wenn ich mir die Hauptrollen ansehe, die mir in den letzten Jahren angeboten wurden, dann war da selten bis nie eine spannende dabei.

Fast immer geht es um eine lustige, crazy Frau Mitte/Ende dreißig, die in der crazy hippen Großstadt lebt und die so crazy ist, dass sie keinen Freund findet. Mit viel Ironie und krassen Sprüchen versucht sie, ihre Frustration darüber, dass sie weder verheiratet ist noch Kinder hat, zu unterdrücken. Am Ende, wenn sie sich dieser Wahrheit gestellt hat, findet sie doch noch ihren Prinzen.

Schnarch.

Oder es handelt sich um die supertoughe Geschäftsfrau, die ein ganz modernes Frauenbild bedient. Darauf wird schon im Anschreiben der Produktionsfirma hingewiesen, falls man selber beim Lesen nicht sofort drauf kommt. Hey, Leute, passt auf, gleich! Supermoderne Frau hier in dem Drehbuch! Hier ist alles total feministisch gemeint. Sie ist nämlich so tough und emanzipiert, weil sie sich genauso verhält wie ein Mann. Darum bumst sie auch mit jedem, wann immer es ihr passt. Sie ist also eigentlich ein Mann.

Schnarch.

In den wirklich spannenden Geschichten, die ich bekam, hatte der Mann die Hauptrolle. Ich sollte dann die lustige Stichwortgeberin oder der witzige Love-Interest sein. Bei ein paar Büchern hab ich nachgefragt, warum denn die Hauptrolle nicht eine Frau sein könne. Warum nicht alles Lustige und Außergewöhnliche, das dem Mann passiert, nicht einfach einer Frau passiert. Die Antwort war selten irgendwie befriedigend. Am Ende hieß es eigentlich immer, das Publikum will so was nicht sehen. Das fällt bei der Marktforschung durch.

Aber Moment mal. Es ist doch erwiesen, dass die meisten Menschen, die fernsehen, Frauen sind. Frauen wollen keine Geschichten über spannende Frauen hören? Das kann doch gar nicht wahr sein.

Das ist auch nicht wahr. Wenn man sich ein paar Zahlen anschaut, dann ist es nämlich so, dass Filme, die den Bechdel-Test bestehen, sogar mehr Geld einspielen.

Im US-amerikanischen Onlinemedium »Five Thirty Eight« hat Walt Hickey herausgefunden, dass bei einem Film, der den Bechdel-Test besteht, jeder investierte Dollar 2,68 Dollar zurückbringt. Bei Filmen, die den Test nicht bestehen, sind es nur 2,45 Dollar.[42]

Gleichzeitig hatten die Filme mit positivem Testergebnis 35 % weniger Budget. Das heißt, es wird zwar mehr in Filme investiert, in denen sich Frauen nicht miteinander unterhalten, aber die Filme, in denen sie es tun, sind finanziell erfolgreicher.

Katsching!

Vielleicht braucht die ganze Filmindustrie einfach länger, um zu merken, dass der Frauenmarkt eine richtige Gelddruckmaschine ist.

Der Schlüssel für die Sichtbarkeit liegt auch hier natürlich darin begründet, dass es mehr Frauen hinter den Kulissen geben muss. Mehr Produzentinnen, Regisseurinnen, Drehbuchautorinnen. Mein Schreibprogramm schlägt mir übrigens für jeden der im letzten Satz aufgeführten Berufe die männliche Version vor.

So viel dazu.

Reese Witherspoon hat vor ein paar Jahren genau so eine Produktionsfirma gegründet, die jetzt sehr erfolgreich Geschichten verfilmt, die nicht nur von Frauen gespielt, sondern auch von ihnen geschrieben werden. Und genau das macht die Veränderung, dass die Geschichten selbst von Frauen kommen. Eins von vielen Beispielen also, wo die Zusammenarbeit von Frauen super funktioniert.

Wenn man sich einmal von diesem Konkurrenzgedanken befreit hat, klappt das offenbar sehr gut!

4 RIVALITÄT UNTER FRAUEN

HISTORISCHE GRÜNDE

Rivalität unter Frauen ist keine neue Erscheinung, manche versuchen allerdings, sie als Wohlstandsproblem abzutun. »Habt ihr Mädels denn nix Besseres zu tun, als euch zu bekriegen? Das habt ihr doch gar nicht nötig!« Stimmt, hätten wir nicht. Muss alles überhaupt nicht sein! Stutenbissigkeit und Zickereien unter Frauen werden gerne als so etwas wie ein »Hobby« für die gelangweilte, wohlhabende Hausfrau abgetan. Nichts anderes zu tun, was? Sorry, Leute, aber ein paar Jahrtausende Unterdrückung bekommt man halt nicht so einfach aus dem Kopf gekärchert.

Denn die Rivalität unter Frauen hat Gründe. Lebensnotwendige sogar. Jahrtausendelang waren wir nun mal von dem Wohlwollen eines Mannes abhängig. Wir waren nicht nur davon abhängig, dass sich unser Vater nach unserer Geburt dafür entschied, uns am Leben zu lassen, obwohl wir kein Junge waren, sondern später auch davon, dass sich ein Mann für uns als seine Ehefrau entschied und so die Verantwortung von unserem Vater übernahm. Und die Entscheidungsgewalt und die Vormundschaft natürlich. Wie das Leben einer Frau verlief, hing davon ab, welcher Mann sie erwählte. Oder ob überhaupt einer am Start war. Die Familien im Mittelalter freuten sich nicht unbedingt über die Geburt einer Tochter. Die Mädchen musste man dringend verheiraten, am besten so früh wie möglich. Eine zwölfjährige Braut war deshalb nichts Ungewöhnliches. Dann waren die Mädchen aus dem Haus und jemand anders musste sie füttern. Die Söhne waren die Stütze von Haus und Hof und gaben den guten Namen weiter. Eine Frau konnte nicht eigenverantwortlich leben, sie war entweder verheiratet oder am Arsch. Ein Ehemann bedeutete ein Dach über dem Kopf, Nahrung und Schutz vor Angriffen. Nicht vor Angriffen des Ehemannes natürlich, man war schließlich sein Besitz. Aber, hey, man kann nun mal nicht alles haben.

Hatte man viele Töchter, wurde man arm, weil jede mit einer Mitgift ausgestattet werden musste. Töchter waren einfach eine Belastung. Die Mädchen aus guter Familie, die der Vater nicht verheiratet bekam, weil sie nicht schön genug waren, steckte man ins Kloster. Die anderen konnten noch hoffen, als Magd irgendwo angestellt zu werden, aber auch hier war man von der Gunst des Gutsherrn abhängig. Um also ein halbwegs würdevolles Leben zu führen, brauchte man einen Ehemann, von dem man auserwählt wurde. Hier war es also zwingend nötig, die eine, die Schönste, die Beste oder die Reichste zu sein.

Schon Simone de Beauvoir schrieb in ihrem Buch »Das andere Geschlecht«: »Frauen fällt es schwer, sich als ein ›wir‹ wahrzunehmen. Frauen leben, anders als andere Minderheiten, verstreut unter Männern, enger angebunden an ihre Brüder, Väter und Ehemänner als an andere Frauen. Warum sollten sie also fremde Frauen zu ihren Verbündeten machen, und dann eventuell sogar noch im Kampf gegen die eigene Familie?«

Kein Wunder, dass die Stiefschwestern von Aschenputtel sogar zu so extremen Mitteln greifen wie sich die Ferse abzuschneiden. Nur um in den gläsernen Schuh zu passen, mit dem der

Prinz seine zukünftige Ehefrau findet. Im Mittelalter war das sicher keine übertriebene Methode. Hätten sich da die Mädels aus dem Viertel getroffen und eine hätte beiläufig erzählt, dass sie ihren Macker abbekommen hat, weil sie sich die Ferse abgesäbelt hat, hätten die anderen sicher nur müde mit den Schultern gezuckt. Überlegt mal bitte, wie verzweifelt die gewesen sein müssen! Haben die sich eigentlich wirklich die Ferse abgeschnitten? Was ist das überhaupt für eine abartige Vorstellung? Das geht doch auch gar nicht so einfach, oder? Ein Zeh, okay. Das kann man hinbekommen. Gartenschere, feddich! Aber, wenn ich mir meine Ferse so anschaue, dann sieht die mir doch recht stabil aus. Da braucht man schon ordentliches Werkzeug, um die in 'ne kleinere Schuhgröße zu flexen. Zu zweit geht das sicher einfacher, man muss sich ja ziemlich verrenken, um an die Ferse zu kommen. Aber die andere Stiefschwester hat ganz sicher nicht geholfen. Man tat eben alles, um die eine, die Schönste, die Auserwählte zu sein.

Hatte sich ein adeliger Mann für dich entschieden, hieß das aber noch lange nicht, dass man durchatmen konnte. Nein, man musste natürlich auch die Schönste und Einzige bleiben. Denn verlor ein Mann das Interesse, was ja durchaus vorkam, dann konnte das sogar ihr Todesurteil bedeuten. Also hatte man ständig auf der Hut zu sein, ob nicht eine jüngere, schönere Nebenbuhlerin einem den Platz streitig machte. Ohne körperliche Kraft und gesellschaftliche Macht mussten sich Frauen ihren Status eben auf andere Weise erhalten. Durch Intrigen und fiese, hinterhältige Manöver wurden sie ihre Gegnerinnen los. Ziemlich ätzend, dieser Umstand, aber that's life, vor allem im mittelalterlichen Patriarchat. Man hört ja sehr oft, dass wir das schon lange hinter uns gelassen hätten. In Wahrheit schlummern die Auswüchse der ein oder anderen mittelalterlichen Überlebensstrategie aber immer noch in uns. Dabei haben wir doch eigentlich ein sehr modernes Bild von uns selbst. Manchmal gelingt es uns auch, diese frauenfeindlichen und oft genug unbewussten Atavismen abzulegen. Aber eben leider nicht in allen Lebensbereichen. Ich habe über diese Problematik mit Alice Schwarzer sprechen dürfen. Sie sagt: »Wir Frauen sind 51 Prozent der Weltbevölkerung, wir sind die Mehrheit. Wenn wir uns solidarisieren würden, dann wäre die Gleichberechtigung kein Thema mehr.«[43] Ich glaube, damit hat sie wirklich recht. Ich mag außerdem die Idee, dass wir es viel mehr selbst in der Hand haben, Dinge zu ändern. In vielen Bereichen sind wir ja durchaus extrem solidarisch.

Dass wir privat fast immer beste Freundinnen sind, ist klar. Wir sind von Natur aus eigentlich harmoniebedürftig und können tagelang nicht schlafen, wenn wir das Gefühl haben, irgendeine Freundin könne eventuell sauer auf uns sein. Als Freundinnen sind wir auch (die meiste Zeit) absolut loyal und sofort zur Stelle, wenn eine Hilfe braucht. Aber diese Bünde brauchen meistens ihre Zeit, um zu entstehen. Manchmal länger, manchmal kürzer. Eine meiner besten Freundinnen, Jeannine Michaelsen, ist seit dem Tag, an dem ich sie kennenlernte, an meiner Seite. Eigentlich kannten wir uns schon länger, aber sind immer aneinander vorbeigehetzt, im wahrsten Sinne des Wortes. Bei Comedy- oder Fernsehpreisen spülten uns die Massen an der jeweils anderen vorbei, sodass wir uns immer nur zurufen konnten: »Ich find dich toll!« »Ich dich auch!« Zum Glück hatte ich da schon die Haltung »Ich bin zu cool für andere Frauen« abgelegt, sonst wäre mir wirklich was entgangen.

Irgendwann kam dann unsere Zeit, und ich kenne wenige Menschen, die mich immer wieder so tief beeindrucken wie diese Frau. Nicht nur hochtalentiert in ihrem Job als Moderatorin, sondern auch loyal as fuck. An einem meiner tiefsten

Punkte, an dem ich am liebsten in meine Spüle gekrochen wäre, hat sie mich gehalten. So sind Frauen zueinander. Sie helfen sich, sie schlafen bei dir, wenn du Liebeskummer hast, sie packen deinen Koffer, ziehen dich an, sie formulieren mit dir Textnachrichten an die zerbrochene Liebe. Wenn wir ehrlich sind, ist bei Trennungen und Krisen die Co-Autorinnenliste für jede unserer Nachrichten sehr lang. Einmal hat Jeannine an Weihnachten eine flammende Rede fürs richtige Schlussmachen gehalten, und mein Vater war so beeindruckt, dass er ihr fast einen Job bei der Bank als Motivations-Speakerin angeboten hätte, wäre er nicht schon in Rente gewesen. Man ist ein sehr glücklicher Mensch, wenn man mit so einer Frau befreundet ist.

Aber jede Frau kennt das Gefühl, dass man beruflich anders tickt. Als Frau ist es oft total schwer, eine andere Frau nicht als Konkurrenz anzusehen. Sobald jemand auftaucht, der uns in puncto Kompetenz oder Aussehen ebenbürtig oder gar überlegen sein könnte, bekommen wir Panik. Die Ressourcen sind scheinbar begrenzt, und wir haben Angst, sie teilen zu müssen.

Bei meinem alten Management war ich beispielsweise die einzige Frau im Portfolio. Mir wurde damals erklärt, das gehöre zur Firmenpolicy. Es wäre besser, nur eine Künstlerin in der Agentur zu haben, sonst gäbe es nur Streit und Missgunst untereinander. Gut, wenn ihr das sagt, dann wird das wohl so sein. Ich habe das geschluckt und überhaupt nicht hinterfragt.

Sobald eine Frau mit besonderen Fähigkeiten unsere Bubble betritt, werden wir skeptisch. Da stimmt doch was nicht.

In meinem Freundeskreis, der damals einen extrem hohen Männeranteil hatte, gab es mal die Situation, dass alle außer mir auf einer bestimmten WG-Party waren. Alle Jungs schwärmten hinterher von einer Frau, die sie unglaublich beeindruckt hatte. Sie hörten gar nicht mehr auf, darüber zu reden, wie lustig, klug und cool sie sie fanden und dass sie dieses Mädchen unbedingt wiedersehen wollten.

Ich bekam sofort einen heißen Kopf. Wer war diese Frau denn jetzt bitte? Klug und cool, okay. Damit konnte ich gerade noch umgehen. Aber lustig? Lustig war ich! Ich war doch die Lustige. Mir fällt es nicht leicht, das zuzugeben, aber ich war wirklich sofort neidisch und skeptisch. Sofort begann eine höchst peinliche Gedankenspirale: Cool und klug UND lustig, da konnte doch nun wirklich irgendwas ganz und gar nicht stimmen! Gott sei Dank haben sie nicht auch noch gesagt, dass die Frau gut aussieht. Hoffentlich sieht sie nicht auch noch gut aus. Scheiße, was, wenn sie dünn ist? Was, wenn sie auch noch einen guten Hintern hat? Fuck. Ich muss meinen Hintern mehr trainieren, das hab ich mir sowieso vorgenommen. Ich versuchte, mir nix anmerken zu lassen, als ich wie beiläufig fragte, wie sie denn so aussähe. Richtig cool, sagte mein Freund Lars.

Aha. Na toll, das konnte ja jetzt nun wirklich alles heißen. Hoffentlich war sie wenigstens dick. Dann könnte sie die lustige Dicke sein und ich die lustige Dünne. Was zur Hölle hieß denn jetzt bitte »cool aussehen«?

Oh nein, es konnte ja auch bedeuten, dass sie ’nen superguten Style hatte. Shit, das war meine Achillesferse. Ich hinkte schon immer der aktuellen Mode hinterher. Zu der Zeit hatte ich wahrscheinlich gerade angefangen, meine Jeans in kniehohe Stiefel zu quetschen, weil ich es einfach so lange bei anderen gesehen hatte, bis ich es selbst langsam okay fand. Leider war es aber schon lange nicht mehr modern.

Ich könnte anfangen, mich etwas mehr für coole Outfits zu interessieren! Überhaupt sollte ich mich dringend darum kümmern, dass mein Style individueller wird, vermerkte ich sofort auf meiner imaginären To-do-Liste. Das alles natürlich nur aus dem einzigen bescheuerten Grund, diese mysteriöse neue Frau möglichst irgendwie zu übertrumpfen.

Aber warum? Warum habe ich dermaßen überreagiert, obwohl ich die Frau nicht mal kannte? Warum durften die Jungs, »meine Jungs«, nicht auch noch 'ne andere Frau lustig finden? Vielleicht würde ich sie ja sogar selbst lustig finden. Wir hatten wahnsinnig viele verschiedene Jungs in der Clique, die alle auf ihre Art lustig waren. Damit gab es nie Probleme, die mussten sich ihre Lustigkeit nicht aufteilen, warum denn dann wir? Warum habe ich selbst diese Vielfalt offenbar uns Mädchen nicht zugestanden?

Das Ende vom Lied ist: Ich habe sie dann natürlich irgendwann kennengelernt. Bin top gestylt und mit meinen lustigsten Geschichten im Gepäck zur nächsten WG-Party gefahren und dann: fand ich sie selbst toll. Seit fast zwanzig Jahren gehört sie zu meinen engsten Freundinnen. Sie ist überhaupt nicht fett, sondern wunderschön. Okay, sie hatte zu dem Zeitpunkt damals 'ne Glatze. Das hatte mich direkt etwas erleichtert. Dann konnte ich die Lustige mit den Haaren sein, und sie die Lustige mit der Glatze.

Ich habe damals niemandem von diesen komischen Eifersuchtsattacken erzählt, denn ich habe mich danach total schlecht gefühlt und geschämt. Jedes Mal übrigens, wenn ich mich in ähnlichen Situationen, bei ähnlichen Gedanken erwischt habe. So beispielsweise bei einem Casting für eine neue Comedyshow. Castings sind sowieso die ultimative Vergleichshölle. Wenn eine bestimmte Frauenrolle zu besetzen ist, befindest du dich mit zahlreichen anderen Frauen im Warteraum, die ganz genauso aussehen wie du. Alter, Figur, Frisur. Man schaut sich um und sieht überall sich selbst! Nur manchmal in noch hübscher oder dünner! Das sind echte Freak-out-Momente. Bei diesem Casting lief es für mich super und es war schnell klar, dass ich den Job bekomme. Es sollten aber noch zwei andere Frauen mit in den Cast. Ein Kollege erzählte mir dann von diesem Casting und einer Schauspielerin aus Wien. Er war davon überzeugt, dass sie genommen werden würde, sie wäre unglaublich lustig und sehr, sehr hübsch. Sie hätte zwei verschiedene Augenfarben, das würde sie ganz besonders machen. Ich war natürlich sofort im Kampfmodus. Dabei ist Adriana Zartl eine der talentiertesten und lustigsten Frauen, die ich je kennenlernen durfte, und wir lieben uns bis heute.

Jetzt denke ich kopfschüttelnd an diese seltsamen Momente. Ich hab hier natürlich etwas übertrieben (ich liebe es, zu übertreiben), aber es ging schon sehr in die Richtung. Je älter ich wurde, desto weniger gab es diese Situationen, aber das dauerte seine Zeit. Die anfängliche Skepsis und Angst, die entsteht, wenn eine Frau zu nah in den eigenen Tanzbereich kommt, war übrigens nie begründet und ist auch nie bestätigt worden. Also, natürlich hab ich auch weibliche Arschlöcher kennengelernt, aber die lasse ich jetzt mal beiseite. Ich meine eher diese Konkurrenzmomente. Dass es dann wirklich so war, wie unterbewusst befürchtet, nämlich dass der Platz zu eng wurde, ist nie vorgekommen.

Manchmal sind mir auch später noch richtig blöde Sachen passiert. Einmal habe ich auf dem Geburtstag eines recht bekannten Bekannten seine neue Freundin kennengelernt. Der war nicht mal ein guter Freund. Gut, Alkohol hat auch 'ne Rolle gespielt, aber ich bin ernsthaft zu dem Mädel hin und hab etwas wie »Wenn du ihm das Herz brichst, dann bekommst du es mit mir zu tun« gesagt. Wow. Bitch-Mode on. Ich könnte das jetzt alles auf Alkohol schieben, aber ... na ja. Hinterher hab ich dann erfahren, dass er es war, der mehr als ihr Herz gebrochen hat. Warum war ich manchmal so krass auf der Männerseite und habe mich so sehr von der weiblichen Seite wegpositioniert?

Manchmal fallen wir Frauen uns gegenseitig so fies in den Rücken.

Als im WDR im Frühjahr 2018 gegen den langjährigen Programmbereichsleiter G. H. wegen sexueller Belästigung ermittelt wurde, wodurch er letztendlich seinen Job verlor, gab es eine seltsame Situation.

Es gab plötzlich einen offenen Brief von Schauspielerinnen, in dem sinngemäß stand: Uns hat er nie belästigt.

Warum macht man so was? Was für eine seltsame Aktion war das? Wenn er der einen Frau nichts getan hat, heißt das doch noch lange nicht, dass er keiner anderen etwas angetan hat.

Das ist ja so, als würde ich sagen: Ey, Leute, ich wollte nur sagen: Mich hat noch nie ein Auto überfahren, was habt ihr nur mit euren Verkehrstoten? Oder: Ich wollte nur Bescheid sagen: Wir haben hier Unterschriften gesammelt, und wir sind alle nie von Fritzl im Keller eingesperrt worden! Wollten wir nur mal Bescheid sagen.

Das Einzige, was dieser Brief wirklich gebracht hat, war: Die anderen Kolleginnen wurden als unglaubwürdig hingestellt.

Mittlerweile haben sich viele dieser Frauen aus dem Brief entschuldigt, sie haben die Tragweite damals nicht absehen können. Mir geht es hier nur um dieses besonders bittere Beispiel, bei dem Frauen sich gegen andere Frauen verbünden. Es geht mir nicht darum, einzelne Frauen zu verurteilen, weil sie an der harten Kandare des Patriarchats erfolgreich wurden. Ich kann das gut nachvollziehen. Auch ich lerne jeden Tag dazu, gerade was meine Geschichte als Frau und als Feministin angeht. Die Zeiten, in denen ich Feminismus gar nicht verstanden habe, sind noch nicht wirklich lange her. Aber ich bin auf meinem Weg zum Glück schlauen Frauen begegnet, die mir viel gezeigt und mich nicht verurteilt haben. Das möchte ich hier auch nicht tun. Wir wollen alle lernen, wie wir solidarischer miteinander umgehen können.

Wie blöd es doch wirklich ist, dass wir Frauen uns immer untereinander vergleichen. Wir scannen uns mit dem Blick ab, von oben bis unten, wenn wir aneinander vorbeigehen. Haben in Sekundenschnelle Haare, Make-up und Arsch abgecheckt. Wir gucken anderen Frauen krasser hinterher als unser miesester Ex-Freund. Wir sind sofort im Challenge-Mode. Wenn eine Frau besonders tolle Haare hat, eine tolle Figur, oder wenn sie sonst irgendwie besonders ist, befürchten wir aus irgendeinem Grund, dass genau das für uns in irgendeiner Art und Weise negativ sein könnte. Als wären wir automatisch durch das, was die andere hat, benachteiligt. Was hat sie, was ich nicht habe? Auch so ein berühmter Idiotenspruch. Hat das etwas mit Unsicherheit zu tun? Mit mangelndem Selbstbewusstsein?

Warum geht es bei diesen Vergleichen vor allem am Anfang fast immer um Äußerlichkeiten? Wann sind wir Frauen eigentlich da gelandet, uns gegenseitig genauso zu bewerten, wie Männer es bei Frauen tun? Wir haben eben den »männlichen Blick« übernommen. Da wir aus männlich geprägten Machtstrukturen kommen, haben wir uns daran gewöhnt, unseren eigenen Wert an der Bewertung durch einen Mann zu bemessen. Genauso bewerten wir dann andere Frauen, quasi mit einem männlichen Maßstab. Natürlich sind Frauen heutzutage nicht mehr körperlich und wirtschaftlich von Männern abhängig, aber es ist eben noch nicht so lange her, dass es so war.

Da Männer Frauen nach ihrem Äußeren bewerten, haben wir diese Bewertungskriterien übernommen. Dadurch eifern wir nicht nur dauernd einem utopischen Schönheitsideal nach, sondern können uns auch durch unsere Schönheit anderen Frauen gegenüber überlegen fühlen, oder noch besser: darauf hinweisen, dass die andere Frau nicht so schön ist. Diese Äußerlichkeit und die Beherrschung dieser Schönheit verleihen uns eine Macht, vor der Männer keine Angst haben müssen. So führen wir unsere Kämpfe unterhalb des Radars der männlichen Kämpfe um Macht und können so auch keinem Mann gefährlich werden.[44]

Ziemlicher Mindfuck. So will ich AUF KEINEN FALL SEIN!

Schon Simone de Beauvoir hat übrigens 1949 in »Das andere Geschlecht« geschrieben:

> »Indem Frauen lange von öffentlichen Machtpositionen ausgeschlossen waren und nur erreicht haben, was ihnen Männer zugestehen wollten, haben sie gelernt, männliche Autorität zu akzeptieren und untereinander nie eine geschlossene Gesellschaft gebildet. Vielmehr waren sie Bestandteil eines von Männern beherrschten Kollektivs, in dem sie einen untergeordneten Platz eingenommen haben. Wer der Frau, indem er sie in die Grenzen ihres Ichs oder ihres Heims verbannt und alles, was an Eitelkeit, Argwohn, Bosheit etc. darauf folgt, zum Vorwurf macht, beweist Inkonsequenz.«

Der Fachbegriff für die Konkurrenz unter Frauen ist übrigens »interfeminine Konflikte«. Na toll. Das klingt doch schon so, als würde man diesen Konflikten am liebsten einen Kakao machen und sie zum Basteln schicken. Das klingt schon so niedlich, dass man es irgendwie gar nicht ernst nehmen kann. Dass man sich sofort fragt, ob da ein echter Konflikt zugrunde liegt oder nicht nur irgendeine alberne Streiterei. Es klingt genauso harmlos, wie wir tatsächlich eigentlich unsere Konflikte lösen. Wir haben es irgendwie nicht wirklich gut gelernt. Frauen sind von Natur aus harmoniebedürftiger, wobei ich auch durchaus Männer kenne, die sich bei Konflikten lieber erst mal raushalten.

Wenn Mädchen sich im Spiel messen und sich lauthals streiten, dann wird das eher unterbrochen als bei Jungs. Jungen lernen viel mehr, dass sie die Konkurrenz nutzen können, um besser zu werden. Sie tragen ihre Konflikte sofort offen aus und schieben sie nicht auf den Sankt-Nimmerleins-Tag.

Ich warte mit der Bewältigung von Konflikten immer, bis es gar nicht mehr weitergeht oder der Konflikt selbst einfach schon keinen Bock mehr hat. Männer sind da oft anders. Die nehmen sofort das Telefon zur Hand und klären das. Mein Freund Max klärt jedes Problem SOFORT! Wow. Ich bin dann immer total begeistert. Er ruft denjenigen sofort an, mit dem es was zu klären gibt, und *regelt* das. Er macht das auch noch total ehrlich und sagt wirklich, was er denkt. Natürlich kenne ich auch Frauen, die so sind. Besonnene Menschen wie meine Agentin Constanze zum Beispiel, die krasse Situationen erst mal so schön sacken lässt, um dann schlau und überlegt zu handeln. Leute, wie macht ihr das? Wollt ihr den Konflikt nicht noch 'ne Woche schwelen lassen? Oder ein paar fadenscheinige Stellvertreterschauplätze erfinden? Oder ein paar überhaupt nicht Betroffene involvieren und erst mal die nach deren Meinung fragen? Nein?

Wettstreit und Ehrgeiz sind Dinge, die bei Mädchen nicht gefördert werden, darum sind unsere Skills darin wahrscheinlich auch echt bescheiden. Wenn die Fußballmannschaft von meinem Bruder verloren hatte, dann wurden nach dem Spiel die Fehler analysiert und man fasste einen Plan, wie man nächstes Mal auf jeden Fall gewinnen wollte. Ich habe in meinem Leben viel getanzt, auch in festen Gruppierungen. Da gab es zumindest die Challenge untereinander, dass die Besten in der ersten Reihe tanzen durften. Aber wenn wir bei einem Wettbewerb nicht gewannen, hieß es: »Ist doch egal, dass eure Gruppe nicht gewonnen hat. Dabei sein ist alles! Hauptsache, es hat euch Spaß gemacht.«

Sich mit anderen zu messen, ist nichts, was zu unserem täglichen Erleben als kleine Mädchen gehört. Ich glaube, darum nehmen Frauen Niederlagen auch persönlicher. Sie beziehen sie eher auf sich. Wir tragen Konflikte nicht aus, sondern bemühen uns um eine glatte Oberfläche und haben eher das »Liebsein« gelernt. Spätestens im Beruf fliegt uns das dann um die Ohren. Wir sind eben zur Bescheidenheit erzogen worden, und das tragen wir unser ganzes Leben lang mit uns rum. Ein bisschen Rivalität ist aber okay, »Konkurrenz belebt das Geschäft«, sagt man doch. Außerdem spornt sie uns zu besseren Leistungen an und wir lernen, besser mit Misserfolgen umzugehen.

PICK ME

Kommen wir noch mal auf das zu Anfang genannte Pick-me-Syndrom zurück. Ich kenne es, viele Frauen kennen es, und es entspricht überhaupt nicht dem Bild, das ich gerne von mir hätte und von dem ich auch gerne hätte, dass andere es von mir haben, aber das hilft nichts.

»Not like other Girls« – das hätte ich mir, hätte es das damals schon gegeben, ohne Weiteres als Wandtattoo im Baumarkt gekauft und mir an die Zimmerwand tapeziert. Ich war eindeutig »die eine Coole« im Freundeskreis von nur Jungs. Oder zumindest kam ich mir so vor. Es ist auch nicht so, als hätte es in unserer Clique gar keine Mädchen gegeben. Aber bis ich mehr mit denen zu tun hatte, bis ich meine Frauenbünde lieben gelernt habe, hat es etwas gedauert. Auch wenn es unbewusst war, ich wollte zu den Jungs gehören, indem ich das coolste Mädchen war. Das Mädchen, das sich über die anderen gestellt hat. The special one. Wie oft hab ich mit anderen zusammen das besonders »mädchenhafte« Verhalten von Frauen verurteilt. Die ist so emotional, traut sich dies oder jenes nicht, die mag es nicht so derb, die lacht nicht über Frauenwitze. Wobei ich sagen muss, Letzteres hab ich immer aus dem Gefühl heraus gemacht, ich möchte diese Frauenfeindlichkeit entmachten, indem ich selber diese Witze mache. Es gab mir ein Gefühl von Macht.

Dass ich mich dadurch oft extrem unsolidarisch verhalten habe, habe ich damals nicht gesehen. Wie viele meiner Witze und ersten Stand-up-Nummern drehten sich um das Aussehen oder das Verhalten von anderen Frauen im TV? Welche Frau sich wie viel Botox gespritzt, welche sich zu nackt oder zu bieder gezeigt hatte. Kurz gesagt, ich hab mich einfach bei den Männern mit an den Tisch gesetzt, und wir haben zusammen über die »dummen Weiber« gelästert.

Vielleicht trifft das ganz besonders auf meine Branche zu. Vielleicht hatte ich das Gefühl, ich muss das auch machen, damit ich unter all den männlichen Comedians bestehen kann. Lustigerweise bestehen, oder bestanden, als ich anfing, 90 % der Witze von erfolgreichen Comedians daraus, dass sie davon berichteten, wie schrecklich ihre Frau ist. Wie schrecklich anhänglich, wie schrecklich dumm, wie schrecklich verliebt. Und wie gerne man mal wieder 'ne Pause von der schlimmen Alten hätte. Nicht selten ging es auch darum, wie alt und hässlich sie doch wäre und wie sehr man sich eine andere wünschte. Die Frau ist in den Witzen immer die blöde Kuh, die den Mann davon abhält, in die Kneipe zu gehen, und ihn rügt, wenn er wieder zu lange aus war. Sie ist diejenige, die sich nach Nähe und Liebe sehnt, und wird so zur Lachnummer.

»Ich kann einfach nicht so gut mit Frauen« ist sicher ein Satz, der damals von mir hätte stammen können. Wie verrückt mir das heute vorkommt. Und wirklich gestimmt hat es wie gesagt nie! Ich hatte immer enge Freundinnen, die mich durch alle Lebenslagen begleitet haben, aber wenn ich ehrlich bin, hab ich nach außen hin oft so getan, als hätte ich nur Jungs als Freunde. So was gibt es bei Männern ebenfalls nicht. Selbst wenn Männer viele Frauen als gute Freundinnen haben, würden sie nie sagen: »Ich komm mit Männern nicht so gut klar.« Wir Frauen sind mit so einem Satz superschnell bei der Hand und fallen so einfach mal allen Vertreterinnen unseres Geschlechts in den Rücken. Männer würden ihr eigenes Geschlecht niemals so verraten.

Jetzt kommt die tragische Nachricht für mein damaliges Ich und all diejenigen, auf die dieses Syndrom auch zutrifft:

Du wunderbares, zauberhaftes weibliches Wesen! Du bist ganz genau wie andere Frauen und gleichzeitig trotzdem ganz anders. Wir sind gleich, weil wir Menschen sind. Wir sind unterschiedlich, weil wir Individuen sind. Und das ist auch verdammt gut so! Denn alles, was du vielleicht abstoßend an anderen Frauen findest, ist nix als ein Klischee. Frauen wird gerne nachgesagt, sie seien weich, schwach, oberflächlich und tränken gerne Prosecco. Ich persönlich trinke sehr gerne Bier. Aber mit Bier und Prosecco kann man gleich gut anstoßen, und deswegen ist es doch völlig egal, wer was gerne trinkt.

Lasst euch nicht in irgendwelche Schubladen quetschen und wertet andere Frauen nicht ab, nur weil sie Dinge mögen, die als weiblich gelten. Weiblich ist schön! Inzwischen ist es sogar schon so, dass wir kleinen Mädchen, die Rosa mögen, ausreden, Rosa zu tragen. Kleine Jungs dürfen natürlich auch kein Rosa tragen. Zumindest nicht, bis sie BWL studieren und zum Polohemd greifen. Rosa ist eine tolle Farbe!

Wenn selbst Frauen Frauen abwerten, weil sie für das Weibliche stehen, dann werden wir das Patriarchat doch nie stürzen.

Dann werden wir für immer 20 % weniger Gehalt bekommen und sämtliche Care-Arbeit übernehmen. Dann werden wir uns für den Rest unseres Lebens anhören, dass Müll runterbringen die Hälfte der Hausarbeit sei und wir gar nicht beurteilen könnten, wie viel 50 % sind, weil wir ja viel schlechter in Mathe sind. Und dann werden wir auch weiterhin die Pupse der Männer wegschnüffeln, obwohl wir mindestens genauso gut furzen können! Und es riecht verdammt noch mal nicht nach Rosen, sondern auch wir können den Geruch und das Verderben in dein Wohnzimmer bringen!

Das Gemeine ist ja auch: Wir Frauen wissen, wo wir die fiesen Nadelstiche platzieren müssen, und das ganz ohne Voodoo-Puppe. Wir können uns gegenseitig viel besser kleinhalten als jeder Mann! Und darüber müssen wir reden.

SHITSTORM WEGEN PUDDING

Ich habe das selbst erlebt. Letztens habe ich mir ein Video von einem meiner Auftritte bei YouTube angesehen. Mir fiel direkt auf, wie wahnsinnig viele Kommentare darunter vermerkt waren, mehrere Tausend. Das ist verdammt viel, und da dachte ich: »Okay, wow! Da habe ich wohl eine politische Debatte angestoßen.« Dann habe ich mir die Kommentarspalten aber mal genauer angeschaut und gemerkt: Nö.

Um den Inhalt meiner Performance ging es ganz und gar nicht. Es ging in dieser Diskussion ausschließlich darum, wie sehr meine Oberarme wackeln.

Krass. Das ist wirklich kein Scherz. Mehrere Tausend Kommentare nur über meine Arme. Vor allem, was da so geschrieben wurde! »Was wackelt denn da so krass?«, »Was hat die denn da für ’nen Schwabbel drin?«, »Was ist das für ’ne gallertartige Masse?« Es gab sogar genaue Zeitangaben, damit man besagtes extremes Schwabbeln genau sehen konnte: »Guckt mal bei Minute zwei! Alter, das wackelt ja bis Minute drei.« Eine andere wiederum schrieb: »Das ist noch gar nichts! Guckt mal bei Minute fünf – das ist ein Hefeteig-Tsunami.«

Als ich das gelesen hatte, bin ich durch die verschiedenen Stufen eines Schocks gegangen. Zuerst Unglaube: Was? Das kann nicht sein, dass das wirklich da steht! Dann Verleugnung: Was? Das stimmt doch gar nicht. Was für ein Quatsch! Niemals wackelt das so krass. Niemals! Und dann natürlich: Einsicht. Okay, wen will ich verarschen? Wenn ich mich jetzt vor den Spiegel stelle und winke, dann sehe ich schon: Das wackelt, Leute, aber wie. Okay, ich geb zu, das wackelt richtig. Klar, wenn ich will, dann kann ich das für Insta alles so inszenieren, als wäre das Muskulatur. Wenn ich den Arm anwinkle und vermeintlich meine Muckis anspanne, obwohl ich ganz locker lasse, dann sieht der untere Teil, also der Trizeps, so aus, als wäre er stahlhart. Aber nee, ist er nicht! Sobald ich mich auch nur ein My bewege, gerät dieser Teil in Schwingung. Wie ein Pendel. Ich könnte für andere Leute mit dem wabbeligen Teil meines Oberarms die Zukunft auspendeln. Tatsächlich ist der Trizeps so labberig und lose, dass er da eben »hängt«. Also ja, die gemeinen Frauen im Internet haben recht. Es wackelt halt. Danke, dass ihr mich darauf aufmerksam gemacht habt. Es wurde mir von den Absolventinnen der YouTube-Universität höchstpersönlich diagnostiziert und bestätigt: Es wackelt. Danke für diesen Hinweis, ich habe das Problem erkannt. Aber was jetzt? Ich wusste schon vorher, dass es so ist, ich weiß auch, dass ich das nicht ändern kann. Bevor das Labberige an meinem Arm zu Muskulatur wird, wird der Rest meines Arms komplett ausgemergelt sein. Das ist halt eine so ’ne Art Depotstelle. Ich stell mir das bei meinem

Körper immer so vor, als hätte er eben so ein Reservoir, wo er das Fett einlagert für schlechte Zeiten. Da komm ich nicht dran! Bis mein Körper das freigibt, muss ich ihn schon echt an 'ne harte Grenze treiben. Glaubt mir, ich habe es versucht. Genauso eine Zone ist auch mein Hintern. Egal, wie viele Squats ich in meinem Leben mit wie viel Gewicht machen werde, ich werde es nicht ändern können. Nicht, wenn ich nicht mein ganzes Leben danach ausrichten will. Ich weiß schon, Dedication und so, aber ich hab auch noch andere Dinge im Leben zu tun, als Squats und Trizepsdips zu machen. Alles schon versucht. Eigentlich kann man sagen: Es gibt keine Scheiße, die das Internet über meinem Körper ausschütten könnte, die ich nicht schon selbst über meinen Körper geleert hätte.

Ich habe, wie viele andere Frauen, meinen eigenen Körper schon so sehr gehasst, dass ich ihn an seine Grenzen gebracht habe. Sei es durch Hungern und/oder extremen Sport. Ich bekomme meinen Körper auch in den Zustand gedrillt, der sehr nah an das Ideal von Instagram herankommt. Dann nehme ich allerdings keine Kohlenhydrate oder Zucker mehr zu mir, sondern nur noch Eiweiß. Dadurch bin ich ausgesprochen schlecht gelaunt, wie immer, wenn ich Hunger habe. Außerdem kann ich mich nicht mehr gut konzentrieren und habe schnell Kopfschmerzen. Für meinen Körper muss diese Diät total krass gewesen sein. Der muss doch gedacht haben, wir leben plötzlich in irgendeiner Art Ausnahmezustand. Für den ist vielleicht ein Krieg ausgebrochen, oder wir sind in ein Land ausgewandert, in dem eine Hungersnot herrscht. Der denkt sich doch, ey, ich will am Leben bleiben, ich verbrauche doch jetzt nicht mitten im Krieg mein schönes gehortetes Wabbelfett aus dem Trizeps. Das hat der sich aufgehoben! So wie meine Oma immer die Schonbezüge über dem neuen Sofa gelassen hat. Dann hatte sie länger etwas davon! Oder so, wie sie die Plastiktüten nie weggeschmissen, sondern mit einem Handtuch drauf glatt gebügelt und im Schrank aufbewahrt hat. Haben wir nach ihrem Tod alles entsorgt. So wird's auch meinem Körper gehen. Das Armfett nimmt der mit ins Grab.

Leider verabschiedet sich in solch heftigen Sportphasen immer als Erstes das Fettgewebe in meiner Brust. Ciao, goodbye.

Sehr nettes Gimmick der Natur übrigens. Das Erste, wo wir Frauen abnehmen, ist der Busen. Bravo, liebe Evolution, bombige Entscheidung. Ich hab mal meinen Trainerfreund gefragt, wie und was man trainieren muss, um seinen Busen zu behalten. Seine Antwort: Nein.

Die einzige Stelle an unserem Körper, wo wir Frauen das Fett brauchen ... ach, komm, egal. Für das nächste Update von diesem Körper hätte ich sowieso ein paar Vorschläge. Ich will meine Brust behalten und auch mein Leben, essen und trinken mit Freunden zum Beispiel. Also wackelt es weiter. So ist es eben. Das ist und bleibt wohl mein Problem.

Vielleicht liegt das Problem der Frauen, die diese Kommentare geschrieben haben, ja auch bei ihnen und nicht bei mir. Wie muss man drauf sein, um solche Sachen ins Internet zu schreiben? Haben die alle kein Leben? Keine Freunde? Gehen die nicht mal raus? Kommt da nie mal jemand vorbei und sagt: »Ey, komm mit, wir gehen alle auf 'ne Party!«? Antworten die dann: »NEIN! Ich habe keine Zeit. Ich muss Carolin Kebekus Bescheid sagen, wie sehr ihre Oberarme wackeln.«

Vor allen Dingen, was bringt das eigentlich? Mir das zu sagen. »Jetzt hab ich ihr da aber mal richtig Bescheid gesagt.«

Ich möchte es hier noch einmal deutlich sagen: All diese Kommentare über das Gewabbel meiner Oberarme kamen ausschließlich von Frauen. Warum haben wir nur so wahnsinnig das Bedürfnis, uns auf unsere körperlichen Mängel hinzuweisen? Von Männern kam kein einziger Kommentar dazu. Überhaupt hab ich von Männern noch nie eine abfällige Bemerkung über meine wackelnden Arme oder meine Cellulite bekommen. Ich war noch nie mit einem Mann im Bett, der dann mitten im Akt zu mir sagte: »Sag mal, was wackelt denn da so? Sind das etwa deine Arme? Das geht ja gar nicht! Die lenken mich ja hier total ab, die bringen mich mit ihrem Gewackel total aus dem Rhythmus!« Frauen können so unglaublich scheiße zueinander sein. Als ich so vierzehn Jahre alt war, hat mir eine meiner engsten Freundinnen mal einen Kommentar gegeben, den ich bis heute nicht vergesse. Wir gingen mit sonst nur Jungs (logisch) über einen schmalen Bürgersteig, und sie lief direkt hinter mir. Plötzlich fing sie an zu lachen und hörte gar nicht mehr auf. Also fragte ich, was denn so lustig sei. »Caro!«, sie konnte kaum sprechen vor Lachen. »Dein Arsch! Der wackelt soooo krass hin und her! Machst du das extra? Boah, voll von einer zur anderen Seite ... Dong, dong, dong!«

Ich war total geschockt. Bis zu diesem Zeitpunkt hatte ich noch nie von irgendjemand anderem als mir selbst einen Kommentar zu meinem Hintern bekommen. Es gab damals noch keine Smartphones oder Kommentarspalten, und die Einzige, die meinen Körper bis dahin beschimpft hatte, war ich. Aber alleine in meinem Kinderzimmer. Gut, und einmal meine Mutter. Ich probierte gerade einen Bikini an, und nachdem sie in guter alter Mutter-Manier den Vorhang der Umkleidekabine komplett aufgerissen hatte, sagte sie: »Denkste aber an den Popo, ne?«

Übersetzt sollte das heißen, eventuell ist die Bikinihose doch eine Nummer zu klein. Ich weiß schon, sie wollte mich davor bewahren, im Freibad einen Spruch zu bekommen, und wenn ich ehrlich bin, weiß ich auch nicht, wie man so was seiner pubertierenden Tochter am besten sagt, aber vielleicht hätte es doch noch zwei oder drei bessere Formulierungsmöglichkeiten gegeben.

Jedenfalls hatte bis zu der Szene auf der Straße noch nie irgendjemand anderes etwas über meinen Körper gesagt. In diesem Moment wurde mir klar: Nicht nur ich finde meinen Hintern zu groß und wabbelig, sondern auch die anderen. Diese Erkenntnis war heftig. Ich hatte einen hochroten Kopf, habe aber aus Reflex direkt mit ihr mitgelacht und meinen Po extra ganz extrem hin und her geschwungen. Hahaha, witzig, die Caro hat 'nen fetten Arsch. Den ganzen Weg über haben wir gelacht.

Geheult hab ich dann zu Hause.

Und die ganze Woche nur noch Dosenmais gegessen.

Nicht wenige der Kommentare der Damen zu meinen Armen klangen so wie ein nett gemeinter Ratschlag unter Freundinnen: »Warum fuchtelt sie so mit den Armen? Weiß sie denn nicht, dass sie Winkfleisch hat?«

Dass mein Körper im Internet heute so beschimpft wird, hat übrigens nichts damit zu tun, dass ich mittlerweile prominent bin, sondern nur damit, dass ich eine Frau bin.

BODYSHAMING

Das Phänomen ist nämlich den meisten Frauen bekannt. Man nennt es »Bodyshaming«. Der weibliche Körper ist immer und überall zum Abschuss freigegeben. Jeder darf ihn immer und überall ungefragt kommentieren und Optimierungsvorschläge einreichen. Das ist normal für uns. Ständig wird unser Körper bewertet, eingeordnet und verglichen.

Und weil wir das so gelernt haben, tragen wir das so weiter. Als Frau guckst du nicht nur in deinen Spiegel, sondern auch in den Spiegel nebenan. Ich bin weiblich, also vergleich ich mich. Männer vergleichen ja angeblich nur heimlich ihre Penisse auf öffentlichen Toiletten. Und dann wird dazu aber nix weiter gesagt. Oder kann sich irgendwer vorstellen, dass ein Mann zum anderen sagt: »Hömma, dein Hodensack, der wabbelt aber ganz schön. Ballert der dir beim Laufen nicht gegen die Kniekehlen?« Unvorstellbarer Dialog. Frauen hingegen machen sich ständig gegenseitig auf ihre kleinen Fehler aufmerksam. Und die fallen ihnen auf, weil sie sich und andere ständig vergleichen müssen.

Keine Frau ist wirklich zufrieden mit ihrem Körper.[45] Das ist anstrengend und zeitraubend und allgemein einfach nur beschissen. Aber längst nicht für jeden! Für manche ist das sogar ein richtig tolles Geschäft. Damit, dass wir uns in unserem Körper scheiße fühlen, wird nämlich an anderer Stelle richtig viel Geld verdient. Da gibt es, wie wir wissen, eine riesige Industrie, die genau davon profitiert.

Damit wir dieser Industrie auch schön brav weiter großen Umsatz garantieren, müssen wir uns auch weiterhin scheiße fühlen. Also präsentiert man uns ständig neue Körperideale, denen wir dann wie die Bescheuerten unser Leben lang hinterherrennen und die wir nie erreichen können.

Für dieses Ziel geben wir dann trotzdem jede Menge Kohle aus: für Kosmetikartikel, Behandlungen, Nahrungsergänzungsmittel, Diätdrinks, Operationen, Personal Trainer, Online-Trainer, Fitnessstudios, Apps usw.

Das alles (außer vielleicht einer OP) funktioniert natürlich nicht wirklich. Wenn es eine Creme geben würde, die wirklich gegen Cellulite oder Augenfalten hilft, warum sollte man die auf den Markt bringen? Warum es nicht dabei belassen, dass nichts richtig hilft, damit alle Frauen einfach am Ball bleiben und weiter viel Geld für Wundermittel ausgeben?

Damit pflanzt man uns gekonnt noch ein anderes Gefühl ins Unterbewusstsein, nämlich dass wir selbst schuld sind. Man hat anscheinend nur zu wenig Selbstdisziplin, um die Cellulite loszuwerden, man muss doch nur den inneren Schweinehund überwinden, dann verschwinden die Ringe am Bauch. Wir haben es also ganz einfach selbst in der Hand, wenn wir uns einen besseren Körper wünschen. Wenn wir es dann nicht schaffen, tja. Dann haben wir halt einfach nicht die Personality, die das möglich machen könnte. Wir arbeiten die meiste Zeit gegen unseren Körper, weil wir irgendwann begonnen haben, ihm zu misstrauen. Wenn er uns signalisiert, dass er Nahrung braucht, versuchen wir, das mit allen möglichen Tricks zu unterdrücken, denn der Körper spielt gegen uns. Wir treiben ihn zu Höchstleistungen an und hören nicht mehr auf ihn, wenn er Ruhe braucht.

Unser Körper ist schon längst dazu übergegangen, nicht mehr Werkzeug zu sein, sondern es geht um den Körper selbst. Der Körper arbeitet nicht mehr für uns, er ist selbst zu jeder Menge Arbeit geworden. Eigentlich bräuchten wir einen zweiten Körper. Dann hätte man einen für die normale Arbeit, mit dem man ganz normal isst und, keine Ahnung, was sägen geht, denn dieser Körper wäre robust und kräftig, und einen anderen fancy Körper zum Angeben. Den holt man dann nur zu schicken Anlässen raus. Vielleicht hat man den sonst immer in so 'nem gläsernen Schneewittchensarg, oder man lässt ihn eingepackt, wie das Sofa meiner Oma.

Und wenn wir ein Körperideal erreicht haben, dann gibt es schon wieder ein neues. Vor ein paar Jahren noch sind wir alle dem »Thigh Gap« hinterhergehetzt. So nennt man die Lücke zwischen den Oberschenkeln, die nur ganze drei Menschen besitzen, die ich persönlich kenne, und eine davon ist acht.

Kaum haben wir unserem Körper diese Lücke aus seiner Mitte gestanzt, da wird plötzlich der ausladende Hintern von Kim Kardashian modern. Wohlgemerkt: großer Hintern, superschmale Taille und riesiger Busen. Also, es wird richtig absurd. Früher war es wenigstens nur ganz allgemein eine Bikinifigur, die man erreichen musste. Aber auch damit wurde man nicht in Ruhe gelassen. Dauernd stand das in der »Brigitte«: »In drei Wochen zur Bikinifigur« oder »Haben Sie schon an Ihre Bikinifigur gedacht?«.

Nein! Oh Gott, schon wieder total vergessen!

Das war doch schon immer extra, oder? Die haben einen immer so spät erinnert! Solche Artikel kamen nämlich immer kurz vor dem Sommer. Erst so im Juni. Und wir so: »Bitte was? Och neeee, sagt doch mal früher Bescheid.« Kein Wunder, dass man dann sofort Panik bekommt.

Das erinnert mich ein bisschen an meine Mutter, die immer gewartet hat, bis mein verpeiltes Teenager-Ich schon fast ohne Schultasche aus der Tür war, um dann fröhlich zu flöten: »Naaaaaa? Hast du nicht was vergessen?«

Die Generation heute kauft vielleicht keine »Brigitte« mehr, aber dafür gibt es dauernd irgendeine neue Body-Challenge auf Instagram. Letztes Jahr gab es zum Beispiel die »DIN-A4-Challenge«. Da haben sich junge Mädels gebattlet, wer mit seinem Rumpf komplett hinter einem DIN-A4-Blatt verschwindet.

Kein Witz.

Dann gibt's noch eine Challenge, bei der man versucht, mit einem Arm hinter seinem Rücken so weit auf der anderen Seite mit der Hand wieder nach vorne zu greifen, bis man sich selbst im Bauchnabel popeln kann.

Gut, wir haben früher versucht, uns durch Hyperventilieren im Sitzen und dann ganz schnelles Aufstehen bewusstlos zu machen, das war jetzt auch nicht unbedingt der sinnvollere Zeitvertreib. Hatte aber zumindest nix mit Bodyshaming zu tun.

Und jetzt gerade aktuell gibt es, vor allem unter Models, wieder die After-Baby-Body-Challenge. Hach. It's never getting old.

Da machen natürlich auch ganz viele normalsterbliche Frauen mit. Die After-Baby-Body-Challenge. Alleine von dem Wort wird mir ein ganz kleines bisschen übel. Da posten diese Models dann ihre Bilder und jede schreibt darunter, wer wie viele Sekunden nach der Geburt wieder in Unterwäsche modeln kann. Oder diese Bilder werden von Zeitschriften abgebildet und anerkennend kommentiert. Blabla präsentiert ihren tollen After-Baby-Body. Als wäre auch das etwas, was jede Frau selbst in der Hand hat. Wie ihr Körper nach einer Geburt aussieht. Anscheinend ist es ein Ideal, wenn man dem Körper die anstrengenden Strapazen einer Schwangerschaft überhaupt nicht ansieht, so als wäre nicht ein Mensch in ihm herangewachsen, sondern als wäre gar nix geschehen. Da diese Körper auch überall gezeigt und kommentiert werden, könnte man auch denken: Oha, sieht aus, als hätte die Mehrheit aller Frauen nach der Geburt so einen Körper. Wenn man nichts anderes zu sehen bekommt, dann hat man ja auch keine Ahnung.

Als Kind habe ich sehr lange gedacht, Kinder kriegen läuft ab wie bei Sissi. In dem Sissi-Teil, in dem sie Mutter wird, wird ihr, während sie neben den Rosen im Garten steht, etwas flau und sie fällt in Ohnmacht.

Schnitt. Sissi wacht mit unfassbar gut gestylten Haaren in einem top gemachten Bett auf, und jemand haucht ihr ins Ohr, dass es ein Mädchen ist.

Das war extrem lang meine Vorstellung von Geburt.

Einschlafen, aufwachen, Kind da. Bis ich mich irgendwann mit meinen Tanten über Geburten unterhalten habe. Ich habe sehr viele Tanten und bei jeder gab es ein anderes Drama bei ihren Geburten. Eine von ihnen zerstörte dann mein Sissi-Bild, denn bei der Geburt ihres Kindes ist ihr das Becken gebrochen.

Jo, da macht man direkt nach der Geburt wohl erst mal keine Sit-ups. Das klang einfach mal so gar nicht nach Sissi.

Letztens hab ich ein Bild in meiner Timeline bei Instagram gesehen, das eine durchtrainierte Frau mit Sixpack zeigte, die sich in Hotpants und Bikinitop an der Reling einer Jacht räkelte. Darunter stand: »So sehe ich aus, drei Wochen nach der Entbindung. Gar kein Problem, wenn man sich ein bisschen zusammenreißt. Jede Frau kann das schaffen.«

Natürlich.

Jede Frau, die ein Kind bekommen hat, kann auch schnell wieder geil aussehen, wenn sie sich nur ein bisschen zusammenreißt.

Natürlich gibt es Frauen, die ganz genau so kurz nach der Geburt aussehen. Aber anderen zu sagen, das wäre der Maßstab, an dem man sich messen muss? Vor allen Dingen so zu tun, als wäre es nur eine Frage der Willenskraft, dieses Ziel zu erreichen?

Die Frage ist doch: Warum macht sie das? Will sie unseren Applaus für ihre harte Arbeit? Will sie, dass sich alle frischen Mütter mit Dehnungsstreifen oder Rektusdiastase in den Schlaf heulen? Bei der Diastase gehen die Bauchmuskeln während der Schwangerschaft auseinander und bei manchen Frauen schließt sich dieser Spalt einfach nicht mehr, egal, wie viel sie trainieren. Dadurch wölbt sich der Bauch nach vorne und im schlimmsten Fall können die Organe hervortreten.

Also, warum weist diese Dame alle anderen darauf hin, dass man nach der Schwangerschaft angeblich easy dieses Körperideal erreichen kann?

Weil sie uns etwas verkaufen will. Sie hat natürlich ihren Personal Trainer verlinkt, und bei dem kann man sich dann anmelden für Online-Fitnesskurse. Die sind extra für Mütter. Da sagt er dir so Sachen wie: »Wenn das Baby schläft, dann gibt es keine Ausreden mehr, dann kann die Mama ruhig mal ein paar Sit-ups machen.«

Schwierig, denn es heißt doch: Die frischgebackene Mama soll schlafen, wenn das Baby schläft, damit sie nicht so schrecklich müde und knatschig ist. Also kann sie theoretisch nur Sit-ups machen, wenn das Baby Sit-ups macht. Und da wird doch offensichtlich, wie unrealistisch das ist.

Das Schlimmste war, wie der Typ sich nannte. Er hieß: »der MILF-Macher«.

Aua.

DER MILF-MACHER

Allein das Wort MILF löst bei mir Ekelgefühle aus. Ich finde, das ist so ein schreckliches Wort. Ich weiß schon, es gehört ein bisschen zum Slang und zur Jugendsprache. MILF ist ja so was wie eine Anerkennung. Ein Stempel für Fickbarkeit, denn MILF bedeutet »Mom I'd like to fuck«. Also »eine Mutter, die ich ficken möchte«. Ich finde, es klingt immer eher nach: »Eine Mutter, die ich ficken *würde*.« So als wären Mütter normalerweise unbumsbar. Der Begriff setzt ja irgendwie voraus: Normalerweise ficke ich ja keine Mütter, aber diese hier ist eine Ausnahme. Sie ist die eine, die Auserwählte. Sie würde ich ficken, *OBWOHL* sie schon ein Kind geboren hat. Also ist sie eine MILF. Wahrscheinlich wird auch noch von uns erwartet, dass wir uns für so ein Kompliment bedanken. Oh, danke schön, da freue ich mich aber und bin wirklich froh, dass ich noch zum bumsbaren Material gehöre. Tolle Sache.

Und ganz sicher möchte ein Mann, der eine Frau bumsen würde, obwohl sie schon Mutter ist, auch eine Menge Applaus. Als würde er eine Art Charity machen. Toll, dass du diese Randgruppe der Gesellschaft so mit deiner Libido unterstützt. Es sollte viel mehr Männer geben wie dich.

Aufgetaucht ist dieser Begriff eigentlich zuerst in der Pornoindustrie. Ein beliebtes Genre sind diese Pornos, in denen eine ältere Frau einen jüngeren Mann verführt. Oft in Geschichten verpackt, in denen sie die Lehrerin, die Mutter der Freundin oder die Stiefmutter spielt.

Unvergessen diese Szenen, in denen die Mutter ins Zimmer der Tochter kommt, sie mit ihrem Freund beim Sex erwischt und nicht etwa erschrocken die Tür zuschlägt und sich mit hochrotem Kopf für die Störung entschuldigt, nein! Sie bleibt in der Tür stehen, öffnet ihren Seidenmorgenmantel und fragt: »Na? Kann die Mama helfen?«

Der Begriff MILF wird mittlerweile auch völlig ironiefrei von jungen Mädchen benutzt, als wäre das ein erstrebenswerter Zustand. Ein Ziel, das man im Leben einmal erreichen möchte. Ich habe mal zwei Mädchen in der Bahn sagen hören, dass sie später auf jeden Fall mal eine MILF werden wollen.

Glückwunsch. Ziele zu haben ist wichtig im Leben.

So ist die MILF mal eben von einer männlichen Pornofantasie zu einem Kompliment geworden, das Frauen sich als Auszeichnung anheften. Und damit meine ich diejenigen, die es toll finden, wenn ein Mann sie so nennt. Nicht diejenigen, die sich ironisch so nennen, um die Deutungshoheit über den Begriff zu haben.

Auch in der Werbung und im TV begegnet einem mittlerweile dieser Begriff. Im Jahr 2020 gab es eine Serie bei JOYN mit dem Titel »M. O. M. – MILF oder Missy?«. Der gute alte Frauenvergleich. Welche suchst du aus, welche ist besser? Hier wurden sogar vermeintlich zwei Generationen von Frauen aufeinandergehetzt. Wobei die Darstellerinnen, die die MILFs repräsentieren sollten, gar nicht unbedingt Mütter waren, sondern einfach nur über vierzig. Sie sollten die »ältere Generation« darstellen. Aha. Also eigentlich der Inbegriff des absolut unbumsbaren Zustands.

In diesem Format suchen sich ein Mann um die fünfzig und ein Mann um die zwanzig eine Partnerin aus einer Gruppe von Frauen über zwanzig und über vierzig aus.

Also ein klassisches Dating-Reality-Ding. Die Produzenten nennen es ein »Liebesexperiment der Generationen«. Das klingt natürlich romantisch.

Für diese Serie ließ der Streamingdienst JOYN die Innenstädte mit Plakaten tapezieren. An jeder Haltestelle wurde gefragt: »MILF oder Missy?«

Als meine Freundin mit ihrer kleinen Tochter an einer Bushaltestelle stand, an der ein solches Plakat hing, fragte die Tochter, was denn das für eine Werbung sei und worum es in der Sendung denn gehen würde. Jeder kann sich vorstellen, wie absurd die Erklärung, die meine Freundin ihrer Tochter nun geben musste, klang. »Ähm ... da suchen sich Männer eine Freundin aus einer Gruppe von Frauen aus und, ähm ... entscheiden, ob sie die jüngere oder die ältere lieber mögen.«

Mit dem Wort MILF und der Einordnung von Frauen in diese Kategorie lässt sich also gut Geld verdienen, egal, ob mit einer solchen Sendung oder als Fitnesscoach. Das Programm vom »MILF-Macher« hieß übrigens »Month 11«. Damit wird direkt eine gewisse zeitliche Dringlichkeit impliziert. Am besten, die neue MILF-to-Be fängt SOFORT an.

Dass der Typ sich nicht schämt, oder? Man würde ihn am liebsten schütteln und fragen: Sag mal, was erlaubst du dir? Eine Frau, die ein Kind gekriegt hat, hat einen MENSCHEN gemacht! Sie ist Gott, klar? Also: Knie nieder!

Wir bekommen also überall, ob im TV, im Netz oder auf Werbeplakaten, nur noch einem bestimmten Ideal entsprechende, gefilterte, durchtrainierte Körper vorgesetzt.

Alles natürlich total unrealistisch, aber wir sind umgeben von diesen Bildern. Realistische Körper sehen wir dann nur in der Sauna oder eben zu Hause vor dem Spiegel.

Natürlich schauen wir in diesen Spiegel und denken: »Was zum Teufel bin ich denn bitte für ein Freak?« Ist ja logisch.

Sollten wir in den Medien oder in Zeitschriften doch mal echte Körper zu sehen bekommen, dann werden diese uns sofort als krankhaft verkauft.

Jedes Jahr im Sommer bringen die »inTouch« und andere einschlägige Magazine diese Artikel heraus, meistens schon auf dem Titel angekündigt.

Es geht immer um irgendwelche prominenten Frauen, die am Strand mit ihrer Cellulite oder ihren wabbeligen Oberarmen erwischt wurden. Dann wird getitelt: »Die Dellendivas«. Und darunter: »Die Schande des Strandes«, oder etwas in der Art.

Ja, da freut sich das Unterbewusstsein über neues Futter und schreit dich an: »Sieh sie dir an, diese niederen Weibsbilder. Sie sind einfach zu faul, sie haben einfach nicht die Charakterstärke, sich jeden Tag im Fitnessstudio zu stählen und nur von Eiweiß zu ernähren. Sie sind eine Schande.«

Wenn wir nicht so gebrainwashed wären, könnten wir uns solche Bilder vielleicht ganz entspannt anschauen und sagen: »Aha, ich sehe da ganz normale Frauen mit ganz normalem Bindegewebe, wie es 90 % aller Frauen haben. Gut, schlecht fotografiert, bei mieser Sonneneinstrahlung, Licht direkt von oben, mittags am Strand. Moment mal, ganz schön asozial, die Frauen so zu fotografieren.«

Wirklich eine absolut bizarre Vorstellung, dass man mit solchen Fotos sein Geld verdient. Dass man in sengender Hitze darauf wartet, dass sich Promi-Frau XY unvorteilhaft nach 'ner Muschel bückt.

Diesen realistischen, normalen Körpern wirft man vor, eine Ausnahme zu sein. Cellulite wird wie eine Krankheit und nicht wie die normale Beschaffenheit von weiblichem Bindegewebe behandelt. Sollte man auf dem Standpunkt stehen, diese Bilder zeigen einfach nur die Natur und sind der Normalzustand, dann belehrt dich die »inTouch« direkt eines Besseren. Mit ihren Artikeln erinnert sie dich daran, dass auch dein Körper kurz vor dem apokalyptischen Zerfall steht und du keine Zeit mehr verlieren darfst, ihn zu optimieren. Ich habe letztens gelesen, was man machen soll, damit man im Alter nicht so viel Botox benutzen muss. Die Lösung ist: früher Botox benutzen! Ja, einfach schon früh genug regelmäßig Botox spritzen lassen, und die Falten entstehen erst gar nicht. Toll.

In den Artikeln der »inTouch« geht das Bodyshaming weiter. Da wird dann an die einzelnen Körperstellen herangezoomt, um dir noch mal richtig vor Augen zu führen, wie scheiße die aussehen. Man sieht zum Beispiel die Nahaufnahme eines Oberschenkels, und daneben steht: »Schenkelschande«[46] oder »Wabbelwellen« oder so. Bei einem faltigen Gesicht stand »Furchenfiasko«. Oh Gott! Warum diese Endzeitstimmung bei Körperteilen immer mit Alliterationen beschrieben werden muss, weiß auch kein Mensch. Das Absurdeste, was ich mal gelesen habe, war: »Knie-Katastrophe«. Und auf dem Bild war ein Knie abgebildet. Ich konnte beim besten Willen nicht erkennen, wo genau das Knie katastrophal aussah. Überhaupt habe ich noch nie gehört, dass Knie auch scheiße aussehen können. Knie jetzt auch? Ernsthaft? Ich hab schon mit Hintern, Armen, Bauch und Gesicht genug zu tun. Lasst mir doch bitte wenigstens die Knie, ich flehe euch an! Ich dachte, wenigstens die Knie sehen immer irgendwie okay aus. Aber nein.

Und selbst wenn, was soll ich denn da machen, wenn meine Knie scheiße aussehen? Soll ich mir den Meniskus straffen lassen? Die Kniescheibe aufspritzen, oder was? Wo hört das denn auf? Sind nach den Schamlippen irgendwann die inneren Organe dran? Können die dann auch scheiße aussehen? Dann gibt's in den Zeitschriften total blutige Bilder von hässlichen Organen. Und daneben steht dann: »Der Milz-Makel«, »Das Darm-Drama« oder »Die Blasen-Blamage«.

Darum geht's ja auch eigentlich. Ich soll mich darin wiederfinden, in diesen Bildern, und dann denken: »Scheiße, ich muss unbedingt was unternehmen. Eine Creme für meine Knie kaufen, Kniesport machen oder eben: Ich muss etwas ›machen lassen‹.«

So was ist heutzutage ja sehr einfach. Hier und da ein kleiner Eingriff, ein bisschen Botox, ein bisschen Hyaluron, gar kein Problem.

Ich verurteile auch niemanden, der sein Lebensgefühl mit solch einem Eingriff verbessert. Jeder Mensch darf mit seinem Körper das machen, womit er sich wohlfühlt. Ich kenne viele Frauen, deren komplettes Lebensgefühl sich nach so einer Operation geändert hat, weil sie keinen Busen hatten und ihre Psyche schon immer extrem gelitten hat.

Aber der Druck, dem wir Frauen mittlerweile unterliegen, den perfekten Körper zu haben und den auch zu halten, ist riesig und allgegenwärtig.

Ich habe schon oft Witze über Botox auf der Bühne gemacht, andere Frauen dafür verurteilt und auf ihre Kosten eine Pointe gelandet. Dabei habe ich immer betont, dass ich so was niemals machen würde. Ich würde nie irgendwas schneiden oder etwas aufspritzen lassen. Niemals! Ich nicht.

Deshalb kann ich es jetzt natürlich auch nicht machen. Ich

hab es wirklich sehr oft und laut gesagt. Kommt dann natürlich total unglaubwürdig rüber, wenn ich dann doch etwas machen lassen würde, also geht's nicht.

Aber natürlich wüsste ich, was ich machen lassen würde, wenn ich jetzt sagen wir mal … müsste! Also wenn jetzt jemand sagen würde: »Stell dir mal vor, du *musst* zum Schönheitschirurgen und etwas machen lassen.« Natürlich müsste ich da nicht wirklich lange überlegen. Okay, ich hab 'ne Liste …

Logisch, jede Frau hat eine Baustellenliste. Jede Frau weiß ganz genau, was sie an ihrem Körper optimieren würde.

Das Erste, was ich machen lassen würde, ist nun ja wohl auch jedem klar.

Ich würde mir als Erstes eine Tasche machen lassen.

Eine Tasche an meinem eigenen Körper. Leute, überlegt mal bitte, das ist die beste Idee der Welt! Ein Geheimfach an deinem Körper. Das man nicht so einfach sieht. Mit 'nem kleinen Reißverschluss vielleicht? Wasserdicht auf jeden Fall. Irgendwo an der Seite, mit 'nem Eingriff. Nicht allzu groß, nur für das Nötigste: Handy, Kreditkarte, Schlüssel, Uhr … Wenn man etwas breiter gebaut ist untenrum, dann hat man sogar noch mehr Platz und kann noch mehr mitnehmen!

Wie toll das Leben wäre! Dann gehst du zum Strand und sagst: »Leute, ich hab 'nen Kasten Bier dabei. Ja, alles hier drin. Könnte ein bisschen warm geworden sein, aber es ist für alle genug da.«

Aber klar, ich versteh schon. Hier geht es um andere Optimierungen des Körpers. Wobei mir ja noch einige andere einfallen würden. Ein Flaschenöffner am Daumen zum Beispiel, oder Druckknöpfe am Kopf, damit Haarbänder und Mützen nicht verrutschen … Aber mich fragt ja keiner.

Gott sei Dank gibt es mittlerweile eine große »Body Positivity«-Bewegung im Internet. Frauen (und Männer) posten Bilder von sich und ihren Körpern, mit allen vermeintlichen Makeln auch direkt nach der Geburt. Ein regelrechtes kollektives Aufatmen ist dann immer zu spüren. Es ist wie mit der Sichtbarkeit von Frauen: Auch bei den weiblichen Körpern gibt es nur eine begrenzte Sichtbarkeit und keine Vielfalt, nur ein akzeptiertes Körperideal. Was ich nicht sehen kann, kann ich also auch nicht als normal empfinden.

SIE HÄTTE SICH BESSER HEIRATEN LASSEN

Eine liebe Freundin von mir hat vier Kinder. Die hat sie jung und unverheiratet bekommen und nebenher studiert. Das Studium zog sich natürlich durch die diversen Schwangerschaften etwas in die Länge, aber schließlich hat sie es mit Bravour bestanden und ist mittlerweile in Teilzeit angestellt. Natürlich konnte sie erst viel später in den Beruf einsteigen und hat daher auf ihrem Rentenkonto noch nicht wirklich gepunktet. Mit Teilzeit wird sich dort sowieso nicht mehr viel tun. Sie lebt mit ihren Kindern in einem Haus, das ihr Freund gekauft hat. Er konnte die ganze Zeit, weil sie zu Hause blieb, fulltime arbeiten. Jetzt sind sie getrennt, und gesetzlich steht ihr rein gar nichts zu. Natürlich würden die Kinder Unterhalt bekommen, aber das Haus zum Beispiel, um das sie sich immer hauptsächlich gekümmert hat, gehört ihr nicht. Zu keinem Teil. Jetzt ist ihr Ex kein Idiot und will auch, dass sie den Anteil bekommt, der ihr absolut zusteht, wie ich finde. Aber wenn er wollte, dann würde sie einfach komplett leer ausgehen und in eine kleinere Wohnung ziehen müssen. Sie ist also von seinem Wohlwollen abhängig. Ihr die Hälfte vom Haus zu überschreiben, wäre steuerpflichtig, und das in einer erheblichen Höhe, da die beiden nie verheiratet waren.

Wie kann es denn sein, dass diese Frau vier Kinder großzieht und dafür eigentlich nur einen Arschtritt von uns als Gesellschaft bekommt? Das Schlimmste aber finde ich, dass ihre Situation oft von anderen Frauen folgendermaßen kommentiert wird: Na ja, sie war ja auch nicht verheiratet. Was im Subtext bedeutet: Na ja, sie hat es eben nicht geschafft, sich heiraten zu lassen. Also: Ist halt Pech, wenn du nicht die Auserwählte warst.

Auch in diesem Punkt sind wir Frauen untereinander eben oft total unsolidarisch. Obwohl man das doch von Müttern wirklich anders erwarten würde. Im Netz bekomme ich das zwar nicht direkt ab, da ich keine Mutter bin, aber das sogenannte »Mum-Bashing« scheint weite Kreise zu ziehen. Da werden Mütter von anderen Müttern für ihre Erziehungsmethoden kritisiert und fertiggemacht, als hätte man nichts Besseres zu tun. Anscheinend gibt es ihnen auch eine Art Machtgefühl, wenn sie eine andere Mutter auf ihre Fehler hinweisen können, schließlich hängt das Leben eines Kinds von diesen Fehlern ab, und damit macht man Frauen recht einfach ein schlechtes Gewissen. Da ich in dieser Materie, wie gesagt, gar nicht drinstecke, da ich, soweit ich weiß, keine Kinder habe, gebe ich hier an meine reizende Mitautorin Mariella Tripke ab. Selbst Mutter einer fantastischen Tochter und akut schwanger. Jetzt fällt mir gerade auf, dass ich selbst so ein dämliches Attribut wie »reizend« benutze, um Mariella zu beschreiben. Ich nehme reizend hiermit zurück und möchte es ersetzen durch: toll. Nun also: meine tolle Kollegin Mariella:

Einer der wenigen Vorteile, die ich aus 2021 ziehe, falls jemand in weiter Zukunft diesen Text liest: Wir befinden uns aktuell im zweiten Jahr der Coronapandemie, und ich feiere gerade ein Jahr Homeoffice mit einer Tasse Tee. Also, einer der wenigen Vorteile ist folgender: Endlich wissen auch mal Nichteltern, wie es ist, sich mit Impfgegner*innen rumzuschlagen. Für mich als Mutter ist diese Spezies nichts Neues. Ich kenne sie allerdings weniger von Demonstrationen als vom Spielplatz, wo sie mir, zuckerfreie Dinkelkekse naschend, ungefragt ihre anthroposophische Weltsicht erklären. Immerhin: Sie haben stets genug geschnittene Apfelschnitze für alle Kinder dabei. So lassen sich Masernpartys nämlich viel unauffälliger feiern. Wenn das eigene Kind geimpft ist, dann ist der nähere Kontakt mit den ungeimpften Kindern auch gar kein Problem. Doof ist es nur, wenn ein Säugling irgendwie zwischen die Fronten gerät. Der kann nämlich an Masern sterben. Wahrscheinlicher aber, dass er einen Impfschaden bekommt oder eine Quecksilbervergiftung. So hat es mir zumindest die Anti-Impf-Mutti erklärt. Ich finde die Aussage bescheuert und leichtsinnig, und die Mutter findet wiederum mich bescheuert und leichtsinnig. Zumindest so weit sind wir uns einig. Aber ich habe die Wissenschaft auf meiner Seite. Hah! Nimm das. Das sage ich ihr aber nicht. Ich bin eigentlich sehr kampflustig, und mein Motto ist eher »Willste Streit? Kannste haben!« statt »Leben und leben lassen«. Aber bei Mommy Wars bin ich Pazifistin. Das verlangt meine innere Feministin. Mütter haben es in dieser Gesellschaft eh schon schwer, denen will ich es nicht noch schwerer machen. Eine Heilige bin ich aber natürlich auch nicht. Deshalb werde ich bestimmt später bei meinen Freund*innen oder meinem Mann über sie lästern. Oder vielleicht auf Twitter.

Tatsächlich hatte ich bisher aber sehr viel Glück, was die Mommy Wars angeht. Ein paar meiner Freundinnen haben sich relativ gleichzeitig mit mir innerhalb von zwei Jahren vermehrt, allerdings mit einem jeweiligen Sicherheitsabstand von ungefähr einem halben Jahr. Absolut perfekt, so waren keine Direktvergleiche in Schwangerschaft oder Babyzeit möglich. Meine Gegenspielerinnen kamen eher aus dem erweiterten Freundeskreis oder eben aus den Kindercafés oder von Spielplätzen. Und ich erinnere mich noch sehr gut an mein erstes Battle: Ihr Name war R. Ja, so hieß sie wirklich. R. war die Freundin eines alten Freundes und ich kannte sie nur flüchtig. Ihr Kind war circa ein Jahr älter als meins. Irgendwann traf ich sie zufällig auf der Straße und wir unterhielten uns ein wenig. Ich hatte gerade abgestillt. Und das, obwohl meine Tochter die magische Grenze von sechs Monaten noch nicht erreicht hatte. Darüber wurde ich auch direkt aufgeklärt. »Ähm, du weißt schon, dass man Kinder mindestens sechs Monate stillen muss?« Nein, R., ich wusste nicht, dass man das muss. Ich dachte, das sei eine Richtlinie der WHO, die weltweit gilt. Also auch in armen Ländern mit schmutzigem Trinkwasser, wo die Flaschenmilchzubereitung natürlich noch mal risikoreicher ist als in unserem Bonzenstaat mit Eins-a-Leitungswasser. Und überhaupt: Was ist mit Eltern, die gar nicht stillen können oder wollen?

Natürlich sagte ich nichts. Weil ich ja, wie oben schon beschrieben, Mutterpazifistin bin. An dieser Stelle möchte ich es allerdings loswerden: WARST DU NICHT DIEJENIGE, DIE IHR KIND VON VORNHEREIN ALLEINE HAT SCHLAFEN LASSEN? KINDER SCHLAFEN IM ERSTEN JAHR AM SICHERSTEN BEI IHREN ELTERN! So, jetzt ist es raus. Ich hoffe, R. liest das.

Am Beispiel von R. zeigt sich schon ziemlich deutlich, wie die Mommy Wars ablaufen. Immer eher subtil in Fragen oder

Tipps verpackt. Keine direkte Kritik. Der Unterton macht hier die Musik. Aber die unterschiedlichen Standpunkte sind mindestens so verhärtet wie bei verfeindeten Gangs. Oder Fußballvereinen. Heute auf dem Platz: der erste FC Tragetuch gegen Eintracht Kinderwagen. Und keine Trophäe wird so voller Stolz vor sich hergetragen wie die eigenen Erziehungsmethoden. Seht her, mein Kind ist fünf, hat noch nie Schokolade gegessen und weiß nicht, wer Elsa ist. Für alle Nichteltern: Ja, das ist ein Maßstab, an dem Erfolg beim Elternsein gemessen wird. Vielleicht bin ich aber auch nur neidisch. Mein Kind ist auch fünf und würde sich am liebsten nur von Schokolade ernähren – und »Frozen« gucken wir einmal in der Woche.

Wir sind uns fast alle einig, dass wir unsere Kinder mit dem Gefühl aufwachsen lassen wollen, dass sie angenommen und geliebt werden, und zwar ganz genau so, wie sie sind. Warum gelingt es uns bei anderen Müttern dann nicht, sie zumindest in ihrer Andersartigkeit zu akzeptieren?

Und wie ist es eigentlich mit den Vätern? Väter gelten ja schon als gute Väter, wenn sie sich in der Öffentlichkeit mit dem Kind blicken lassen. Die dürfen dabei dann auch so viel aufs Handy starren, wie sie wollen. Mein Mann ist ein super Vater, aber er ist auch Musiker und jenseits von Corona beruflich sehr viel unterwegs. Unsere Tochter wurde in der Festivalsaison geboren, zwei Monate vor der Herbsttour und sechs Monate vor einer Amerika-Tour. Ich war also die erste Zeit quasi alleinerziehend. Als sie acht Monate alt und ihr Vater aus den Staaten zurück war, bin ich für insgesamt vier Tage nach Tel Aviv gereist. Dafür musste ich viel Kritik einstecken. Natürlich lieb gemeinte. Eine Bekannte sagte mir beispielsweise immer und immer wieder, ich solle mir bloß nicht einreden lassen, dass ich egoistisch sei, nur weil andere Mütter das nie übers Herz brächten, ihr Kind so lange allein zu lassen. Zur Erinnerung: Meine Tochter war vier Tage bei ihrem Vater bzw. mit ihrem Vater bei den Großeltern. Und nicht komplett verlassen in einem einsamen Waldstück. Dennoch: Mein Ruf war ruiniert. Doch für meinen Mann hätte es nicht mehr viel gebraucht und man hätte eine Straße nach ihm benannt. Dem tapferen Ritter, der sich vier Tage fast alleine um sein Kind kümmert. Nur unterstützt von den eigenen Eltern.

Mütter hingegen bekommen nicht mal dann Bestätigung, Lob oder auch nur einen Schulterklopfer, wenn sie das Kind komplett alleine aufziehen. Im Gegenteil, dann werden sie schon mal aus Prinzip nicht ernst genommen. Hallo?! Die Frau hat es schließlich nicht mal geschafft, einen Mann zu halten.

Ich glaube, dieser fehlende Zuspruch selbst in erzieherischen Extremsituationen ist vermutlich einer der Hintergründe für die Abfälligkeiten, die wir unseren Mitmüttern so ganz lieb gemeint entgegenschleudern. Wir holen uns unsere Bestätigung, indem wir andere einfach schlechtmachen. So steht man selbst ja schon mal besser da.

Ein weiterer wichtiger Punkt ist die Unsicherheit bezüglich der vielen unterschiedlichen Erziehungsmöglichkeiten. Als Mutter prasseln Tausende Meinungen auf uns herab. »Wie stehen Sie zu Maria Montessori?« »Waldorfschule?« »Trotz Steiner?« »Die Super Nanny würde heute ja auch alles anders machen.« »Ich höre nur auf meine eigene Mutter.« »Und ich auf mein Bauchgefühl.« »Frühkindliche Bindung ist so wichtig.« »Es gehört zu den frühkindlichen Entwicklungsaufgaben, autonom zu werden.«

Man macht diesen Mutterjob ja irgendwann zum ersten Mal. Natürlich sind wir verunsichert in dieser neuen Rolle, der damit einhergehenden Verantwortung und den Erwartungen, die dann auch noch so krass von der Realität abweichen. Und man will es ja auch gut und richtig machen, schließlich liebt man diese Winzlinge abgöttisch. Aber es ist, wie es ist, und am Ende werden wir Eltern nur daran gemessen, was unsere Kinder können. Aber wenn ein Baby keine Lust hat, zu sprechen, dann will es nicht. Und wenn das Baby noch nicht sitzen kann, dann werde ich es wohl kaum an einem Stuhl festbinden, damit man mich für eine erfolgreiche Mutter hält. Unterhält man sich nämlich mal mit Erwachsenen, die noch einen wirklich engen Draht zu ihren Eltern haben, und fragt diese, was die Eltern denn richtig gemacht haben, dann kommt nie als Antwort: »Die haben mich stets sehr gefördert und gefordert.« Stattdessen ging es immer um Liebe, Unterstützung und das Gefühl, so angenommen worden zu sein, wie man ist. *AnnenMayKantereit* haben einen Song geschrieben, der mein Muttermotto geworden ist. Der Song heißt »Oft gefragt«, und im Refrain singt Henning May über seinen Vater: »Zu Hause bist immer nur Du«. Das ist mein Erziehungsziel. Das will ich für meine Kinder auch sein. Vielleicht nicht nur ich, sie sollen ja auch Freunde und Liebe finden. Aber ich will immer dieses Zu-Hause-Gefühl für sie sein.

Wer eine gute Mutter ist, bestimmt in den ersten Lebensjahren aber nicht das Kind, sondern die Gesellschaft. Und da gilt: Als gute Mütter gelten diejenigen, die sich vor allem über ihr Kind definieren. Und Solidarität ist leider auch unter Müttern ein eher schwieriges Thema. Belastung bleibt ein großes Tabu, und das, während die Ansprüche stetig weiter steigen. Und wir Mütter steigern die Ansprüche an uns und andere ja auch selbst. Wir machen Karriere, wir ziehen unsere Kinder auf, wir backen perfekte Cupcakes und sind auch noch super gestylt. Und das zeigen wir natürlich jedem auf Insta. Natürlich ist das nicht die Realität, und jede Frau weiß das. Und trotzdem eifern wir dem nach und erwarten das auch von den anderen.

Enden wird das Ganze in einem Burn-out, und da sieht man weder besonders hübsch aus, noch backt man tolle Kuchen oder kann sich besonders gut um sein Kind kümmern. Und deswegen muss endlich Frieden herrschen auf dem Mommy-Wars-Battlefield. Am besten sofort!

Wir sollten uns gegenseitig loben und uns unterstützen. An der Aussage: »Es braucht ein ganzes Dorf, um ein Kind aufzuziehen«, ist schon was dran.

Im Großen muss natürlich (mal wieder) ein Ruck durch unsere Gesellschaft gehen. Mütter zu beschuldigen und ihnen ein schlechtes Gewissen einzureden, ist auch einfach nur eine weitere Möglichkeit, patriarchale Strukturen aufrechtzuerhalten. Das veraltete Mutterbild MUSS also infrage gestellt werden. Und noch ist dieses Bild ziemlich Magda Goebbels, um die Mutti mal beim Namen zu nennen.

Außerdem wäre es schön, wenn sich Mutterschaft und Beruf leichter vereinbaren ließen. Mit solchen Kleinigkeiten wie mehr und flexibleren Betreuungsplätzen, leichterem Wiedereinstieg in den Beruf, weg mit der Teilzeitfalle, Förderung von Vätern usw., usw.

Ich persönlich würde es nämlich sehr schön finden, wenn meine Tochter – falls sie sich entscheidet, Mutter zu werden – nicht mit den gleichen Problemen zu kämpfen hätte wie ich und meine Mitmütter heute.

5 ZAHLEN UND FAKTEN (WIE ES WIRKLICH AUSSIEHT)

GENDER-DATA-GAP

Männer sind überall sichtbarer als Frauen. Würde man alle gesammelten medizinischen Daten der Menschheit an eine andere Lebensform in der Galaxie schicken, dann könnten die Aliens den Eindruck gewinnen, der Mensch sei erst mal grundsätzlich ein Mann. Die Frau wäre dann so was wie eine Unterkategorie. Das liegt an dem sogenannten Gender-Data-Gap, denn fast alle gesammelten wissenschaftlichen Daten über den Menschen sind die Daten von Männern. Dadurch werden Frauen in allen Bereichen unsichtbar. Darüber hat die Journalistin Caroline Criado-Perez ein ganzes Buch geschrieben: »Unsichtbare Frauen«. Sie sagt: »Weil wir immer noch mehr Daten von Männern für die Wissenschaft sammeln, wurde fast alles so entwickelt, dass es für Männer passt. Von der Politik bis zum Smartphone.«[47]

Die Liste dieser Dinge ist unendlich. Spracherkennungssoftware erkennt eher männliche Stimmen, Smartphones sind für Frauenhände eigentlich zu groß, genauso wie Klaviertasten oder FFP2-Masken. Alles eben eigentlich für Männer gemacht. Genauso wie Raumanzüge für Astronaut*innen. Die

NASA musste 2019 den groß angekündigten Außeneinsatz eines Astronautinnenteams dann leider zurücknehmen, weil sie nicht genug Raumanzüge für Frauen hatte. Leider war nur einer fertig, und so musste der männliche Kollege mit raus. Richtig verrückt wird es dann im medizinischen Bereich. Die meisten Medikamente werden eben an Männern getestet und nicht an Frauen. Dass sie bei Frauen anders wirken und eigentlich auch anders dosiert werden müssen, ist egal. Allein der weibliche Zyklus bringt solch schwankende Hormonwerte zutage, dass man theoretisch auch die Einnahme von Medikamenten daran anpassen müsste.

Selbst bei Tierversuchen sind die Versuchstiere zu 80 % Männchen. 2013 wurde ein revolutionäres künstliches Herz entwickelt, aber leider nur für Männer. Für Frauen war es einfach zu groß. Sowieso scheint der weibliche Körper so komplex zu sein, dass man ihn lieber ignoriert. Die Anatomie der Klitoris zum Beispiel wurde erst 1998 komplett erforscht.[48] War vorher offenbar auch irgendwie egal. Genauso verhält es sich übrigens mit der Antibabypille. Die ist zwar für uns Frauen eine der größten Errungenschaften auf dem Weg zur sexuellen Selbstbestimmung, aber gleichzeitig leider auch ein Medikament mit immer noch extremen Nebenwirkungen.

Weiter geforscht, um die zu verringern, wird allerdings nicht. Warum auch, es nehmen doch alle Frauen auch so die Pille. Wir schlucken sie und nehmen einfach alles in Kauf. Wir nehmen auch in Kauf, dass wir die Abbruchblutung der Pille eigentlich aus medizinischen Gründen überhaupt nicht bräuchten. Ja, richtig gehört. Wer die Pille nimmt, muss nicht bluten! In meiner Sendung »Die Carolin Kebekus Show« habe ich ausgerechnet, dass ich in meinem Leben demnach schon neun Liter umsonst geblutet habe.[49] Das sind umgerechnet zwei komplette Menschen, die ich ausgeblutet habe! Funfact: Die Einzigen, die von der Blutung bei Pilleneinnahme profitieren, sind die Hersteller von Periodenprodukten. Ich weiß, jetzt könnt ihr nicht mehr schlafen.

Auch bei der Forschung zur Verkehrssicherheit wird auf männliche Daten gesetzt. Ein Crashtest-Dummy, der den menschlichen Körper bei Unfällen simuliert, ist dem männlichen Körper nachempfunden. Um Frauenkörper zu simulieren, nimmt man dann einfach männliche Puppen, die kleiner sind. Darum sterben Frauen auch öfter bei Verkehrsunfällen, weil wir eben nicht einfach nur kleine Männer sind. Politikerinnen beklagen schon länger, dass die Mikrofonierung im Bundestag für weibliche Stimmen nicht richtig eingestellt ist. Mal abgesehen davon, dass der Geräuschpegel im Plenum sowieso immer stark ansteigt, sobald eine Frau ans Mikrofon tritt, wird es ihr hier zusätzlich technisch erschwert, sich Gehör zu verschaffen.

Auch in der Bauplanung setzt man auf männliche Daten. Warum wohl stehen Frauen sonst immer stundenlang vor der Toilette an? Weil es für Frauen immer zu wenige Toiletten gibt. Dabei müssen Frauen von Natur aus häufiger zum Klo. Trotzdem baut man für uns nicht mehr als für die Männer. Ich will nicht sagen, dass die Wartezeit in Kloschlangen immer scheiße gewesen wäre, nein, ich habe sogar sehr viel tolle Lebenszeit da verbracht. Freundschaften geschlossen, extrem gelacht, extrem geheult, gestritten, mich wieder vertragen, Konflikte beigelegt, wildfremde Frauen getröstet und ihnen beim Schlussmachen geholfen, Kajal geliehen oder geliehen bekommen, andere Frauen darauf hingewiesen, dass ihr Kleid hinten in der Unterhose steckt. Man kann sehr viele tolle Sachen in so einer Kloschlange erleben! Vielleicht haben Architekten ja deshalb den Eindruck, wir finden es ziemlich cool dort in der Schlange. Aber, danke, nein. Wir hätten gerne mehr Toiletten.

In vielerlei Hinsicht spielen Frauen also eine untergeordnete Rolle, alles orientiert sich eher am männlichen Geschlecht. Manchmal gibt es also nicht mal die eine, sondern gar keine Frau.

GENDER-PAY-GAP

Der Gender-Pay-Gap, der Verdienstunterschied zwischen Männern und Frauen, liegt in Deutschland ungefähr zwischen 19 % und 20 %. Damit liegen wir in Europa auf Platz 31. In nur vier Ländern ist der Abstand noch größer! Selbst in Rumänien werden Frauen gerechter bezahlt.[50]

Eigentlich sollte es keine Frage sein, dass wir damit nicht zufrieden sein können und dringend etwas ändern müssen. Ich lese aber überall nur Artikel und Kommentare, die diese Zahlen auseinandernehmen. »Warum regt ihr euch so auf? Es sind ja gar nicht 19 %, man muss das ganz anders rechnen!« Die 19 % beschreiben die Diskrepanz zwischen den Verdiensten von allen Frauen und allen Männern insgesamt. »Man muss doch runterrechnen, dass Frauen sich auch eher schlechter bezahlte Berufe aussuchen, im sozialen Bereich, dann bekommen sie Kinder und fallen aus, und außerdem können sie schlechter verhandeln ...« Wenn man das alles mitberechnet und dann einfach nur den Unterschied anschaut, den es zwischen der Bezahlung von Männern und Frauen für die gleiche Arbeit gibt, also zum Beispiel Chirurg und Chirurgin, beträgt der Gender-Pay-Gap nur 6 %.

Das wird uns dann immer ganz stolz präsentiert. »Siehste, Frau, es sind doch nur 6 %.« So als würden wir dann sagen: »Ach so, nur 6 %? Nee, klar, dann lass. Dann ist es ja egal, sorry, dass wir so ein Fass aufgemacht haben. Unser Fehler.«

Ja, na und? 6 % ist doch immer noch scheiße! Scheiße bleibt

doch Scheiße, egal wie groß der Haufen ist! Scheiße stinkt auch in kleinen Dosen.

Warum schwingt auch in dieser Diskussion eigentlich immer mit, wir sollen uns mal nicht so anstellen, so schlimm sei es ja wohl nicht? Als würde man uns sagen, jetzt haltet mal bitte die Füße still, ihr könnt schließlich nicht alles haben. Als wären wir zehnjährige Gören, die man zur Räson bringen muss. Die kriegen den Hals nicht voll, diese Weiber. Als wären wir Kleinkinder, denen man erklären muss, dass man im Leben eben nicht alles bekommt, was man will. Aber warum denn eigentlich nicht? Warum ist es denn bitte so vermessen, dass ich alles will vom Leben? Ich will das ganze Stück vom Kuchen, allerdings. Dafür bin ich angetreten. Ich will Karriere UND Kinder UND zudem 'ne gerechte Bezahlung UND faire Rente. Ja, eat this.

Es mag ja sein, dass es schwierig ist, diese Dinge zu vereinen, darüber sind wir uns ja alle im Klaren. Aber das alles bitte gerne zu WOLLEN, muss doch ein unbedingtes Ziel sein!

Übrigens verhandeln Frauen gar nicht so schlecht. Sie fordern genauso oft Gehaltserhöhungen wie Männer, sie bekommen sie aber einfach nicht.[51] Tja, so einfach ist das.

GENDER-PENSION-GAP

Es gibt leider nicht nur einen Gender-Pay-Gap, sondern auch einen Gender-Pension-Gap. Yes, alte Frauen sind also in unserer Gesellschaft nicht nur unsichtbar, sondern auch noch arm. Jackpot.

Frauen entscheiden sich trotz besserer Schulnoten oft für typisch »weibliche Berufe«. 80 % der Menschen, die in der Alten- oder Krankenpflege arbeiten, sind Frauen. Dass dies ein Berufszweig ist, der extrem unterbezahlt ist, wissen wir spätestens seit der Coronapandemie, als wir den Pflegekräften und unserem Gewissen eine Freude machten, indem wir jeden Tag für sie applaudierten. Applaus, das Brot der Krankenschwester, sagt man doch so. Auch interessant, wie man einfach irgendwann damit aufhörte. Als hätten wir alle gespürt, dass das irgendwie lächerlich war. Vom Applaus wird die Rente leider auch nicht fetter. 2019 arbeiteten 66 % aller Frauen mit minderjährigen Kindern in Teilzeit. Bei den Vätern waren es nur 6,4 %.[52] Auch Teilzeitarbeit ist natürlich ein Riesenproblem in unserem Rentensystem. Wenn du dann auch noch für die Kinder vielleicht mal 'ne Zeit lang ganz zu Hause bleibst, weil die Betreuung einfach zu teuer oder schlicht und einfach nicht vorhanden ist, dann wirst du natürlich belohnt. Aber nur, falls dir leuchtende Kinderaugen mehr wert sein sollten als eine Rente, mit der man nicht an der Armutsgrenze dahinvegetiert. Wenn du in deinem Berufsleben nicht kontinuierlich beschäftigt bist, fällst du leider durchs Raster. Alle diese Nachteile gelten natürlich unter Umständen auch für Väter, von Altersarmut am meisten betroffen sind aber immer noch die Frauen.

Der Rentenanspruch von Frauen ist um 57 % geringer als der von Männern. So gleichgestellt wir vor dem Gesetz auch sein mögen, die Realität sieht anders aus. Und auch wenn wir es nicht gerne hören, Frauen sind finanziell abhängig von ihrem Partner oder vom Staat.[53]

Nehmen wir mal an, du schaffst einfach nach deiner Auszeit für die Kinder nicht mehr den Einstieg zurück in die Vollzeit. Dafür braucht man nicht viel Fantasie, das schaffen nämlich sowieso nur 13 % der Frauen. Wenn du dann also in der Teilzeit hängen bleibst, weil du sowieso nebenbei den Haushalt, die Kinder und die Eltern pflegst, dann hast du Stand heute nach vierzig Jahren Berufstätigkeit in Teilzeit eine Rente von nur

497 Euro. Da kann man wirklich von Glück sagen, dass du als Rentnerin von der Kohle wenigstens keine Periodenprodukte mehr kaufen musst.

Dass Frauen in den schlechter bezahlten Berufen und auch in der Teilzeit hängen bleiben, daran ist auch das Ehegattensplitting schuld, bei dem die*der schlechter verdienende Partner*in – und das ist (SURPRISE!) in der Regel die Frau – die höheren steuerlichen Abzüge hinnehmen muss, während die*der besser verdienende Partner*in steuerlich begünstigt wird. Und das ist in der Regel ... ja.

Diese Regelung lässt einem diese eigentlich doch total unmoderne, traditionelle Partnerschaft mit dem Mann als Hauptverdiener und Familienernährer dann doch wieder ganz funky erscheinen. Übrigens wurde das Gesetz 1934 von den Nationalsozialisten erneut eingeführt, nachdem die Verrückten in der Weimarer Republik es ausgesetzt hatten, um den Status der Arbeiterinnen zu stärken. Trottel. Die Nazis führten das Gesetz dann erneut ein, um Frauen wieder raus aus dem Arbeitsmarkt und nach Hause an den Herd zu drücken.[54] Funktioniert immer noch super. 1941 wurde das Gesetz dann aber übrigens doch kurz wieder einkassiert, weil man die Frauen als Soldatinnen und in den Fabriken der Rüstungsindustrie brauchte.[55] Und man brauchte sie auch für alle anderen Berufe, weil die Männer an der Front oder schon gefallen waren. Für den Wiederaufbau waren sie dann natürlich auch noch wichtig, aber dann, als die Männer aus der Kriegsgefangenschaft zurückkehrten, sollten bitte alle wieder am Herd stehen.

Auch wenn wir heute weiter sind als in den Dreißigerjahren, merken wir doch, wie uns die alten Strukturen noch tief in den Genen stecken. Und wenn wir gerade denken: »Hey, ist doch alles auf 'nem guten Weg, wir haben schon so viel erreicht«, dann kommt Corona und reißt alles mit dem Arsch wieder ein.

Denn natürlich sind es hauptsächlich die Frauen, die neben ihrem eigentlichen Beruf noch fürs Homeschooling der Kinder verantwortlich sind. Die zwischen Zoom-Calls noch schnell erklären, wie man Brüche kürzt. Brüche kürzen fand ich übrigens schon in der Schule einfach nur bescheuert. Es ist doch schon nur ein Bruchteil von irgendwas, warum muss man das denn noch mal verkleinern? Hat man denn sonst nix zu tun? Manchmal wache ich heute noch morgens auf und bin so unendlich froh, nicht mehr in den Matheunterricht zu müssen.

Corona hat uns in puncto Geschlechtergerechtigkeit also wieder in die Fünfziger katapultiert, und manche Gesetze halten uns tatsächlich schön im Zaum.

Wenn man als Frau heute unverheiratet Kinder bekommt und sich dann dazu entschließt, erst mal nur für die Kinder da zu sein oder eben nur in Teilzeit zu arbeiten, weil der Partner genug Geld verdient, dann wird man vom Staat noch mal zusätzlich bestraft. Hätte man sich doch lieber für eine Ehe entschieden. Die hätte einen dann dank Ehegattensplitting zwar genauso an den Herd gefesselt, aber immerhin wäre man dann auch nach einer Trennung im Alter etwas besser abgesichert.

6 COMEDY UND SHOWBUSINESS

MUSIKERINNEN

Gerade in der Kultur gibt es viele Bereiche, in denen wir nur wenige Frauen sehen. In der Musik beispielsweise. Musik von Frauen wird weniger im Radio gespielt, und Frauen bekommen weniger Auftritte auf Festivals. Wenn das bemängelt wird, heißt es gerne von den Verantwortlichen: Ja, es gibt eben keine. Stimmt das? Und können nicht gerade diejenigen, die an den entscheidenden Positionen sitzen, genau das ändern?

In Orchestern sehen wir zwar viele Violinistinnen und Cellistinnen, und an der Harfe ist der Frauenanteil tatsächlich 94 %[56], aber um alle anderen Instrumente scheinen wir einen Bogen zu machen. Beim Dirigieren kann man jetzt nicht sagen, der Taktstock ist eben besonders schwer, den bekommt eine Frau nicht gut gehoben. Genauso wie nach Dirigentinnen sucht man nach Trompeterinnen dann doch etwas länger. Das liegt natürlich daran, wer für welches Instrument ausgewählt wird. Wenn hier Männer in der Position sind, das zu entscheiden, dann wählen sie auch mehr Männer aus. In Deutschland gibt es vier große Rundfunk-Big-Bands, und darin spielen gerade mal zwei Frauen.[57] Ein Naturereignis, wie zwei exotische Papageien. Die müssen ja besonders gut sein, denkt man direkt, das müssen die besten ihrer Art sein. Mehr als zwei gibt es halt nicht. Doch, gibt es. Man sieht sie halt nicht.

MIXED SHOWS, NOT SO MIXED

Als ich anfing, habe ich meine ersten kurzen Nummern wie alle Comedians in Mixed Shows ausprobiert. In diesen Shows gibt es einen Moderator und dann vier bis fünf Slots für Comedians. Jede*r hat dann circa zehn Minuten Zeit, ihr*sein Set zu spielen und nicht zu versagen.

Damals hab ich also hauptsächlich das getan. Ich stand dauernd auf irgendeiner Bühne und war mal mehr und mal weniger lustig. Um einen Platz in einer solchen Show zu bekommen, musste man bei der*dem Organisator*in oder Moderator*in der Show oder der Agentur nachfragen, ob noch ein Slot frei wäre.

Nicht selten hieß es dann auf meine Frage, ob ich denn in der nächsten Show dabei sein könne, leider nein, wir haben schon eine Frau im Line-up.

Manchmal waren noch nicht mal alle Plätze besetzt! Ja, wir haben noch zwei freie Plätze, aber es gibt eben auch schon eine Frau, die sind dann also für die Männer vorbehalten.

Ich habe das damals überhaupt nicht hinterfragt. Null Komma null. Alles klar, schade, dann beim nächsten Mal. Klar, mehr als eine Frau ... haha, wie soll das denn gehen? An Weihnachten im Krippenspiel konnte ich wenigstens immer noch ein bisschen hoffen, dass man mir die Rolle als Ochse oder Esel anbietet. Aber hier gab es keine Ersatzrollen. Und ja, ich weiß, Frauen sind halt sowieso nicht lustig, aber darauf komme ich später zu sprechen.

Auch in meinem Kopf gab es anscheinend für Männer mehr Platz als für Frauen. Eine Frau reicht. Was haben die denn schon zu erzählen, die quatschen ja eh alle nur über Schuhe.

Für die männlichen Kollegen gab es also eine größere Akzeptanz und mehr Raum für Vielfalt. Bei fünf Slots konnten schließlich vier mit Männern besetzt werden. Der eine ist vielleicht groß und dünn und macht Witze über Beziehungen. Einer ist klein und dick und macht Witze über Beziehungen. Dann ist da noch einer mit Gitarre, der was über Beziehungen singt, einer, der politisches Kabarett über Beziehungen macht, und eben 'ne Frau. Mehr Frauen braucht man nicht, die reden eh alle über das Gleiche.

Als ich anfing, in Mixed Shows zu spielen, gab es durchaus auch andere Frauen in dem Geschäft. Wir sind uns nur nie begegnet.

Erst als ich bei der »Frau Jahnke lädt ein«-Show mit Gerburg Jahnke auf Tour war, habe ich Shows erlebt, die nur mit Frauen besetzt waren. Die hatten aber natürlich das Label »Girlsclub«. Genau wie die »Ladies Night« im WDR. Dass dies eine reine Frauenveranstaltung war, gehörte zum Konzept, das wurde extra betont und beworben. Während eine Mixed Show mit nur Männern als »normale Show« galt und gilt. Niemand würde hier sagen: Oh, schaut her, das ist ein Jungsabend.

Eine Frau pro Comedyshow war also normal. Heute hat sich das zum Glück geändert. Manchmal gibt es zwei Frauen in einer Show. Juchhu.

Es ist und war also nicht so, dass es keine anderen Frauen gibt, um die Shows gleichberechtigt zu besetzen. Aber natürlich war allgemein die Stimmung: Frauen sind nicht lustig. Natürlich gibt es die Theorie, dass Männer Angst vor lustigen Frauen haben, weil Lustigsein ihr einziges Kapital ist. Wenn das Männchen sich paaren will, aber beispielsweise nicht die schönsten

Federn hat. Dann erzählt er halt einen Witz, und schon gibt ihm das Weibchen ihre Telefonnummer.

Mir hat einmal ein sehr netter Kollege backstage bei einer Show gesagt, dass ich ja sehr viel Glück gehabt hätte.

Wir hatten uns lange nicht gesehen, aber ungefähr zur gleichen Zeit mit Comedy angefangen und kannten uns aus diversen Shows.

Er meinte das sicher nicht böse, er hat sich aufrichtig für mich gefreut, dass es so gut lief. »Wow, Caro, so krass, wie viele Leute zu dir kommen, Wahnsinn! Du bespielst so große Hallen! Du hast doch bestimmt jeden Abend 10000 Leute im Publikum.«

»Nein, Quatsch«, hab ich dann sofort beschwichtigt. Auch ein weiblicher Reflex, wie ich gelernt habe. Erst mal alles runterspielen und die eigene Leistung kleinmachen. »Nein, nein, nicht jeden Abend 10000 und auch keine Stadien, so ein Quatsch.«

Ich hatte in der Woche zuvor übrigens zweimal hintereinander in der ausverkauften Lanxess Arena in Köln vor 14000 Leuten pro Abend gespielt. Also vor 28000 Zuschauer*innen.

Sich immer unterschwellig für den eigenen Erfolg entschuldigen zu wollen, ist so eine seltsame weibliche Angelegenheit, ich hab mir inzwischen vorgenommen, das sein zu lassen.

Jedenfalls sagte er irgendwann: »Mensch, so ’ne tolle Karriere, Glückwunsch. Da muss man aber auch sagen: Da hast du auch echt Glück gehabt.«

»Na klar«, sagte ich sofort. Ja, denk ich, Glück gehört immer mit dazu. Ich habe total oft Glück in meinem Leben und in meinem Beruf gehabt. Aber ehrlich gesagt, Pech auch! Was er denn genau mit Glück meine, hab ich ihn gefragt. Womit genau hab ich denn Glück gehabt?

»Na, dass es damals, als du angefangen hast, keine andere Frau gab!«

»Oh. Äh, danke?«

Aber was soll das denn heißen? Hätte es eine andere Frau in meiner Branche gegeben, was ja de facto so war, dann hätte ich nicht den Erfolg gehabt, den ich heute habe? Warum?

Was er meinte, war natürlich: Alle haben sich damals dafür entschieden, dass DU die EINZIGE und AUSERWÄHLTE bist. Mehr Platz gab und gibt es nun mal für Frauen nicht.

Natürlich, sorry, mein Fehler. Er hat ja recht. Mehr als eine lustige Frau, das würde unsere Gesellschaft ja nicht aushalten. Wenn man mehr als eine lustige Frau pro Woche sieht, dann implodiert einem das Gehirn, das weiß doch jede*r.

Krass finde ich aber auch, dass in dem Satz irgendwie auch mitschwang: Na ja, allein durch Talent und harte Arbeit hast du das ja nicht geschafft. Sondern nur, weil es keine andere Frau gab.

Stimmt, ich musste mir den für die Frauen vorgesehenen Erfolg also nicht teilen. Schön, wie mir da in einem Satz mal eben die ganze Verantwortung für meine gesamte Karriere abgesprochen wurde.

Da fiel mir erst mal auf, wie viele Männer in meinem Leben mir schon erklären wollten, wie mein Job geht, und wie viele mir erklärt haben, warum ich überhaupt Erfolg habe. Es gab sogar nicht wenige, die meinten, eigentlich wären sie für meinen Erfolg verantwortlich und hätten mich erfunden. Es gab Männer, die von meinem Erfolg finanziell profitiert haben, die aber meine Kunst gleichzeitig extrem abgewertet haben. Ich habe eine Weile gebraucht, aber mittlerweile arbeite ich mit keinem von ihnen mehr zusammen.

Diese Geschichten hab ich schon von so vielen Frauen so unglaublich oft gehört. Aber dazu später mehr.

Ich hab jetzt also aufgehört, mich für meinen Erfolg zu entschuldigen oder zu rechtfertigen. Ich denke, ich bin nicht nur eine besonders lustige Frau, sondern auch viel lustiger als die meisten Männer, die ich kenne.

Woher kommt aber dieser Eindruck bei meinem Kollegen, dass es nur so einen begrenzten Platz für Frauen gibt? Nicht nur er, sondern so viele Menschen sehen das ja so, inklusive mir selbst.

Ja, um es mit den Worten von Margarete Stokowski zu sagen: »Uns allen hat das Patriarchat tief ins Hirn geschissen, dass Männer mehr wert sind als Frauen, und es ist unglaublich schwer, sich das aus dem Kopf zu kratzen.«[58] Recht hat sie.

MEINE NACKTSZENEN

Frauen sind viermal häufiger in freizügiger Kleidung zu sehen als Männer und doppelt so oft halb oder ganz nackt.[59]

Selbst ich habe mich in meiner Karriere, und ich stehe sicher häufiger auf einer Stand-up-Bühne als vor einer Kamera, sehr oft mit dem Thema Nacktheit auseinandersetzen müssen. Wie oft habe ich bei einem Casting oder einer Szene gedacht: Ja, das ist so superwichtig für die Figur! Da muss sie jetzt echt mehr Haut zeigen, erst dann hat sie diese Tiefe ...

Alles Bullshit natürlich. Warum sollte eine Rolle glaubhafter sein, wenn die Frau nackt ist? Vor allem im TV-Comedy-Genre, in dem ich mich bewege. Warum ist der Witz lustiger, wenn ich weniger anhabe?

Einmal sollte ich eine Szene spielen, in der ich nackt unter der Dusche stehe. Ich war gerade Anfang zwanzig und noch ganz neu im Geschäft. Ich hab sofort abgelehnt, kommt gar nicht infrage! Ich hätte meine Position in dieser Nacktszene damals ja auch nicht nutzen können, um beispielsweise die Freiheit der Frau, sich nackt zu zeigen, wenn sie es will, zu propagieren! Es ging hier nicht um Female Empowerment oder »Free the Nipple«! Ich war einfach nur eine unbekannte, unterbezahlte Darstellerin, und hier ging es nicht um einen Kino-Blockbuster mit kranker Story und einer vielschichtigen Frauenfigur, sondern um einen miesen Sketch fürs Privatfernsehen, für eine unlustige Sketchsendung mit schlechten Quoten. Die Antwort auf meine Absage war völliges Unverständnis: »Hä? Wieso ist das denn jetzt so schlimm, man sieht dich doch nur von hinten?«

Ach so! Nur von hinten? Na, damit hab ich natürlich gar kein Problem. Das ist ja gar nicht richtig nackt! Sagt das doch gleich, wenn man nur meinen nackten Hintern sieht, no problem!

Ist ja nicht so, als hätte ich nicht schon im normalen Leben die Hälfte meiner Energie dafür aufgebracht, dass mich niemand auch nur privat von hinten sieht (normal stehend bei voller Beleuchtung, meine ich). Seit ich die Definition von Cellulite kannte, und die kannte ich dank der »Bravo Girl« und diversen anderen Magazinen schon sehr lange, versuchte ich, die Anzahl der Menschen, die meinen Po und meine Oberschenkel nackt zu sehen bekamen, auf ein Minimum zu reduzieren! Damals war ich davon überzeugt, dass ich untenrum wie ein Pudding in Strümpfen aussähe. Denn das, was ich im Spiegel sah, kam nicht einmal annähernd an das heran, was ich bei anderen nackten Frauen im TV oder Kino sah. Wenn ich daran denke, wie viel Lebenszeit und Energie ich schon darauf verschwendet habe, mir Gedanken über meine Cellulite zu machen, wird mir schwindelig. Im Freibad zum Beispiel hab ich immer gewartet, bis alle anderen schon zum Becken losgelaufen sind, damit ich hinter ihnen war und niemand mich von hinten sehen konnte.

Erst der Hinweis eines guten Freundes, Jahre später, Cellulite sei nur eine Frage der Beleuchtung, hat mein Leben verändert.

Ich habe die Szene dann also gar nicht gedreht. Entweder nackt oder gar nicht. Es wurde darauf bestanden, dass es nackt lustiger ist. Nach der Absage dieser Szene galt ich unter den Kollegen übrigens als spießig. »Die ist doch sonst immer so vorlaut« ist ein Satz, an den ich mich erinnere. Wie das miteinander zusammenhängen soll, hat sich mir noch nicht erschlossen. Sich nackt oder teilweise nackt zu zeigen, gehörte irgendwie auch zum Thema »Die traut sich was«. Die ist total mutig, die zeigt sich nackt. Ich fand es von mir im Nachhinein eher mutig, mich dem zu widersetzen. Ein anderes Mal sollte ich in Unterwäsche vor der Kamera stehen. Auch das wollte ich nicht und sah auch keinen Sinn darin, weder für den Witz noch für den Verlauf der Geschichte. Da war ich schon etwas länger im Geschäft und hatte vorher durch mein Management festhalten lassen, dass ich solche Szenen nicht drehe.

In dem Sketch sollte ich zu lange auf der Sonnenbank gelegen haben und man sollte eben ganz viel lustig verbrannte Haut sehen. Mein Limit war der Oberkörper, ab Gürtellinie war tabu. Das war alles vorher besprochen. Trotzdem wurde ich am Set von drei Redakteurinnen belabert, mich doch im Ganzkörperformat zu zeigen. Wäre doch viel lustiger und nix dabei, wäre ja schließlich im Bikini und nicht in Unterwäsche. Haha, ja klar. Mein Freibadtrauma wurde dadurch nur noch mehr getriggert. Ich wollte nicht und wurde in dieser Diskussion noch darin bestärkt, weil ich den Damen bei ihrer Besprechung zugehört hatte. Dummerweise drehten wir ja in einem Sonnenstudio und sie waren einfach in der Kabine neben mir. Bei diesen Dingern gibt es keine Decken. Also hatte ich vorher schon hören können, wie sie sich überlegten, dass sie »psychologisch ganz schlau vorgehen« müssten, damit ich mich ausziehe.

Ein anderes Mal ging es zwar nicht darum, nackt zu sein, aber trotzdem in sehr seltsamer Weise um mein Aussehen. Ich moderierte zum ersten Mal mit bei einer Sendung und war mitten in der Generalprobe, übte meine Texte und versuchte, lustig zu sein und gleichzeitig mit dem Teleprompter klarzukommen. Die Generalprobe wurde plötzlich vom Aufnahmeleiter unterbrochen und mir wurde gesagt, ich solle noch mal in die Maske, die Probe würde ohne mich weitergehen. Meinen Text würde dann einfach solange ein Lichtdouble für die Kamera einlesen, dann gäbe es keinen Verzug. Ich wollte nicht unterbrechen, ich wollte schließlich mit proben, ich wollte ja, dass es besonders lustig würde, und das müsse ich doch üben! Ob wir mit der Maske nicht bis nach der Probe warten könnten, immerhin war ich davor schon zwei Stunden in der Maske gewesen.

Bei so einer Generalprobe hat man immer schon das Outfit für die richtige Aufzeichnung der Sendung an und ist auch im Gesicht und an den Haaren parat gemacht, damit alle Verantwortlichen schon am Bildschirm in der Probe sehen können, wie es aussieht und ob man eventuell noch mal nachjustieren muss.

Nein, ich solle unbedingt jetzt noch mal in die Maske, später wäre keine Zeit. Ich nahm also etwas genervt meine ganzen Texte mit und feilte dann dort weiter an meiner Performance. Dann fragte ich die Maskenbildnerin, ob sie wisse, warum ich jetzt noch mal zu ihr müsse. Sie antwortete, sie hätte die Ansage, mir eine andere Frisur zu machen. Aha, aber was ist denn mit meiner Frisur verkehrt? Das wisse sie auch nicht.

»Moment mal, aber wenn wir nicht wissen, was falsch ist mit der Frisur, wie sollen wir sie denn dann besser machen? Was genau wurde denn kritisiert?« Irgendwann sagte mir die Dame dann, der Mann habe zu ihr gesagt, sie solle mir eine andere

Frisur machen, denn ich solle aussehen, als hätte ich keinen Freund.

Ah. Okay. Etwas ratlos schauten wir uns dann im Spiegel an, während sie recht unmotiviert an meinem Haar rumfummelte. Es war klar, diese Information war gar nicht für meine Ohren bestimmt gewesen. Weder sie noch ich wussten aber, wie eine Frisur von jemandem aussieht, der keinen Freund hat. Und woran hätte man überhaupt sehen können, dass ich (damals tatsächlich) einen Freund hatte? Hatte ich ein offensichtliches Ficknest am Hinterkopf? Hatte ich einen mit Sperma hochgegelten Pony wie in »Verrückt nach Mary«? Hatte er mir nachts seinen Namen mit Edding in den Nacken geschrieben? Nein, all das war nicht der Fall. Sie kämmte also ein wenig hier und dann noch ein wenig da, und dann ging ich wieder zur Probe. Alle waren ganz begeistert, ich hatte keine Ahnung, was anders war, und das verunsicherte mich. Die Sendung war dann ohne die beendete Probe auch nur so mittel. Aber alle fanden, ich sah toll aus.

Ich habe seitdem ein sehr einfaches System, um herauszufinden, wie eine Sendung geworden ist, in der ich einen Auftritt hatte. Wenn ich aus dem Studio komme und backstage ist der erste Satz, den ich höre: »Mein Gott, war das lustig, ich hab mich totgelacht«, dann war's gut. Wenn aber als Erstes kommt: »Mein Gott, sahst du gut aus, deine Haare!«, dann weiß ich, es war scheiße. Der Kebekus-Test sozusagen. Aber keine Ahnung, ob den Harald Schmidt auch hätte anwenden können. Hat ihm überhaupt jemals jemand was über seine Haare gesagt?

Unter den Moderator*innen sind es natürlich auch die Männer, die den Markt dominieren.

Auch das ist ein Beruf, von dem ich als Kind dachte, den dürfen nur Männer machen, weil ich schlicht und einfach noch nie eine weibliche Moderatorin gesehen hatte. Wenn man mal von Paola Felix absah, aber die war in meinem Verständnis ja auch »mit ihrem Mann« da.

Ich habe dieses Jahr übrigens zum ersten Mal von einem gegenteiligen Beispiel gehört. Ein Bekannter sprach mit seinem kleinen Sohn darüber, dass in diesem Jahr ein*e neue*r Bundeskanzler*in gewählt würde. Als er hörte, welche Kandidat*innen zur Auswahl stehen, sagte der ganz erstaunt: »Aber kann denn ein Mann auch Bundeskanzler sein?«

Natürlich kennt der Kleine nur eine Bundeskanzlerin. Woher soll er wissen, dass diesen Job auch ein Mann machen kann? Dieses Beispiel ist für uns alle nur so besonders lustig, weil dieser Fall so gut wie nie vorkommt. Wir brauchen Beispiele und Vorbilder, sonst bleibt es bei den Klischees.

Der kleine Sohn meiner Cousine hatte zum Beispiel bis zum Alter von vier Jahren noch nie eine Frau am Grill gesehen. Darum stand er auf einem unserer Familienfeste brüllend neben dem Grill, der gerade von einer meiner anderen Cousinen bedient wurde, und heulte: »Der Papa soll grillen!«

Bei der Sache mit den Moderator*innen gibt es dann einen kleinen Unterschied zwischen Privatfernsehen und den öffentlich-rechtlichen Sendern. Würde ich zu Übertreibungen neigen, würde ich sagen: Bei den ÖRs gibt es gar keine Frau, und bei den Privaten wird jede Show von Barbara Schöneberger moderiert.

Stimmt natürlich nicht.

Barbara moderiert auch Shows bei den Öffentlich-Rechtlichen.

Es gibt aber tatsächlich im Privatfernsehen etwas mehr Moderatorinnen, das liegt aber auch daran, dass sich die privaten Sender eher die Unterhaltung auf die Fahne schreiben und die ÖRs eher die Information. Die Unterhaltung durch unsere Anwesenheit schmücken können wir natürlich.

Im Bereich der Information ist aber ganz klar, dass uns die Welt immer noch von Männern erklärt wird.

»Männer kommen in Nachrichten mehr und länger zu Wort – 67 % des Nachrichtenmaterials wurden [2018] von Männerstimmen, 33 % von Frauenstimmen gesprochen.«[60]

Aber nicht nur in der Information bleiben Männer tonangebend, sondern auch in einem anderen Genre.

»ANKE LATE NIGHT«

»Wollen wir uns die Welt wirklich von einer Frau erklären lassen?« Das ist kein Stammtischspruch aus den Sechzigern, sondern das war der Titel eines Artikels in der »Süddeutschen Zeitung« 2004.

Es ging um die Sendung »Anke Late Night«, die, wie wir alle wissen, grandios floppte. Was wir aber gerne vergessen: Schon vor der ersten Ausstrahlung wurde diese Show von der Presse in Stücke gerissen.

Die »FAZ« schrieb zum Beispiel: »Sie wird uns enttäuschen«.[61]

Harald Schmidt, der bis dahin unangefochtene König der Late-Night-Shows, hatte seinen Rückzug verkündet, und Anke Engelke sollte seinen Platz einnehmen. Das allein war schon Anmaßung genug, um die Menschen ausflippen zu lassen. Alle

GRILL KOHLE
PAPA SOLL GRILLEN

waren davon überzeugt, dass sie es versauen würde, denn: Eine Frau kann keine Late-Night-Show moderieren. Frauen seien unpolitisch und vor allem Anke sei »zu wenig intellektuell«, war der Tenor. Auf diesen Vorwurf sagte Maren Kroymann damals in der »taz«:

> »Sehen Sie, das ist der große Fortschritt der Engelke-Diskussion: Es ist das erste Mal, dass bei einer Frau im Fernsehen der Intellekt vermisst wurde. Es wurde beklagt, dass sie bloß gut aussieht. Der Skandal ist, dass davor nie nach dem Intellekt gefragt wurde. Für erotische Ausstrahlung oder schräges Outfit kriegen Frauen tausendmal mehr Feedback als für kluge Sätze, die sie selbst geschrieben haben.«[62]

Es mag ja sein, dass »Anke Late Night« tatsächlich nicht funktioniert hat. Aber wie dieses Format schon vor der ersten Ausstrahlung verrissen wurde, ist skandalös. Da ziehe ich den Hut vor Anke dafür, dass sie das dennoch durchgezogen hat. Mit so einer Meinungsmache vorweg kann man ja nur noch scheitern. Ich weiß nicht, wie es hinter den Kulissen ausgesehen hat, aber das war sicher keine einfache Zeit. Praktischerweise hatte dann ganz Deutschland den Beweis: Frauen können keine Late-Night-Shows moderieren, also lasst es bitte. Hier nun mein ultimativer Tipp an alle Frauen, die sich gerne an einer Late Night versuchen wollen: Macht es wie ich! Ich habe meine Sendung einfach nie als Late Night bezeichnet, und boooom: Keiner ist sauer.

Okay, das Publikum war 2004 vielleicht auch noch nicht bereit für eine Frau und alle waren wahnsinnig traurig, dass Harald Schmidt aufgehört hatte. Aber die Erfolglosigkeit der Show wurde mit Ankes Geschlecht begründet. In solch große Fußstapfen wie die von Harald Schmidt zu treten, das hätte man auch als ambitioniert und mutig beschreiben können. Hätte man bestimmt auch getan, wenn der neue Moderator ein Mann gewesen wäre. Bei Anke galt es als vermessen und größenwahnsinnig. Harald Schmidt gegenüber war man grundsätzlich wohlwollender. Er wurde gefeiert, und Deutschland ließ sich von ihm gerne die Welt erklären. Man sah gnädig darüber hinweg, dass die Show eigentlich eins zu eins von Conan O'Brien abgekupfert war. Als der übrigens mal die »Harald Schmidt Show« besuchte, drehte sich der ganze Witz seines Einspielers darum, wie dreist die Deutschen seine Show geklaut hätten. Aber, Leute, kommt, es ist Harald Schmidt! Late Night war also erst mal wieder klar in Männerhand.

MODERIEREN WIE KAI PFLAUME

Ich war im Jahr 2018 mal auf einer Presseveranstaltung, bei der die gesammelte Unterhaltungsriege der ARD ausgewählten Journalist*innen präsentiert wurde.

Repräsentativ für den Bereich Primetime-Show saßen dort auf dem Sofa: Kai Pflaume, Elton, Florian Silbereisen, Eckart von Hirschhausen, Jörg Pilawa, Guido Cantz, Alexander Bommes, Bernhard Hoëcker, Mareile Höppner und Barbara Schöneberger. Aber Barbara hat die Veranstaltung nur moderiert. Sorry, Barbara, aber es war halt so!

Eine launige Runde aus durchaus berechtigt erfolgreichen Jungs plauderte also darüber, wie schön es ist, Sendungen im Ersten zu machen. Trotz der guten Laune lag dann doch eine Frage in der Luft, die Barbara dann auch stellte: Hier sitzen ja fast nur Männer neben mir, warum ist das so?

Darauf folgten dann einige nette Sätze mit Phrasen wie: Ach, wissen wir auch nicht, und wir würden ja so gerne, aber, na ja, gibt's halt irgendwie nicht, wir finden halt niemanden, im Bereich Quizshow ist das so schwierig.

Dann wurde geplaudert, und zum Ausklang der Präsentation des Showteils gab es dann noch den witzigen Spruch: Läuft doch alles super, müssen wir nur noch eine Frau finden, die gerne 'ne Quizshow moderieren will.

Hahaha.

Als Nächstes war die Satire-Abteilung dran und somit Dieter Nuhr, Maren Kroymann und ich. Meine erste, zugegebenermaßen nicht ganz so witzige Frage war: »War das eben ernst gemeint? Es gibt keine Frau, die eine Quizshow moderieren will? Also, wenn das das Problem ist, kenne ich sehr, sehr viele Moderatorinnen, die liebend gerne eine Quizshow moderieren würden. Die könnte ich alle sofort anrufen.«

Allgemeines Gemurmel, und dann kam von irgendwoher so was wie: Wir drehen auch dauernd Piloten, aber die fallen leider in der Marktforschung immer durch.

Nach der Veranstaltung hat mich dann eine nette Kollegin aufgeklärt, dass es wohl tatsächlich Marktforschungsergebnisse gibt, nach denen die Zuschauer*innen einer Moderatorin einer Quizshow einfach nicht abnehmen, dass sie die ganzen Antworten auf die Fragen weiß.

Ernsthaft? Die Zuschauer*innen glauben, der Moderator einer Quizshow kennt alle Antworten? Aus dem Kopf? Sehen die nicht den kleinen Bildschirm auf dem Moderationspult oder den Knopf im Ohr?

Nein, die Zuschauer*innenschaft will die Welt von einem älteren weißen Mann erklärt bekommen. Eine Frau könnte das auf keinen Fall erfüllen.

Wow.

Okay. Kann ja sein, dass das wirklich so ist. (Wobei ich für die Ergebnisse solcher Marktforschungen jetzt nicht unbedingt meine Hand ins Feuer legen würde.) Bei RTL damals wurde uns beim Witzeschreiben vom Sender immer gesagt, man müsse

»den Zuschauer an die Hand nehmen«. Damit war gemeint, wir sollten die Witze besser verständlich (Holzhammer) schreiben, damit die*der Zuschauer*in sie besser versteht!

Kann man nicht auch die Quizshow-Zuschauer*innen an die Hand nehmen? Natürlich glauben die nicht, dass eine Frau das kann, weil es eben noch keine gemacht hat! Warum kann sich der kleine Sohn von meinem Kumpel keinen Mann als Bundeskanzler vorstellen? Weil er das noch nie gesehen hat! Und doch gibt es Männer, die Bundeskanzler werden können. Wenn sie nur fest daran glauben, können Männer alles schaffen. You go, Männer!

Volker Herres, der damalige Programmdirektor, sagte bei dieser Veranstaltung übrigens: »Gute Unterhaltung braucht Selbstbewusstsein, sie muss glitzern und funkeln.«[63]

Moment mal, hab ich »glitzern und funkeln« gehört? Das ist doch unser Ding! Alles, was glitzert, ist Weiberkram. Bling-Bling!

Derselbe Volker Herres gab zwei Jahre später, im Juni 2020, aus Anlass des 70. Geburtstags der ARD der »Bild am Sonntag« ein Interview. Auf die Frage, ob es einen Moderator gäbe, den er gerne noch beschäftigen würde, sagte Herres: »Ich glaube, wir sind mit Kai Pflaume, Jörg Pilawa, Guido Cantz, Eckard von Hirschhausen und Florian Silbereisen bestens und auch vielfältig besetzt.«[64]

Joa, kann man machen. Also, das Wort »vielfältig« für eine Gruppe von fünf weißen Männern im mittleren Alter verwenden. Dann kann ich aber auch sagen, weißer Spargel ist vielfältig, oder die Auswahl in einem Kasten Kölsch.

Auf die folgende Feststellung, dass es sich ja hier ausschließlich um Männer handele, sagte Herres, er würde in der Unterhaltung gerne mehr Frauen sehen. Die ARD arbeite auch regelmäßig mit der »hinreißenden Barbara Schöneberger« zusammen. »Aber gleichwohl: Wir haben da in der Tat ein Defizit.« Okay, ich gebe zu, Barbara Schöneberger wird hier in diesem Abschnitt etwas überstrapaziert, aber es gibt eben nur sie!

Auch lustig, dass man für Frauen in dem Zusammenhang oft das Wort »hinreißend« benutzt. Wörtlich heißt das doch, dass man zu Boden fällt, weil die Person so wahnsinnig toll ist. Diese Vorstellung ist schon lustig. Überall fallen alle um, wenn Barbara reinkommt. Haha.

Volker Herres hat also das Defizit erkannt, aber nicht, dass er derjenige ist, der dieses Defizit auch beheben könnte. Er sagt ja, dass er sich mehr Frauen wünsche! Statt das aber so zu entscheiden, zuckt er mit den Achseln und sagt: Ist halt so. Dass er den Raum, den Sendeplatz und das Budget bieten könnte, um Frauen in genau dem Bereich zu fördern, sieht er aber nicht.

Stattdessen stellt er selbst umgekehrt dem Interviewer die Frage: »Wüssten Sie jemanden? Mir fällt aktuell kein weibliches Pendant etwa zu einem Kai Pflaume ein, der die große Samstagabendshow moderiert und mit seiner Empathie und Zugewandtheit so große Mehrheiten für sich begeistert.«[65]

Diese einfache Frage »Wüssten Sie jemanden?« war wie ein Schlag ins Gesicht für alle deutschsprachigen Moderatorinnen. Besonders aber für die, die für die Sendergruppen der ARD arbeiten, die dem Programmdirektor also durchaus bekannt sein dürften.

Ich habe danach so viele Gespräche geführt mit Frauen, die schon ewig für Sender wie den WDR, den NDR oder allgemein die ARD arbeiten und sich mit Herz und Seele mit ihrem Sender identifizieren und mit diesem Satz alle als unfähig und unsichtbar degradiert wurden.

Nicht nur ich, sondern auch Eva Schulz, Dunja Hayali und diverse andere Moderatorinnen haben sich danach mehr als verwundert geäußert. Die männlichen Kollegen waren da eher still.

Nachdem Janin Ullmann und ich in meiner Sendung recht bissige Kritik an Herres und dem Sender geübt haben, dachte ich im Nachhinein mehr als einmal: Wie geil das doch ist, dass wir in diesem Land die Öffentlich-Rechtlichen haben, die solche Kritik zulassen müssen.

Ob die ARD ein Frauenproblem hätte, wurde danach sehr viel diskutiert, und es gab auch viel Einsicht. Das Magazin »Watson« hat 2020 noch mal bei der ARD nachgefragt, wie es denn nun um den weiblichen Primetime-Nachwuchs stehe. Dort sagte man, dass eben früher jahrelang nur Männer aufgebaut worden seien, und jetzt müsse das im Bereich der Primetime-Unterhaltung bei den Frauen forciert werden.

Da man aber momentan sehr erfolgreiche Programme in der Primetime habe, gebe es gar keine Notwendigkeit, ein neues Format zu platzieren.

> »Aber: Bei den nächsten Pilotierungen wird die Koordination Unterhaltung gezielt Formate mit Moderatorinnen testen.«[66]

Ja hömma! Spitze!

Da müssen die Primetime-Anwärterinnen ja nur warten, bis Kai Pflaume in Rente geht oder sich entschließt, nur noch Influencer zu sein. Wobei Letzteres wohl am wahrscheinlichsten ist.[67]

Außerdem hätte man ja schon superviele Frauen im Programm! Als Beispiel wurde dann unter anderem, ihr ahnt es, NATÜRLICH Barbara Schöneberger genannt. Und für den Bereich Comedy galten dann Maren Kroymann und ich als gute Beispiele. Interessant, dass wir bei dieser Argumentation dann plötzlich gefühlt total viel Platz einnehmen.

Tatsächlich wird »Die Carolin Kebekus Show« achtmal im Jahr und »Kroymann« nur DREIMAL im Jahr gesendet.

Reicht doch.

Da ist noch sehr viel Luft nach oben.

DIE LUSTIGSTE FRAU DEUTSCHLANDS

Mir wird sowieso oft gesagt, ich sei die »lustigste Frau Deutschlands« und nicht selten auch »die einzige lustige Frau in Deutschland«. Das ist immer eine ganz besondere Auszeichnung, denn: Frauen sind ja eigentlich nicht lustig. Das Thema hatten wir ja anfangs schon mal. Ich weiß nicht, wie oft ich diesen Satz schon gehört habe, und ich weiß nicht, wie oft ich die folgende Frage schon gehört habe: »Warum gibt es so wenige lustige Frauen?« Dazu hätte ich direkt mal 'ne Gegenfrage: »Warum gibt es so viele unlustige Männer?«

Frauen sind lustig, Frauen sind sogar schreiend komisch! Ich kenne so unglaublich viele! Das Problem ist nur: Von denen, die ich privat kenne, machen die wenigsten dieses Talent zu ihrem Beruf! Die lustigsten Frauen, die ich kenne, haben andere Berufe: Anwältinnen, Ärztinnen, Managerinnen, Unternehmerinnen, Krankenschwestern, Mütter, Hausfrauen. Sie haben vielleicht gar keinen Bock auf die Selbstständigkeit, oder vielleicht haben sie auch das Gefühl, der Posten sei schon besetzt. Vielleicht denken sie auch, es gibt ja schon die Kebekus, der Platz ist weg. Der USP »lustige Frau« ist also schon belegt.

Was übrigens Bullshit ist. Es gibt nicht nur eine professionell lustige Frau im deutschsprachigen Raum, es gibt Hunderte! Sie finden nur im öffentlichen Bewusstsein nicht statt. Es gibt zum Beispiel:[68]

- Amina Abdulkadir
- Anika Ackermann
- Annick Adelle
- Gülsha Adilji
- Sibylle Aeberli
- Lioba Albus
- Miss Allie
- Enissa Amani
- Negah Amiri
- Pia Ammann
- Britta von Anklang
- Rita Apel
- Isabel Arnold – Hüper Bel
- Marlene Arnold
- Astrid Aschenbrenner, Patrizia Wunderl – Aschenbrenner.wunderl
- Caroline Athanasiadis – Kernölamazonen
- Lizzy Aumeier
- Anika Auweiler
- Jilet Ayşe – Idil Nuna Baydar
- Judith Bach – Duo Luna Tic
- Susanne Back – Schöne Mannheims
- Fee Badenius
- Andrea Badey
- Jule Balandat
- Franziska Ball
- Barbara Balldini
- Anja Balzer
- Annette von Bamberg

- Majbritt Bartelsen
- Patti Basler
- Elli Bauer
- Stephy Bauer
- Melanie Baumann
- Christina Baumer
- Ariane Baumgartner – Sekt and the City
- Heike Becker – Die Becker & Frau Sierp
- Helga Becker – Frau Nägele
- Angelika Beier
- Angelina Bell
- Natascha Beller
- Fritzi Bender – Suse & Fritzi
- Gabriela Benesch
- Victoria Helene Bergemann
- Sörin Bergmann
- Karin Berkenkopf – Frieda Braun
- Josefine Berkholz
- Ilka Bessin
- Popette Betancor
- Christina Beyer – Morea Remy
- Claudia Bill
- Eva Billisich
- Petra Binder – Dui do on de Sell
- Ninia Binias – Ninia La Grande
- Sybille Birkenmeier
- Fritz Bisenz – Barbara Hutzenlaub
- Annika Blanke
- Monika Blankenberg
- Vicki Blau
- Marianne Blum – DUELLE
- Nina Blum

- Helene Bockhorst
- Sabine Bode
- Nora Boeckler
- Mirja Boes
- Anna Magdalena Bössen
- Kristina Bogansky
- Beate Bohr
- Anna Bolk – Alte Mädchen
- Valerie Bolzano
- Andrea Bongers
- Margrit Bornet
- Sarah Bosetti
- Barbara Boss
- Kathrin Bosshard
- Martina Brandl
- Sylvia Brécko
- Fee Brembeck
- Birgit Breuer
- Hazel Brugger
- Lisa Brunner
- Maja Brunner
- Katinka Buddenkotte
- Sybille Bullatschek
- Caroline Bungeroth
- Renata Burckhardt
- Viktoria Burkert
- Annette Burkhardt
- Amelia Burri
- Jennifer Buschmann – Rebellas
- Valérie Busson – Kabarett Gänseblümchen
- Tamika Campbell
- Tamara Cantieni

- Claudia Carbon
- Rebecca Carrington
- Lisa Catena
- Steff La Cheffe
- Miss Cherrywine – Tina Damm
- Lisa Christ
- Billa Christe
- Jasmin Clamor – Lotti Stäubli
- Johanna Claus
- Renate Coch
- Elli Colditz
- Michèle Connah – Damenbesuch
- Coremi
- Anet Corti
- Vicky von Crome
- Kaddi Cutz
- Sandra Da Vina
- Karin Daikeler – Die schrillen Fehlaperlen
- Helena Danis
- Franziska Dannheim
- Carmela de Feo – La Signora
- Gabi Decker
- Vera Deckers
- Uta Desch
- Jundula Deubel
- Sabina Deutsch
- Bettina Dieterle
- Daniela Dill
- Ágota Dimén
- Masha Dimitri
- Nina Dimitri
- Marie Diot

- Martina Doering – Kabarett Gänseblümchen
- Sabine Domogala
- Anikó Donáth – Die Exfreundinnen
- Gesa Dreckmann
- Loretta von Duck
- Henrike Dusella
- Senay Duzcu
- Olga Eckes
- Lisa Eckhart
- Deana Ehrich – Branka B., Duo Diagonal
- Eva Eiselt
- Christine Eixenberger
- Ariane Erdelt
- Lara Ermer
- Sabine Essinger
- Wiebke Eymess
- Inge Faes
- Pamela Falcon
- Tabea Farnbacher
- Jacqueline Feldmann
- Karla Feles
- Lisa Feller
- Sarah Anna Fernbach
- Kerstin Fernström
- Gisela Feuz
- Andrea Fischer Schulthess
- Lisa Fitz
- Isabelle Flachsmann – Die Exfreundinnen
- Simone Fleck
- Victoria Fleer
- Annette Flemig
- Anne Folger

- Kafi Freitag
- Anne-Kathrin Fremy – Karmen im Nebel
- Katie Freudenschuss
- Doris Friedmann
- Felicitas Friedrich
- Heidi Friedrich
- Petra Fröschle – Roxanne
- Anke Fuchs
- Kirsten Fuchs
- Maron Fuchs
- Sonja Füchslin – Die Exfreundinnen
- Pauline Füg
- Corinna Fuhrmann – Lucy van Kuhl
- Brigitte Fulgraff
- Marina Gajda – DUELLE
- Magdalena Ganter
- Angela Pina Ganzoni
- Silvana Gargiulo
- Josefine Gartner
- Alexandra Gauger
- Marie Gdaniec
- Katrin Geelvink
- Hannah Gehmacher
- Susanne Geiger – Duo Frauengold
- Melanie Gerland
- Tanja Ghetta
- Petra Giesel
- Dagny Gioulami
- Stefanie Görtemöller – Damenbesuch
- Christine Gogolin
- Laura Goldfarb – Goldfarb-Zwillinge
- Lisa Goldfarb – Goldfarb-Zwillinge

- Nora Gomringer
- Meike Gottschalk – Sekt and the City
- Svenja Gräfen
- Ariane von Graffenried
- Sigrid Grajek
- Freddi Gralle
- Ursina Gregori
- Stefanie Grob
- Maria Clara Groppler
- Tatjana Großkopf – Feen in Absinth
- Sonja Gründemann
- Elsbeth Gscheidle
- Adrienne Haan
- Cloozy Haber
- Jutta Habicht – Alte Mädchen
- Fabienne Hadorn
- Andrea Händler
- Tina Häussermann
- Yasmin Hafedh
- Michaela Hafner
- Zoe Hagen
- Theresa Hahl
- Ulrike Haidacher – Flüsterzweieck
- Theresia Haiger
- Sarah Hakenberg
- Tanja Haller
- Elena Hammerschmid
- Anne Harmsen
- Anny Hartmann
- Nina Hartmann
- Susanne Hasenstab
- Esther Hasler

- ▸ Eleni Haupt
- ▸ Melanie Haupt – Frauen an der Steuer, Brautzillas
- ▸ Doris Maria Hauser
- ▸ Sigrid Hauser
- ▸ Susanne Hayo – Maladee
- ▸ Annie Heger
- ▸ Elisabeth Heinemann
- ▸ Anette Heiter
- ▸ Alicja Heldt
- ▸ Alunia Heldtoski
- ▸ Bianca Henkel – Die schrillen Fehlaperlen
- ▸ Christin Henkel
- ▸ Anette Herbst
- ▸ Lea Hieronymus
- ▸ Jutta Hinderberger – Kättl Feierdaach
- ▸ Susanna Hirschler
- ▸ Anne Hodler
- ▸ Dr. E. Noni Höfner
- ▸ Gudrun Höpker
- ▸ Guggi Hofbauer
- ▸ Alice Hoffmann – Hilde Becker
- ▸ Katharina Hoffmann
- ▸ Karin Hoffsten
- ▸ Katja Hofmann
- ▸ Fabienne Hollwege – Frauen an der Steuer
- ▸ Christine G. Holzer – Die Tabutanten
- ▸ Franziska Holzheimer
- ▸ Mai Horlemann
- ▸ Martina Hügi
- ▸ Katalyn Hühnerfeld
- ▸ Birgit Hufnagl
- ▸ Dodo Hug

- Amelia Jane Hunter
- Britta Hussong – Abends mit Beleuchtung
- Gardi Hutter
- Barbara Hutzenlaub
- Sunna Huygen
- Krissie Illing
- Katrin Immervoll – Katie La Folle
- Astrid Gloria Irmer
- Ivanka
- Nele Jäger
- Nicole Jäger
- Gerburg Jahnke
- Judith Jakob – Frauen an der Steuer
- Marietta Jemmi
- Lenni Johnson
- Tess Wortmann Jones
- Gabriele Jüttner – Abends mit Beleuchtung
- Christin Jugsch
- Nicole Käser
- Saskia Kästner – Schwester Cordula
- Anne Kalkbrenner
- Michelle Kalt
- Meltem Kaptan
- Güzin Kar
- Lillemor Kausch
- Gerlinde Kempendorff
- Stefanie Kerker
- Luise Kinseher
- Margie Kinsky
- Susanne Kirchhoff – Suse & Fritzi
- Barbara Klehr – Die Gorilla Ladies
- Uta Klein

- Regina Kleinhenz
- Viktoria Klimmeck
- Sonja Kling
- Barbara Klossner
- Kassandra Knebel
- Nina Knecht
- Nicole Knuth
- Bettina Koch
- Uta Köbernick
- Alice Köfer
- Gaby Köster
- Andrea Hella Kohlen
- Sia Korthaus
- Isabella Kortz – Bella K
- Liza Kos
- Jutta Koster
- Anna Krämer
- Anne Kraft
- Sandra Kreisler
- Nicolette Kretz
- Pe Krieger – Les Terroritas
- Ramona Krönke – Die Gorilla Ladies
- Maren Kroymann
- Birgit Kruckenberg-Link – Duo Frauengold
- Annette Kruhl
- Kristina Kruttke
- Maike Kühl
- Ingrid Kühne
- Isabelle Anne Küng
- Sandra Künzi
- Reinhild Kuhn
- Andrea Kulka

- Tanja Kummer
- Stefani Kunkel
- Susanne Kunz
- Lena Kupke
- Barbara Kuster
- Xtiane La Belge
- Käthe Lachmann
- Lina Lärche
- Olga Lakritz
- Betty LaMinga
- Petra Lampe
- Stéfanie Lang – Duo Luna Tic
- Nhi Le
- Aylin Lefkeli
- Viktoria Lein
- Eva Leupold – Miss Evi
- Lena Liebkind
- Andrea Limmer
- Rebekka Lindauer
- Constanze Lindner
- Jutta Lindner – Oma Frieda
- Shari Litt
- Gabi Lodermeier
- Inka Löwendorf – Rixdorfer Perlen
- Mary Long
- Aida Loos
- Rosetta Lopardo
- Martina Lory – Die Exfreundinnen
- Lucia Lucia
- Liese-Lotte Lübke
- Patricia Lürmann
- Kerstin Luhr

- Ilka Luza
- Daphne de Luxe
- Bonny Lycen
- Dominique Macri
- Miedya Mahmod
- Nadja Maleh
- Ulrike Mannel
- Bridge Markland
- Julia Yvonne Marmitt – Pik 6
- Eva Maria Marold
- Julia Gámez Martin – Suchtpotenzial
- Ines Martinez
- Christiane Maschajechi
- Anna Mateur
- Vanessa Maurischat
- Mieze Medusa
- Isabel Meili
- Andrea Meissner
- Tatjana Meissner
- Claudia Wölfel de Mejia – Damenbesuch
- Franziska Mense-Moritz
- Katrin Mertens – Les Terroritas
- Katja Merx
- Marion Metternich
- Marguerite Meyer
- Helene Mierscheid
- Mademoiselle Mirabelle
- Kathi Mock
- Patrizia Moresco
- Fatima Moumouni
- Andrea Müller
- Ariane Müller – Suchtpotenzial

- Ina Müller
- Turid Müller
- Esther Münch
- Hanna Münch – Münch & Sauer
- Jane Mumford – 9VoltNelly
- Murzarella
- NaDu
- Désirée Nick
- Cynthia Nickschas
- Angelika Niedetzky
- Evi Niessner
- Sandra Niggemann
- Gudrun Nikodem-Eichenhardt – Kernölamazonen
- Uschi Nocchieri
- Gisela Nyfeler
- Betty O
- Anna-Lena Obermoser
- Janine vom Olivenbaum
- Christiane Olivier
- Martina Ottmann
- Susanne Pätzold
- Isabell Pannagl
- Steffi Paschke
- Sophie Passmann
- Sissi Perlinger
- Maria Peschek
- Stephanie Peters – Feen in Absinth
- Sandra Petrat
- Marion Petric
- Natascha Petz
- Claudia Pichler
- Regina Pichler

- Anna Piechotta
- The Piglettes
- Sonja Pikart
- Katrin Piplies
- Mia Pittroff
- Virginia Plain – Kaiser & Plain
- Smaida Platais – Schöne Mannheims
- Susanne Pöchacker
- Maura Porrmann – Lieblingsfarbe Schokolade
- Annette Postel
- Christine Prayon
- Lydia Prenner-Kasper
- Silvana Prosperi – Faltsch Wagoni
- Birgit Radeschnig
- Nicole Radeschnig
- Erika Ratcliffe
- Mirja Regensburg
- Doris Reichenauer – Die do on de Sell
- Marika Reichhold
- Teresa Reichl
- Tabea Reinelt
- Anna-Katharina Rickert
- Veronika Rieger
- Tine Riester – Die schrillen Fehlaperlen
- Christa Rigozzi
- Anne Rixmann
- Teresa Rizos – Franzi Riedinger
- Babs Röck – Die schrillen Fehlaperlen
- Isabelle Röthlisberger
- Claudia Rohnefeld
- Michèle Rohrbach
- Christine Rothacker

- Barbara Ruscher
- Irene S.
- Tanasgol Sabbagh
- Claudia Sadlo
- Jana Sadyk
- Heike Sauer – Marlies Blume
- Madeleine Sauveur
- Anna Schäfer
- Monika Schärer
- Marianne Schätzle
- Birgit Schaller
- Ellen Schaller
- Esther Schaudt
- Jacky Schauer
- Sabrina Schauer
- Verena Scheitz
- Rosi Scherer
- Hanna Scheuring
- Sabine Schief
- Ruth Schiffer
- Alexandra Schiller
- Ingrid Schiller
- Birgit Schlenther – Klara
- Melanie Schmidli
- Katharina Schmidt (Aachen)
- Katharina Schmidt (Düsseldorf)
- Simone Schmitt – Die Tabutanten
- Sandra Schmitz
- Helga Schneider
- Luise Schnittert – Die Gorilla Ladies
- Edda Schnittgard
- Sinje Schnittker

- Barbara Schöneberger
- Martina Schönherr
- Dagmar Schönleber
- Hildegart Scholten
- Helena Marion Scholz
- Lisa Schøyen
- Sybil Schreiber
- Christine Schütze
- Antje Schumacher
- Moni Schultz – Die schrillen Fehlaperlen
- Gesa Schulze-Kahleyß
- Claudia Schuma – Kabarett Puderdose
- Rena Schwarz
- Saschka Schwarz
- Sabine Schwarzlose
- Martina Schwarzmann
- Marie Schwind
- Jasmin Sell
- Maren Sequens
- Nadja Sieger – Ursus & Nadeschkin
- Kerstin Sierp – Die Becker & Frau Sierp
- Hannah Silberbach – Lieblingsfarbe Schokolade
- Chrissi Sokoll
- Corinne Soland
- Simone Solga
- Inke Sommerlang
- Myriam Sonanini
- Kapelle Sorelle
- Theresa Sperling
- Nicole Sperrmann – Abends mit Beleuchtung
- Sigrid Spörk
- Kirsten Sprick

- Antonia Stabinger – Flüsterzweieck
- Judith Stadlin
- Hilde Stapf
- Milva Stark
- Britta Steffenhagen – Rixdorfer Perlen
- Babs Stehli
- Joanna Steinmann
- Hillu Stoll
- Lara Stoll
- Bärbel Stolz
- Sandra Studer
- Birgit Süss
- Luca Swieter
- Sylvia – Die Unvollendete
- Tahnee
- Marina Tamássy – Die Untiere
- Viola Tami
- Filiz Tasdan
- Nessi Tausendschön
- Christine Teichmann
- Barbara Terpoorten
- Tina Teubner
- Stephanie Theiß – Frauen an der Steuer
- Carla Thuile
- Stefanie Titus
- Linda Trachsel
- Anna Trauffer
- Gayle Tufts
- Janina Tzonas – Die Rebellas
- Jennifer M. Unfug
- Laura Untner
- Sabine Urig – Alte Mädchen

- Kordula Völker
- Andrea Volk
- Maria Vollmer
- Johanna Wack
- Leticia Wahl
- Paula Walden
- Rosemie Warth
- Biggi Wanninger – Wanninger und Badey
- Franziska Wanninger
- Leonie Warnke
- Anne Weber
- Irene Weber – Kabarett Puderdose
- Jule Weber
- Carmen Wegge
- Weibswild
- Monica Weinzettl
- Nicole Weißbrodt
- Nicole Wellbrock – Feen in Absinth
- Lisa Weltzin
- Ingrid Wenzel
- Ella Carina Werner
- Pe Werner
- Tina Werzinger
- Lea Whitcher – 9VoltNelly
- Marena Whitcher
- Brooke White
- Sandy Wieding
- Sabine Wiegand – Dat Rosi
- Jutta Wilbertz
- Adina Wilcke
- Franziska Wilhelm
- Elke Winkens

- Tine Wittler
- Charlotte Wittmer
- Isabella Woldrich
- Kathi Wolf
- Jutta Wübbe – Marlene Jaschke
- Liefka Würdemann
- Sabine Wunder
- Patrizia Wunderl
- Ezgi Zengin
- Meral Ziegler
- Karin Zimny
- Die Zimtschnecken
- Anka Zink
- Zucchini Sistaz
- Nora Zukker

Diese Liste haben die tollen Kolleginnen Carmela del Feo, Dagmar Schönleber und Patrizia Moresco unter www.sisters-of-comedy-nachgelacht.de/künstlerinnen/ zusammengestellt.

Einer jungen Kollegin, die mehr Nummern zum Thema »Frausein« machen wollte, wurde mal von einem TV-Produzenten sinngemäß gesagt: »Du kannst nicht die Frau sein, Caro ist schon die Frau. Tahnee ist die Lesbe und Cindy ist die Dicke. Du kannst die Ausländerin sein. Du bist die Ausländerin, oder du bist niemand.«

Okay. Das einzig Positive an dieser Konversation ist wohl: Hier wird uns mehr Vielfalt zugetraut. Ähm. Juchhu?

Tatsächlich kann man sagen, ich habe von diesem Platzmangel für Frauen absolut profitiert. Ich bin sofort nach meiner ersten lustigen Nummer in jede TV-Show eingeladen worden und habe sofort viele Rollen bekommen und durfte zu »TV Total«.

Damals ein sehr gutes Sprungbrett für Stand-up-Karrieren und eine gute Möglichkeit, Tickets für die eigene Show zu verkaufen. Hatte man mich aber in der Show, hatte eigentlich sofort keine andere Frau mehr die Chance, dort eingeladen zu werden. »Wir haben die Kebekus, wir haben schon eine Frau.« Ich war also die eine, die Beste, die Auserwählte, die Einzige. Neben mir hatte keine andere Frau Platz. Es sei denn, sie bediente ein komplett anderes Feld, dann wäre es eventuell möglich gewesen, dass sie auch eine Existenzberechtigung hat. Aber als Frau ein anderes Feld finden, als eben eine Frau? Schwierig.

Eine Sache ist natürlich auch noch sehr unangenehm. Mir wird oft unterstellt, ich hätte es nur so weit gebracht, weil ich gut aussehe. Dazu muss ich natürlich erst mal sagen: Bitte was? Aber wenn ich ehrlich bin, ist das wahrscheinlich sogar richtig. Aber nicht nur deshalb natürlich. Ich glaube immer noch, dass ich auch unabhängig von meinem Aussehen sehr lustig bin. (Ich sage das in diesem Buch so oft, weil es auch 'ne Art Selbsttherapie ist.) Übrigens gibt es auch komplett gegenteilige Meinungen. Einer Kollegin wurde mal von einer anderen Kollegin unterstellt: »Du bekommst nur Aufmerksamkeit, weil du so dick bist. Aber du darfst lustig sein, weil du dick bist.« Ja, was denn nun?

Wenn man sich aber in meiner Branche unter den richtig erfolgreichen Komikerinnen umguckt, die regelmäßig im Fernsehen oder sonst einem visuellen Medium stattfinden, dann sind wirklich alle ganz schöne Granaten. Anke Engelke, Barbara Schöneberger, Martina Hill, Enissa Amani, Annette Frier ... Jede Einzelne 'ne glatte Zehn. Um in der männlichen Kategorisierung von weiblicher »Fickbarkeit« zu bleiben.

Meine sehr geschätzte Kollegin Maren Kroymann, die übrigens auch 'ne glatte Zehn ist, bekam vor einigen Jahren im Rahmen des baden-württembergischen Kleinkunstpreises den Ehrenpreis verliehen. Sie bedankte sich und fragte sich in ihrer tollen Rede dann, wo denn die anderen Frauen seien. Eben die, die nicht ’ne typische Zehn sind.

Sie sagte: »Das ist bei männlichen Kabarettisten anders. Die dürfen aussehen, wie sie wollen, da gibt es alle Typen. Harald Schmidt hat mal einen sehr klugen Satz gesagt. Er hat gesagt: ›Ich heiße Schmidt und sehe auch so aus.‹ Eine Frau, die optisch ein weibliches Pendant wäre zu Harald Schmidt, eine Frau, die wie eine Intellektuelle aussieht, hätte nie so eine Karriere gemacht. Und das ist ungerecht, meine Damen und Herren!« Auch hier fehlt es uns an Vielfalt.

Ich gehöre also ganz eindeutig zu den privilegierten Frauen in diesem Land. Ich bin weiß, sehe nicht schlecht aus und hatte Zugang zu Bildung und medizinischer Versorgung. Ich könnte mich jetzt also hinstellen und sagen: »Ich scheiße auf Feminismus, den brauchen wir doch nicht mehr. Ich hab es auch geschafft. Seht her, ich hab mich einfach nur doll angestrengt, genauso kann es ja dann wohl auch jede andere Frau schaffen. Es ist gar nicht schwer.« Das wäre eine asoziale Haltung, aber ich denke, sie ist nicht selten. Das Problem ist natürlich, hier von sich auf andere zu schließen. Wenn du selbst von einer bestimmten Benachteiligung nicht betroffen bist, kannst du nicht sagen, sie existiert grundsätzlich nicht und jede*r könne sich daraus befreien. Wenn du von einem bestimmten Mechanismus in der Gesellschaft profitierst, dann bist du Teil des Systems. Wir leben nun mal in bestimmten über Jahrhunderte gewachsenen Strukturen, und manche von uns profitieren davon, ohne dass uns das bewusst ist. Wir verhalten uns selbst auch mitunter frauenfeindlich oder rassistisch, weil wir uns unserer Privilegien gar nicht bewusst sind. Ich habe mich oft frauenfeindlich verhalten, indem ich Stereotype bedient habe. Manche Sketche von früher sind aus heutiger Sicht total schrecklich. Ich habe Naddel oder Rihanna parodiert und mir das Gesicht von meiner Maskenbildnerin extrem dunkel schminken lassen, um ihnen möglichst ähnlich zu sehen. Dieses Blackfacing war eine rassistische Handlung, ob ich mir nun dessen bewusst war oder nicht.

Viele Frauen mit hohem Status tun sich schwer, sich als Feministin zu positionieren. Es würde ja bedeuten, dass man sich mit dem eigenen Werdegang und dem, wie man selbst Teil des Systems ist, auseinandersetzen muss. Außerdem klingt Feministin wie »Emanze«, was ja schon wie ein Schimpfwort wirkt. Unsexy einfach. Ungebumst und unrasiert.

Mir ging es anfangs genauso, ich hatte das Gefühl, Feministin zu sein, sei etwas sehr Anklagendes, Nervendes. Jeder Typ ist doch von nervigen Frauen angeekelt, also war ich es auch. Dass sich aber schon früh durch viele meiner Nummern ein feministischer roter Faden gezogen hat, ist mir erst später bewusst geworden. Es gab eine nette Journalistin, die mich gefragt hat, warum ich mich eigentlich nicht als Feministin bezeichne. Es wäre so wichtig, wenn ich das tun würde. Das Gespräch mit ihr war toll und gehört mit zu meinen persönlichen »Aha-Momenten«! Sie war überhaupt nicht anklagend, sondern ganz sachlich und positiv.

Zu denken, wir leben in einer Gesellschaft, in der sich jede Frau einfach nur anstrengen muss, damit sie erfolgreich ist, ist also einfach falsch. Wir brauchen Feminismus, denn es gibt noch so viele Ungerechtigkeiten. Für Frauen allgemein und besonders für lesbische und queere Frauen, Transmenschen, muslimische Frauen, schwarze Frauen ... u.v.a. Außerdem können die schon erreichten Ziele immer wieder in Gefahr sein, ein eindrückliches Beispiel hierfür sind unsere polnischen Nachbarn. Nicht nur die Frauenrechte werden dort eingeschränkt, auch wird die Stimmung gegen Homosexuelle und Transmenschen immer feindlicher. Es gibt auch hier im Land genug Menschen in der AfD, die liebend gerne die Uhren zurückdrehen würden, und je mehr Zulauf sie bekommen, desto mehr sind vermeintlich in Stein gemeißelte Rechte in Gefahr. Feminismus kämpft für die Rechte der Frauen und stärkt so die Rechte aller Menschen. Erst wenn alle Menschen dieselben Chancen haben, egal, welchem Geschlecht sie sich zugehörig fühlen, egal, wie sie ihre Sexualität beschreiben, egal, woher sie stammen, wie sie aussehen und egal, aus welchen familiären Verhältnissen sie kommen, dann leben wir in einer Gesellschaft, die wirklich jede*n gleichbehandelt. Jeden Menschen als Menschen.

None of us are equal until we are all equal.[69]

Frauen als Männern gegenüber gleichberechtigt anzusehen, ist für viele zwar selbstverständlich, aber irgendwie geht man immer noch von der männlichen Norm aus. Der Mann ist der »normale« Mensch und die Frau eine Unterkategorie.

Eine schöne Frage, die mir auch mal in einem Interview gestellt wurde, war: »Wie ist es eigentlich so, wenn man als Frau auf die Bühne geht?« Puh, was soll ich dazu sagen? Wie ist es denn? Also, als Frau auf die Bühne zu gehen, ist natürlich nicht einfach, es ist sehr schwierig. Ich versuche es eigentlich immer damit, dass ich ganz konzentriert, vorsichtig, aber gleichmäßig, einen Fuß vor den anderen setze. Damit setze ich dann meinen ganzen Körper in Bewegung und steuere ihn so im besten Fall in Richtung Bühne. Hier sind in den meisten Fällen noch ein paar Stufen zu überwinden, das kann auch mal heikel werden. Aber glücklicherweise verfügen die meisten Treppen über ein Geländer, das man zur Stabilisierung des Gleichgewichtes nutzen kann. Wenn ich sehr viel Glück habe, dann stehe ich irgendwann dann zentral auf der Bühne. Problem ist natürlich: Ich habe diese Vagina dabei. Das ist ja ein innerer Hohlkörper und erfordert eine Menge Körperbeherrschung, damit man sich ausbalancieren kann. Zum

Glück habe ich ja noch diese beiden Brüste, die ich als Gegengewicht benutzen kann. Hätte ich die nicht, würde ich wahrscheinlich bei jedem Versuch, gerade zu stehen, einfach sinnlos nach hinten umkippen. Es gibt sie aber, diese raren Momente, in denen ich mal nicht daran denke, dass ich eine Frau bin. In denen mein Geschlecht keine Rolle spielt und ich einfach nur Menschen zum Lachen bringe. Dann kann ich für kurze Zeit meinem grausamen Alltag entfliehen und fühle mich einfach nur wie ein ganz normaler Mensch. Aber dann spüre wieder diese Leere zwischen meinen Beinen und lande auf dem Boden der Tatsachen.

JOKE JOB

Gott sei Dank haben wir Komikerinnen einen großen Business-Vorteil. Wir haben sozusagen aus der Not eine Tugend gemacht, denn: Unser Humor ist unser Kapital. Glück gehabt, denn in jeder anderen Branche wäre diese Eigenschaft wahrscheinlich eine Karrierebremse. Denn eine Studie von 2019 hat bestätigt: Lustige, humorvolle Frauen kommen im Job nicht weit.[70] Zumindest bewertet man lustige Frauen im Job anders als Männer. Wenn Frauen auf der Arbeit witzig sind, dann verbindet man mit ihnen automatisch einen eher niedrigeren Status. Ernsthaft ist hier gleich seriös und vertrauenswürdig, lustig ist gleich dumm und einfältig. Bei Männern ist das Phänomen wohl genau umgekehrt. Dem lustigen Mann räumt man direkt einen höheren Status ein als einem mit ’nem Stock im Arsch.

Humor kann ja immer ganz unterschiedlich funktionieren, gerade im beruflichen Kontext. Entweder man empfindet Humor in dem Zusammenhang als störend oder aber sogar als hilfreich. Hilfreich ist Humor natürlich immer dann, wenn man damit komplexe Zusammenhänge vereinfacht, sodass sie weniger negative Gefühle auslösen. So was wie: »Leckomio, unsere Verkaufszahlen sinken ja schneller als das Niveau von RTL2!«, zum Beispiel. Auf der anderen Seite kann man sagen, da Humor ja eher aus der Unterhaltungsecke kommt, stört er im Zusammenhang mit seriösen Business-Konflikten. Man könnte auch sagen, wer hier Witze macht, hat nicht die nötige Ernsthaftigkeit und Hingabe für seinen Job. Ob der Humor nun als störend oder hilfreich empfunden wird, liegt, laut Studie, am Geschlecht des Performenden und daran, wofür das Geschlecht steht. Der stereotype Mann gilt eher als zielstrebig, verantwortungsbewusst und kann darum gerne mal 'nen lockeren Spruch machen. Man weiß ja, der Junge nimmt seinen Job ernst. Der Frau wird sowieso eher weniger Engagement im Job unterstellt, weil sie ja noch die Familie zu Hause managen muss. Falls ihr euch also jetzt gerade fragt: Hä? Warum lacht eigentlich keiner über meine Furzwitze auf der Arbeit …? Tja. Unsere Jokes kommen allgemein einfach mieser an, weil man denkt, na ja, komm, du bist ja eh nur mit dem halben Bein hier. Oder eure Witze kommen wahnsinnig gut an, aber dafür werdet ihr eben nie befördert.

Bin ich froh, dass ich doch nichts Anständiges gelernt habe. Ich wäre die witzige Tante, die keiner ernst nimmt und die darum auf ewig Praktikantin bleiben würde. Bei den Postfächern der Firma, in der ich arbeiten würde, würde mein Fach einfach nur »Caro« heißen. Die anderen Fächer hätten Schilder wie »Herr Dr. Schmitz« oder »Herr Müller«. Hab ich alles schon gesehen. Die Sekretärin hat eben oft nur 'nen Vornamen. Ich hab es mit eigenen Augen gesehen.

»Wenn man sagt, ein Witz von einer Führungskraft kann ganz gut ankommen, und dann sagt: aber nicht von Frauen, dann hat man eigentlich schon gesagt: Frauen müssen sich anders verhalten.«[71]

Dieser Satz stammt von Dr. Tabea Scheel. Sie ist Professorin für Arbeits- und Organisationspsychologie an der Universität Flensburg. Sie hat über das Thema Humor im Job ein Buch geschrieben und sie sagt, um diesen ungerechten Einschätzungen entgegenzuwirken, müssten Frauen eigentlich viel mehr Witze machen, damit sich alle daran gewöhnen.

Das find ich sehr gut. Witze als Pflicht für Frauen am Arbeitsplatz, im Sinne der Equality! Alle Frauen müssen ab sofort andauernd auf der Arbeit Witze machen! Das wäre doch auch ein total tolles Projekt, das unsere Solidarität und unseren Zusammenhalt stärken könnte! Vielleicht bekommen wir dafür sogar 'nen Zuschuss vom Bund. Wir könnten auch gleichzeitig die Kampagne bei Instagram flankieren und einen Hashtag erfinden. #girlslaughday oder #togetherwelaughlouder, #equallaughday, #everyjokecounts.

Das würde natürlich nur den nötigen Erfolg bringen, wenn wirklich alle mitmachen. Egal, welcher Berufsbereich, alle Frauen hauen einfach den ganzen Tag Witze raus. Zum Einstieg vielleicht so was wie: »Die Arbeit ruft! – Sag ihr, ich rufe zurück!« Schöner Klassiker. Oder: »Immer noch nicht Freitag? Ich glaube, ich muss mit dieser Woche mal in die Werkstatt. Da stimmt was nicht!« Da bleibt kein Auge trocken. Uns ist für die gute Sache einfach kein Witz zu flach.

Egal, ob ihr Richterin oder Müllfrau seid, alle machen mit. Da kann man schöne Spartenbespaßung machen. Als Zahnärztin zum Beispiel! »Die Behandlung war ein Plombenerfolg! MUHAHAHAHAHA.« Oder: »Ich war ja mal Zahnarztfrau. Dann habe ich aber eine Umschulung zur Spielerfrau gemacht.« Hier biete ich mich auch gerne als Hilfe an, Witze sind schließlich meine Superkraft! Alles ehrenamtlich natürlich. Schön auch, wenn ihr bei der Bundeswehr seid: »Ich treffe in meinem Beruf jeden Tag Menschen!« Oder für eine Postbotin: »Ich bin so 'ne Sau, ich laufe jeden Tag von Schlitz zu Schlitz, bis mein Sack leer ist!« Muhahahahaha. Oder für die Geschichtslehrerin: »Bei mir kann man jeden Tag Geschichte schreiben.« Booom. Oder für die Sanitäterin: »Ich mag offene Menschen.« Oder die Köchin: »Über Durchfallquoten in meinem Beruf möchte ich nicht sprechen.«

Leute, ich könnte hier seitenweise weitermachen. Sollte dieses Projekt irgendwann vom Bund gefördert werden, ich bin so was von dabei.

Die Sache mit dem Lachen ist ja die, es kann wahnsinnig befreiend wirken, aber manchmal wird lachen auch als überheblich interpretiert, ein anderes Mal als lasziv. Das Lachen von Frauen wird übrigens oft auch anders bewertet als das von Männern. Bei Frauen mit ihren schrillen, piepsenden Stimmchen, da bezeichnet man das Lachen schon mal als hysterisches Gegacker. So wie die Stimmen von Frauen grundsätzlich, wegen ihrer höheren Stimmlage, als unangenehm gelten. Das Lachen von Frauen in der Öffentlichkeit kann manchen Menschen sauer aufstoßen. Früher war das weibliche Gelächter regelrecht verpönt.

> »Das Zeigen einer Körperöffnung galt generell als vulgär und als Zeichen von Promiskuität, weshalb nur hinter vorgehaltener Hand, hinterm Fächer oder schützenden Schleier die Lippen geöffnet werden durften. Huren, ältere Frauen sowie Frauen der Arbeiterschicht bildeten Ausnahmen ...«[72]

Man hatte als Frau zu erröten und den Blick zu senken. Lautes Lachen galt also als vulgär und bäuerlich. Barbara Merziger schreibt in ihrem Buch »Das Lachen der Frauen«:

> »Naturwissenschaftlich betrachtet stammt das Lachen übrigens vom aggressiven Zähnefletschen ab und hat sich im Laufe der Zivilisation bis zum Zeichen der Zuneigung und Sympathie hin entwickelt.«

Huch, okay, krass. Das nenne ich mal eine ordentliche Reise durch die Evolution für so 'ne Geste. Ob das Den-Mittelfinger-Zeigen früher auch was Nettes war? So was wie: »Du da, auf den ich mit meinem tollsten und größten Finger zeige, du bist ein super Typ.«

Manche Menschen fühlen sich von dem Lachen einer Frau immer noch regelrecht bedroht, auch noch in der heutigen Zeit. Haben die eventuell diesen tollen letzten Teil der Evolution gar nicht mitbekommen? Wie soll man sich sonst zum Beispiel die Forderung erklären, die 2014 der damalige Vize-Premierminister der Türkei, Bülent Arınç, gestellt hat?

> »Arınç hatte einen allgemeinen Verfall der Sitten in der Türkei beklagt und hinzugefügt, die Sittsamkeit sei ein hohes Gut, das gepflegt werden müsse. Bei Frauen gehört laut Arınç dazu, sich zurückhaltend zu kleiden und ›nicht vor allen Leuten laut loszulachen‹.«[73]

Dieses »Loslachen« steht hier also quasi für die plötzlich auftretende weibliche Sexualität, die unkontrolliert aus der Frau herausbricht. Der Frau, deren Sexualität man ja eigentlich besser im Zaum und schön unter Kontrolle halten will.

Moment mal, wo kämen wir denn hin, wenn man Frauen das Lachen verbieten würde? Unsere komplette Sozialstruktur würde doch zusammenbrechen. Frauen lachen erst mal grundsätzlich sowieso mehr als Männer, schon allein, weil wir die meiste Zeit dafür verantwortlich sind, die Emotionsarbeit in jeder Art von Beziehung zu übernehmen. Lachen hat ja nicht immer gleich was mit 'ner witzigen Situation zu tun. Wir lachen auch, um zum Beispiel angespannten Situationen den negativen Vibe zu nehmen. Frauen lachen laut Lachforschung (geil, dass es so was gibt) auch, um Stress zu reduzieren. Das kann ich bestätigen. Sobald mir irgendwas Dummes passiert, so was wie mit dem Auto eine Säule gerammt, muss ich als Erstes lachen. Ich kann mich dann gar nicht so krass aufregen, denn ich weiß sofort: Ich kann eh nix ändern. Also lache ich einfach debil.

Außerdem wird doch von uns immer dieses »soziale Lachen« gefordert. Jede Frau kennt das, man sitzt einfach irgendwo herum und denkt vielleicht gerade über eine bestimmte Problematik nach oder an etwas Schönes wie einen Haufen Milchreis mit Kirschen. Vielleicht hört man auch einfach gerade nur die Leere im Kopf dröhnen. Jedenfalls ist man sich kurz nicht dessen gewahr, dass man für die heitere Umgebung verantwortlich ist. Dann kommt ein Kollege oder sonst wer und sagt: »Lach doch mal«, oder: »Du bist viel hübscher, wenn du lächelst«. Das sind Sätze, die mir immer noch regelmäßig die Kotze hochkommen lassen. Das wird einfach so zu uns gesagt, als hätten wir Frauen grundsätzlich die Aufgabe, die Umgebung mit dem eigenen Lächeln doch bitte etwas aufzuhübschen. Ich gehöre aber leider nicht zur Tapete. Wenn ich nicht lache, dann gibt's wohl auch nichts zu lachen. Oder ich hab halt einfach keine Lust. »Lach doch mal«, das heißt doch: »Denk nicht so viel nach, guck nicht so böse.« Noch mal zum Mitschreiben: Weder ich noch irgendeine andere Frau schuldet irgendjemandem ein Lächeln. Mein »Resting Bitch Face« hat sicher einen Grund, lass ihn mir bitte.

Auf die Äußerung von Arınç tauchten überall in den sozialen Medien Bilder und Videos von herzhaft lachenden türkischen Frauen auf. Es gab sogar richtige Demonstrationen, auf denen die Frauen laut auf der Straße lachten. Arınç erklärte später, er habe eher eine allgemein fehlende Bescheidenheit beklagt und dass es ihm dabei gar nicht um ein bestimmtes Geschlecht gegangen sei. Natürlich. Und da ist sie wieder: die Bescheidenheit. Jeder Frau, die etwas im Leben erreichen will, wurde schon einmal unterstellt, diese verloren zu haben.

Lachen bedeutet also auch Freiheit. Die Freiheit von Frauen ist gerade in der Türkei extrem gefährdet. Ich kenne einige vor allem ältere türkische Frauen, die mit Schrecken und großer Trauer die Veränderung ihres Heimatlandes unter Erdogan verfolgen. Aber selbst die konnten sich damals, 2014, nicht vorstellen, was 2021 passieren würde. In diesem Jahr ist die Türkei aus der Istanbuler Konvention ausgetreten, dem internationalen Abkommen zum Schutz von Frauen vor Gewalt. Klarer kann man seinen Bürgerinnen wohl nicht deutlich machen, wie wenig ihr Leben wert ist.

Darum finde ich die Aktion mit den Witzen im Job wirklich immer besser. Wir müssen natürlich dann auch abmachen, dass dann alle anderen Frauen über jeden Witz der Kollegin übertrieben hemmungslos lachen. Auch wenn man ihn nur so mittel findet, es geht um die große Sache. Also lacht euch kaputt! Das haben wir früher in unserem Redaktionsteam auch gemacht, wenn es darum ging, einem Fernsehsender unsere geschriebenen Witze zu verkaufen. Wir haben vor der Besprechung einfach festgelegt, wo gelacht wird, und dann feuerten wir das Gelächter on Point ab. So mussten wir nachher nicht mehr so viel ändern und hatten früh Feierabend. Win-win.

Im Job haben wir also durchaus immer noch unsere Schwierigkeiten. Nach unserem Berufsleben wird's, wie gesagt, dann noch mal richtig mies, denn wir werden nicht nur ungerecht bezahlt, sondern sind auch mehr von der Altersarmut betroffen. Frauen arbeiten insgesamt häufiger in Teilzeit, weil sie nicht nur Kinder bekommen und diese betreuen, sondern auch noch die Angehörigen pflegen. Nicht nur die eigenen Eltern werden gepflegt, sondern auch noch die Schwiegereltern. Es gibt sogar nicht wenige Fälle, da werden die Eltern des Ex-Mannes auch noch weitergepflegt. Komm, wenn man einmal dabei ist, einer mehr oder weniger ... Außerdem: Einer muss es ja machen, und wenn du eh schon den Waschlappen in die Hand nimmst …

In der ZDF-Sendung »Die Anstalt« hab ich vor einigen Jahren mal mit in einem Sketch zu dem Thema spielen dürfen.[74] Es war ein Wettrennen zwischen Mann und Frau, über ein ganzes Leben sozusagen. Die Frau blieb natürlich auf der Strecke. Ich erinnere mich noch gut an die vielen Kommentare, die die Kollegen Claus von Wagner und Max Uthoff mir nachher zu der Sendung zeigten. Den Kollegen zufolge hatte es bis dahin für keine ihrer Sendungen so einen extremen Shitstorm gegeben wie für diese über Feminismus. Nicht etwa wegen unserer Performance, die war einwandfrei. Die Leute schrieben, das Thema sei nicht politisch genug. Man wünsche sich demnächst bitte wieder relevantere Themen.

Nicht politisch genug! Na klar, was haben wir uns nur gedacht. Diese Problematik interessiert nun wirklich niemanden. Außer vielleicht diese mickrigen 51 % der Bevölkerung. Das ist alles wirklich extrem irrelevant. Frauenkram halt. Psychozeug.

SCHEITERN

Scheitern ist für Frauen anders schlimm als für Männer. Gerade in meiner Branche habe ich viele Frauen auf der Bühne scheitern sehen. Aber glaubt mir, ich habe noch viel mehr Männer gesehen, die auf der Bühne versagt haben. Sorry, Boys, nicht dass ihr allgemein unlustiger wärt, aber es gibt nun einfach mehr von euch, da liegt das in der Natur der Sache.

Und ich habe mich selbst auf der Bühne scheitern sehen. Aber holla. Mit Anlauf. Ich habe mich tatsächlich »gesehen«, denn in solchen Momenten verlässt man auf eine gewisse Art seinen Körper. Man sieht sich da stehen und erzählen, man sieht, wie langsam der Kopf rot und heiß wird, weil einfach absolut niemand lacht. Die natürliche Körperreaktion, die dann einsetzt, ist ein Fluchtreflex. Da ich aber dank der blöden Evolution kein Tier mehr bin, versuche ich, den zu unterdrücken. Der Körper will also weg aus dieser Extremsituation, ich lasse ihn aber nicht. Damit ist er in einem absoluten Dilemma. Er weiß ja nicht wirklich, was los ist, er reagiert ja nur auf die ausgeschütteten Stresshormone. Vielleicht denkt der Körper auch, wir sehen gerade eine Flutwelle auf uns zurasen, oder ein riesiger Fressfeind nähert sich der Herde. Und dann haben wir uns auch noch so dumm auf einer Bühne exponiert, da wird man doch als Allererstes gefressen. Also versucht der Körper, uns aus dieser misslichen Lage zu befreien, und darum fing ich in solchen Situationen immer an, kontinuierlich schneller zu sprechen. Denn wenn ich schneller spreche, ist dieser Scheiß auch schneller vorbei. Logisch. Ich hab manchmal so schnell gesprochen, dass meine Zunge gestolpert ist. Das hat die Sache auch nicht lustiger gemacht. Wie lustig pflichtbewusst wir auch im völligen Versagen noch sind. Ich musste alle meine Worte aufsagen, die ich mitgebracht hatte. Das Schlimme ist: Die meisten Nummern verkacken ja nicht mittendrin. Selten fängt es sehr lustig an und geht dann mau zu Ende. Nein. Wenn, dann läuft es von Anfang an scheiße. Gerade am Anfang der Karriere, wenn dich kein Mensch kennt, musst du nur irgendwie mit dem falschen Fuß auf die Bühne treten, und das Ding ist vorbei. Oder ein verunglücktes: Hallo, Leute, ich freu mich sehr, hier zu sein! Okay, ich gebe zu, der Spruch kommt nie wirklich glaubwürdig rüber.

Ich habe mal im »Quatsch Comedy Club« in Berlin, als ich gerade anfing, eine eigentlich damals todsichere Nummer gespielt. Es war eines meiner ersten Sets, und ich hatte damit schon ein paar Mal die ein oder andere Hütte abgerissen. Ich wusste also ganz genau, wo es die Leute gleich zerreißen würde. Aber schon direkt beim ersten Gag passierte nichts. Das sind so Momente, da weiß man einfach: Nope, das wird nix mehr. Ich kann aber nicht wieder von der Bühne gehen, also lauf ich einfach lachend in die Kreissäge. Ich hatte damals noch nicht genug Erfahrung und genug Handwerk, um die Mechanik meiner Gags oder meine Bühnenpräsenz unter Kontrolle zu haben. Man bringt es dann eben irgendwie hinter sich, und wenn die Zuschauer nett sind, dann klatschen sie wenigstens beim Schlussgag.

Wenn man danach von der Bühne geht, kommt einem erst mal der Moderator entgegen, ziemlich gehetzt, denn auch er hatte die Nummer eigentlich länger in Erinnerung. Er rennt also an einem vorbei auf die Bühne und moderiert einen noch ab. Wringt noch einen zusätzlichen Mitleidsapplaus aus den Zuschauern. Dann kommt der Walk of Shame. Man muss an den wartenden (männlichen) Kollegen vorbei. Die versammeln sich gerade bei neuen Künstler*innen gerne mal backstage und verfolgen gespannt den Auftritt auf dem Monitor. Man läuft mit zerknirschtem Gesicht an ihnen vorbei und holt sich ein paar »Na ja, nächstes Mal« ab, und wenn man Glück hat, dann flitzt man direkt in die Garderobe. Wenn man Pech hat, wird man abgefangen und ein Kollege erklärt einem lang und breit, warum man in welcher Minute wie genau verkackt hat. Es gibt ja so Momente, da kokettiert man mit dem vermeintlichen Misserfolg. Da sagt man: Oh neeeein, es war so ein schlechter Auftritt, nur damit die Kollegen einen danach mit Komplimenten überschütten. So wie früher in der Schule, wenn man sagte: Ich hab bestimmt 'ne Fünf, hatte dann aber safe 'ne Eins.

Aber wenn du richtig versagt hast auf der Bühne, dann weißt du das sehr genau. Frauen spüren sehr genau, wie ihre Umgebung auf sie reagiert, wir schätzen solche Situationen absolut authentisch ein. Wir wissen, dass wir grandios gescheitert sind. Und wir wissen außerdem: Wir allein sind schuld.

Nach besagtem Auftritt im »Quatsch Comedy Club« habe ich in meiner Garderobe geheult. Im Nachhinein muss ich sagen, ganz so schrecklich war es nun auch wieder nicht, aber in dem Moment war ich komplett verzweifelt. Ich war genau an dem Punkt, an dem ich mich gerade für diesen Beruf entschieden hatte. Genau das wollte ich machen. Wenn mich jemand fragte, was ich beruflich mache, dann hatte ich gerade erst seit ein paar Wochen den Mut gehabt zu sagen: Ich bin Stand-up-Comedienne. Allein mich das zu trauen, hat mich schon Jahre gekostet. Aber was ist man denn bitte für eine Stand-up-Comedienne, wenn fucking niemand lacht? Wie schlecht kann man seinen Job denn machen? Ich glaube, es gibt keinen anderen Beruf, bei dem man punktuell so schlimm versagen kann wie als Komiker*in. Wo du einfach mal zwanzig Minuten richtig miese Arbeit abliefern kannst, als hättest du es noch nie gemacht. Gibt es nicht. Zeigt mir einen! Gibt es einen Klempner, der nach zwanzig Minuten aus dem Bad kommt und hinter ihm knallt das Wasser aus der Wand, das Klo läuft über, und er zuckt nur mit den Achseln und sagt: Ja, sorry, weiß auch nicht, was da grade los war. Oder eine Chirurgin, die einfach nach einer Operation ein Pfund Geschnetzeltes hinterlässt und dann sagt: Puh, das war aber mal ein Blackout!

Da sagt sicher kein*e Kolleg*in: Komm, nächstes Mal.

Ich habe dann meinen damaligen Agenten angerufen und ihm todernst gesagt, dass ich keine Stand-ups mehr machen werde. Never again. Nein, er müsse sich 'ne andere Einnahmequelle suchen. Vielleicht gehe ich noch mal zur Berufsberatung, die hatten mir sowieso eher was im sozialen Bereich empfohlen.

Eine damals anwesende Kollegin (ja, es gab zwei Frauen in dieser Show!) hat mir tatsächlich geraten, doch lieber nur noch Sketche zu drehen. Danke, Schwester ... Ich wollte also auf keinen Fall mehr auftreten und war zutiefst erschüttert. Wie schrecklich, die Zuschauer fanden mich scheiße und die Kolleg*innen fanden mich auch schlecht. Keiner hat mich lieb ...

Ich habe viele Frauen so scheitern sehen. Die von der Bühne kommen und sich quasi selbst in Stücke reißen. Die in dem Moment beschließen, that's it, ich hör auf. Die sich von einem schlechten Auftritt total verunsichern lassen. Männer scheitern anders. Natürlich stelle ich das hier alles überspitzt dar, und NATÜRLICH gibt es auch die umgekehrten Fälle, aber meistens ist es wirklich so rum. Ich habe so viele Männer gesehen, die nach einem richtig schlechten Auftritt von der Bühne kamen und so was sagten wie: Wow, sind die Leute heute aber schlecht drauf. Oder: Okay, an den ein oder anderen Gag muss ich noch mal ran.

Beneidenswert. Ich hab mir dann einfach etwas von diesem Scheitern abgeschaut. Nicht alles. Mein Publikum mache ich zum Beispiel nie verantwortlich. Außer es ist wirklich sehr betrunken, was auch schon vorkam. Oder alle hatten damit gerechnet, dass jemand schweigend jongliert. Hat es auch schon gegeben. Auch da gebe ich dem Publikum keine Schuld. Wenn man jemanden schweigend jonglieren sehen will, dann bin ich wirklich die denkbar schlechteste Alternative.

Bei all den schlechten Shows, die ich je gespielt hab, war nie das Publikum schuld, es war immer ich. Wenn ich mir dann unter Schmerzen meinen Auftritt angeschaut habe, falls es ein Video gab, dann konnte ich lernen. Ich hab gesehen, was ich falsch gemacht habe, wo ich zu schnell war, wie mein Auftritt eben insgesamt wirkte. Das habe ich von meinen männlichen Kollegen gelernt. Zum Glück waren die meisten meiner männlichen Wegbegleiter tolle Menschen. Aber sie sind eben anders mit dem Scheitern umgegangen, und das wollte ich auch können. Nur ganz genauso wollte ich es nicht machen. Wir müssen schließlich auch nicht besonders männlich werden, um erfolgreich zu sein. Gibt es nicht auch einen weiblichen Weg?

Warum also ist es für Männer so easy, auch mal zu scheitern, warum stecken die das einfacher weg als wir? Wir haben am Misserfolg einfach länger zu knabbern, und ich habe sehr lange gebraucht, zu scheitern, ohne dass die ganze Welt zusammenbricht. Ich habe nach jedem erneuten Scheitern dann richtig hart an mir gearbeitet. Gar nicht so sehr, weil ich unbedingt die Beste werden wollte, sondern weil ich einfach nicht mehr scheitern wollte, das Gefühl war mir zu blöd. Doch, ich gebe es zu. Ich wollte auch die Beste sein. Das kann ruhig mal gesagt werden.

Für Männer ist offene Rivalität nichts, was ihre Welt erschüttert, die nehmen das irgendwie spielerischer. Konkurrenz ist für sie viel weniger problembehaftet. Sie messen sich, und danach sind die Fronten geklärt. Man profitiert voneinander. Wir Frauen haben eher gelernt, während des Wettkampfs Kuchen anzubieten und die Verlierer zu trösten. Als Frau will man auch nicht unbedingt die Gewinnerin eines Kampfes sein. Wir relativieren oft unseren Gewinn oder die Karriere oder unsere Leistung allgemein. Es soll sich wegen uns bitte niemand schlecht fühlen. Bei mir war es schon immer so, dass ich dafür in Spielen umso ehrgeiziger war. Beruflich hab ich immer tiefgestapelt und bei gewonnenen Preisen hab ich auch lange gebraucht, mich öffentlich zu freuen. Aber bei Gesellschaftsspielen werde ich zum Tier. Ich will UNBEDINGT gewinnen. Legendäre Abende habe ich schon mit dem Rollenspiel »Die Werwölfe vom Düsterwald« verbracht. Entweder meine Freund*innen oder auf Tour meine Crew mussten nächtelang als Spielpartner*innen herhalten. Dort waren auch Allianzen unter uns Frauen landesweit gefürchtet. Wenn meine Freundin Jeannine und ich gleichzeitig Werwölfe sind, was leider viel zu selten geschieht, dann Gnade euch Gott, solltet ihr je mit uns spielen. Wir hinterlassen jedes Mal eine Schneise der Verwüstung. Jede Nacht ziehen wir mordend durchs Dorf, und tagsüber spielen wir die perfekten unschuldigen Dorfmädchen. Übrigens gibt es kompromittierendes Videomaterial von mir, wie ich komplett ausraste, weil meine Mitspieler bei einer Scharade meine perfekte Darstellung eines Hausdachs nicht erkennen.

Es war ein HAUSDACH, Leute! Gibt es einen einfacheren Begriff bei diesem Spiel? Ein Begriff aus zwei Hauptwörtern! HAUS und DACH! Ich habe das Dach so wahnsinnig gut gespielt, man hätte sogar die Farbe der fucking Dachziegel erkennen können. Mein anschließender Wutausbruch ist leider auch auf Film gebannt, inklusive der bedröppelten Gesichter meiner Freund*innen. Ach so ... sie meinte Dach ... ach so ... Ich könnte sie heute alle noch umbringen ... und ich schäme mich nicht dafür!

Im Spiel ist es also irgendwie okay, sich zu messen, und auch, sich danach in seinem Sieg zu baden, aber hier tut man ja auch keinem weh.

Ich habe also durchaus Kampfgeist, ich will nur nicht im echten Leben jemanden besiegen müssen, um zu gewinnen. Ergibt das Sinn?

Was Frauen fehlt, sagt die Sportpsychologin Frauke Wilhelm der »emotion« in einem Interview, sei emotionale Distanz: »Jungen Leistungssportlerinnen muss ich fast immer erst einmal klarmachen, dass es okay ist zu glänzen. Das Bewusstsein, dass andere verlieren, wenn man selbst gewinnt, ist für viele Frauen unerträglich. Sie wollen lieber Zweite werden, damit sie danach noch von allen gemocht werden.«[75]

Ja, stimmt! Aber wie wollen wir denn Unternehmen leiten und den ganzen Kram, wenn wir untereinander dem Wettbewerb aus dem Weg gehen? Oder, na ja, nicht aus dem Weg gehen, aber ihn zumindest nicht offen austragen und daran wachsen, sondern den eher hintenrum klären? Uns Frauen wird ja immer nachgesagt, wir klären dann eher intrigant, in geheimen Allianzen, durch üble Nachrede und soziales Ausgrenzen unsere »interfemininen Konflikte«.

Miau.

Ein bisschen mehr offene Konkurrenz, an der wir wachsen, wäre also bestimmt gut. Trotzdem finde ich es immer seltsam, wenn man sagt: Frauen müssen diese oder jene männliche Eigenschaft übernehmen, um erfolgreich zu sein. Es muss doch auch hier einen weiblichen Weg geben. Einen Weg, die Konkurrentinnen zu feiern, zumindest als eigenen, geheimen Ansporn, der uns selbst zu besseren Leistungen bringt.

BUSINESS

Geschäftlich, in unseren wirtschaftlichen Strukturen, sind wir natürlich auch vom Patriarchat geprägt. Männer und Männerbünde führen die meisten Unternehmen. Männer haben auch die Strukturen geschaffen für die Bedingungen, unter denen wir heute arbeiten, Geld verdienen, leben und in Rente gehen.

Den eigenen Wert erkennen, ihn benennen, für sich selbst nutzen und vermarkten ist für Frauen offenbar nicht so einfach wie für Männer. Ein Mann, der gut für sich verhandelt, hinterlässt den Eindruck, kompetent und zielstrebig, eben geschäftstüchtig zu sein. Frauen wird eine solche Eigenschaft negativ ausgelegt, sie sind dann machtbesessen. Nicht nur in der Selbstständigkeit, sondern auch, wenn es um eine Gehaltsverhandlung im Angestelltenverhältnis geht. Ich weiß, es hat sich schon viel verändert, seit wir eigene Konten haben dürfen, aber trotzdem.

Ein Kollege hat mich mal vor einer fleißigen Redakteurin gewarnt, die ich gerne mehr einbinden wollte. Er meinte: »Würde ich nicht machen, bei der muss man super aufpassen.« Auf meine Frage, warum, sagte er: »Die will nur Karriere machen!«

Oh. Na, das ist natürlich nicht so gut für mein Vorhaben, eine gute Sendung auf die Beine zu stellen. Hä? Die will Karriere machen heißt doch: Die strengt sich richtig an in ihrem Job. Also ... was genau soll daran schlecht sein?

Ich habe auch schon oft in Konferenzen, egal, ob es um organisatorische oder kreative Prozesse ging, erlebt, dass sich Frauen in Diskussionen von vornherein kleinmachen. Wenn wir einen Vorschlag einbringen, dann schieben wir oft »Ich weiß nicht genau, ob das jetzt cool ist, aber ...« ein. So als würden wir uns schon vorher für unsere Idee entschuldigen. Ich bin wirklich so froh, dass ich nicht mehr selbst verhandeln muss, früher war ich einfach so schrecklich schlecht darin. Ich habe mich jedes Mal so schlimm gedrückt und viel zu schnell Ja gesagt. Anstatt zu sagen: Das ist mein Wert, das will ich haben. Wenn es darum ging, Geld für eine Leistung zu verlangen, dann war ich schon geliefert. Ich wollte doch, dass mich alle lieb haben! Niemand hat jemanden lieb, der viel Geld verdienen will! Selbst um Gegenstände zu verhandeln, ist für mich nicht machbar. Mein Vater hat mich mal mit meinem Bruder kurz an unserem Flohmarktstand alleine gelassen. Danach hatte ich das Fahrrad meines Bruders für fünf Mark verkauft. Diese Geschichte erzählt mein Vater heute noch.

Natürlich habe ich mit der Zeit gelernt, so was passiert mir sicher nicht mehr, aber ich habe geschäftlich wahnsinnig viele Fehler gemacht. Gut, dass es so viele Frauenzeitschriften gibt, in denen sich Frau tolle Tipps holen kann. Auch wie man seine Karriere vorantreibt. 2018 hab ich zum Beispiel in der »Cosmo@work« gelesen: »Vermeiden Sie weibliches Verhalten, Chefs wollen keinen Psychoscheiß hören!« Oha! Sehr vielsagend, dass die »Cosmo@work« schon mal grundsätzlich von einem männlichen Chef ausgeht, aber gut. Klar, Psychoscheiß, da hat ja nun wirklich einfach keine*r Bock drauf. Aber was genau ist denn hier gemeint? Weibliches Verhalten ist gleich Psychoscheiß? Was soll denn das sein? Wahrscheinlich so was wie: »Ich fände es angemessen, genauso bezahlt zu werden wie meine männlichen Kollegen.« Ja, total psycho, was für eine Irre. Aber es ging sehr gut weiter. »Ein alter IQ-Joker, der nach wie vor funktioniert: Brille. Denn Frauen, die sie tragen, wirken kompetenter auf ihr Umfeld. Fanden Forscher der Uni Mainz heraus. Sie haben Adleraugen? Schön für Sie, aber es gibt ja auch Modelle mit Fensterglas.«[76]

Sich verkleiden war ja schon immer ein super Tipp in Business-Fragen. Viele erfolgreiche Frauen in den Vorständen und in der Politik verkleiden sich als Männer, indem sie Anzüge oder Kostüme tragen. Trotzdem werden auch diese Outfits immer noch öfter kommentiert als die von Männern: »Claudia Roth maßregelt AfD-Abgeordneten in einem moosgrünen Zweiteiler.«

Die Kleidung von Frauen ist IMMER Thema. Niemand würde sagen: »Horst Seehofer erklärt in einem mausgrauen Anzug, dass er immer noch keine Studie zum Rassismus in der Polizei in Auftrag geben will.«

Die einzige Frau, deren Outfit nicht mehr kommentiert wird, ist Angela Merkel. Nachdem ihr Look früher ständig thematisiert wurde, hört man dazu eigentlich gar nichts mehr. Es scheint fast so, als wäre ihr Abendkleid mit dem tiefen Ausschnitt, das sie 2014 trug, eine Art Höhepunkt der Kommentare gewesen. Danach schienen alle erschöpft zu sein. Jetzt redet niemand mehr über ihr Outfit. Sie ist wohl wirklich im Zentrum der Macht angekommen, und das, obwohl sie nicht

ICH WÜRDE JA NICHT MIT DER MARIANNE ZUSAMMENARBEITEN
BEI DER MUSS MAN ECHT AUFPASSEN!
ALSO ECHT..
UND WARUM GENAU?
JA DIE WILL KARRIERE MACHEN!?

einmal Brille trägt. Zurück zur »Cosmo@work«. Die empfahl Frauen nämlich nicht nur, Brille zu tragen, sondern auch das hier: »Legen Sie den Kopf schief, schauen Sie ihn mit großen Augen an, solange er hilft, Sie nach oben zu bringen. Dort angekommen, können Sie dann nach ihren eigenen Regeln spielen.«

»Cosmopolitan« meets »Bravo«. Bitte schön harmlos aussehen, damit Männer keine Angst bekommen. Nachher beißen die noch aus Versehen. Denn: »Männer agieren sehr archaisch und sind in Hierarchiefragen wie Tiere.« Der Klassiker, nicht nur in der »Cosmo@work«. Männer sind wie Tiere. Die können nix für ihr antisoziales Verhalten. Vielleicht sollte man an dieser Stelle aber mal kurz erwähnen, dass männliche Tiere, die in der Herde gehalten werden, sehr oft kastriert werden, damit sie sozialer agieren. Nur eine Idee ... Immerhin muss man ihr zugutehalten, sie agiert in einem Punkt sehr im Sinne der Gleichberechtigung: Die »Cosmo@work« hat ein mindestens genauso beschissenes Männerbild:

»Männer verstehen keine Ansagen durch die Blume, sie brauchen den Zaunpfahl direkt auf den Kopf. Seien Sie also präzise und konkret, so als würden Sie es Ihrem elfjährigen Sohn erklären.« Ich frage mich, ob so was überhaupt noch ernst gemeint ist. Wendet jemand diese Tipps an? »Leute, seitdem ich meinem Chef Gesichtswurst aufs Pausenbrot mache, läuft es super mit der Gehaltserhöhung ...«

TOXISCHE GESCHÄFTSBEZIEHUNG

Ich habe früher nicht nur schlecht verhandelt, sondern auch zu lange gebraucht, um mich von Strukturen zu lösen, die einfach still an meinem Erfolg mitverdient haben, ohne mich zu fördern. Und mich anfangs sogar dafür entschuldigt, wenn ich diese mal hinterfragt habe. Es haben wirklich Leute an mir sehr viel Geld verdient, von denen ich wusste, dass sie einfach alles scheiße fanden, was ich auf der Bühne machte. Ich habe das lange als so 'ne Art Mentorenfunktion gesehen, es muss ja jemanden geben, der mich auch kritisch sieht. Aber ich habe irgendwann gemerkt: Nein, da nutzt mich einfach jemand aus. Als meine Hallen und meine Crew immer größer wurden, wurde mir immer gesagt: Du bist ja größenwahnsinnig, du kriegst den Hals nicht voll. Sei doch demütig!

Ich war demütig, ich bin es noch, ganz sicher. Aber ich hatte lange und hart für diesen Erfolg gearbeitet und ich wollte ihn nutzen. In Wahrheit hat einfach jemand versucht, mich unter Kontrolle zu halten, aber trotzdem immer die Hand aufgemacht. Das wurde dann natürlich damit begründet, dass man mir den Weg bereitet, mich ja eigentlich erfunden hätte. Meine Kohle wurde sehr gerne genommen, aber meine Kunst vor anderen schlechtgemacht. Niemand hat mich erfunden. Es gab sicher immer Menschen, die mich inspiriert haben und von denen ich viel gelernt habe. Aber ich habe mich selbst erfunden. Oder meine Eltern haben mich erfunden. Das klingt sowieso besser als gezeugt ...

Ich erzähle das hier nicht, um mir 'ne Runde Mitleid abzuholen, ich bin da längst raus. Sondern ich erzähle das, weil ich schon mit so vielen Frauen gesprochen habe, die in einer ähnlichen Situation waren. Dass jemand sie kleingehalten hat. Sei es der Chef, der Geschäftspartner oder, nicht selten: der Lebenspartner. Ich habe das schon so oft gehört, und ich weiß, wie schwer solche Strukturen zu erkennen sind, wenn man tief drinsteckt. Aber ich sag euch: Es lohnt sich.

Mir wurde vorgeworfen, egoistisch zu sein und eben, wie gesagt: größenwahnsinnig. Ich habe irgendwann mit meiner Managerin Constanze eine eigene Firma gegründet, um selbst zu produzieren. Das hatte ich schon immer machen wollen, musste mich dafür aber erst von den alten Strukturen lösen. So was ist eigentlich daily business, meine männlichen Kollegen machen das alle schon jahrelang so.

Nachdem wir die Firma gegründet hatten, hieß es prompt unter Kollegen in der Branche: »Die Kebekus, die will nur noch mit Frauen zusammenarbeiten.« Aha. Wie kommen die darauf? Würde man so etwas sagen, wenn zwei Männer zusammen eine Firma gründen? »Ha, die Coen-Brüder, die wollen nur mit Männern arbeiten.« So eine Verbindung unter zwei Frauen gilt also auch schon als »Zuviel«, zu zweit nehmen wir jetzt natürlich schon das Doppelte an Platz weg. Es darf nie rauskommen, dass bei uns sogar nur Frauen arbeiten, sonst werden wir sicher bald vom Verfassungsschutz beobachtet.

Aber ich habe extrem lange gezögert. Ich wollte niemanden vor den Kopf stoßen, niemanden ausschließen. Wollte nicht kompliziert wirken oder machtgeil. Ich wollte nicht so wirken, als würde ich den Hals nicht vollkriegen. Woher kam dieses Gefühl? Auch hier gilt für Frauen anscheinend ein anderer Maßstab. Frau gründet eigene Firma: Die kriegt wohl nicht genug, geldgeiles Stück. Mann gründet eigene Firma: Super Geschäftsmann.

Wenn man gute Arbeit macht, dann sollte man doch auch selbst am meisten davon profitieren. Was ist daran falsch? Sowieso gelten im Bereich »Business« für Frauen so viele seltsame Gesetze.

Wenn man die ungerechte Bezahlung von Frauen und Männern anprangert, den Gender-Pay-Gap, dann heißt es nicht: Stimmt, richtig blöd, lasst uns mal dran arbeiten, das zu ändern, sondern es gibt Tausende von dämlichen Argumenten, warum man das Problem nicht als Gesellschaft lösen könne.

Meine tolle Kollegin Eva Schulz hat zum diesjährigen Weltfrauentag einen Ausschnitt gepostet[77], in dem die junge demokratische US-Abgeordnete Alexandria Ocasio-Cortez auf die Frage eines jungen Mädchens »What advice would you give to young girls of colour who want to get into politics?« antwortet: »Stop trying to navigate systems of power and start building your own power.« Wow. Eva stellt sich in ihrem Post vor, dass dieses Mädchen gerade genau diesen Rat befolgen wird und was wohl später aus ihr werden wird.

Nicht nur Deutschland, sondern die ganze Welt würde doch davon profitieren, wenn es mehr Frauen in hohen Positionen in Unternehmen und in der Politik gäbe.

Die deutsche Unternehmerin Tijen Onaran, mit der ich schon mehrere Male das Vergnügen hatte, sprechen zu dürfen, hat das Unternehmen »global digital women« gegründet. Ihr Ziel ist vor allem die digitale Vernetzung von Frauen. Außerdem berät Tijen verschiedene Unternehmen in Sachen Diversity, Digitalisierung und Community-Management und Inklusion. Von Diversität im Unternehmen profitieren am Ende alle. Trotzdem wird Tijens Arbeit ganz oft belächelt und sie hört Kommentare wie: »Das ist aber toll, dass Sie sich für das Thema so einsetzen.« Es klingt dann immer ein bisschen so, als würde sie Charity machen. So als wäre sie eine Greenpeace-Aktivistin, die irgendwo nach einer Ölkatastrophe Seemöwen sauber wäscht. Toll machen Sie das, wie Sie sich für die gute Sache einsetzen! Als wären Frauen eine bedrohte Tierart, die man retten muss und für die man Spenden einsammelt. Vielleicht sogar mit einem schönen Mitleid erregenden Logo, ein traurig dreinschauender BH vielleicht. Aber Tijen sammelt nicht für eine bedrohte Tierart, Herr Unternehmer, sie will für Sie Ihr Business profitabler machen!

Ich habe auch mit ihr über Gründerinnen gesprochen. Frauen gründen viel seltener Unternehmen als Männer. Liegt das daran, dass so ein Vorhaben für Frauen einfach als Lebensentwurf zu heikel ist? 70 % aller Start-ups, die in Deutschland gegründet werden, haben Männer gegründet. Frauen als Gründerinnen gibt es also viel seltener, und wenn, dann gründen sie oft mit Männern zusammen.[78] Tijen sagt aber, das größere Problem liege woanders: »Frauen fehlt es gar nicht unbedingt an Risikofreude, sondern an Kapital.«[79]

Die »FAZ« schrieb hierzu: »Mehr als ein Viertel der rein männlich geführten Jungunternehmen in Deutschland haben bislang mehr als eine Million Euro an Risikokapital von Investoren erhalten. Unter denen mit rein weiblichem Gründerteam kommen nur etwas mehr als 5 Prozent über diese Schwelle.«[80]

Das heißt nichts anderes, als dass die Menschen, die im Bereich Start-up investieren, eben lieber in Männer investieren. Und natürlich: Die meisten Investoren sind Männer. Wer hätte das gedacht. Aber, hey, die meisten Männer können ja auch nix dafür, dass es so ist. Hat sich auch keiner von denen ausgesucht, als Nutznießer des Patriarchats geboren zu werden. Ich glaube, darum reagieren auch so viele so empfindlich, wenn man auf solche Ungerechtigkeiten hinweist. Man kann ja persönlich nix dafür!

Frauen fällt es also schwerer, Geld für ihr Unternehmen zu sammeln. Wenn sie ihre Geschäftsidee groß denken und auch so vorstellen, unterstellt man ihnen eher eine gewisse Naivität und Unerfahrenheit. Bei Männern legt man so ein Engagement dann als weitsichtig und risikofreudig aus. Frauen stellen außerdem oft Unternehmen vor, die für Investoren nicht relevant scheinen, weil sie eher ein weibliches Publikum bedienen. Also so was wie Kosmetik oder Mode. Aber man kann auch damit erfolgreich sein, also was spricht dagegen, in ein Unternehmen zu investieren, das Lippenstifte verkauft?

Tijen möchte jetzt einen Risikokapitalfonds für frauengeführte Unternehmen gründen. Sie sammelt also Geld von Unternehmer*innen und privaten Investor*innen, und damit wird in frauengeführte Unternehmen investiert. Dafür wird sie immer noch belächelt, aber sie sagt, das ist keine Charity, sondern ein richtig gutes Business. Denn Start-ups von Frauen sind zumindest auf lange Sicht die erfolgreicheren! Die bringen es nämlich über einen Zeitraum von fünf Jahren im Schnitt auf 730 000 Dollar an Erlösen, Gründer dagegen kommen nur auf rund 660 000 Dollar.[81]

Die Boston Consulting Group fand in einer Studie heraus: Die globale Wirtschaft könnte um 3 % bis 6 % oder fünf Billionen Dollar (rund 4,5 Milliarden Euro) wachsen, würden Frauen zu gleichen Teilen wie Männer als Unternehmerinnen am Wirtschaftsgeschehen teilnehmen.

4,5 Milliarden! Das ist ... sehr viel Geld! Frauen und sowieso mehr Diversität zu fördern, ist also definitiv keine Charity, sondern sehr profitabel!

Wir sind also alle fähig, gute Geschäfte zu machen. Wenn wir Frauen es jetzt noch schaffen, unsere unsichtbare Verbindung zu nutzen, dann ist doch die Weltherrschaft nicht mehr weit weg. Nein, nein, keine Angst. Ich hab gar keinen Bock auf die Weltherrschaft, viel zu viel Orga. Aber so ein bisschen mehr Anteil an der Macht, an der Kapitalverteilung und an den Entscheidungen zu haben, ist doch schon 'ne gute Sache.

Wenn wir uns nur nicht immer so hart bekämpfen würden. Selbst unter Feministinnen wird sich gegenseitig bekriegt. Ich weiß auch, dass ich hier ganz sicher Dinge schreibe, die andere Feministinnen richtig blöd finden, die wiederum selbst von anderen Feministinnen blöd gefunden werden. Hier sind wir eben auch total vielfältig und sollten uns das doch auch zugestehen. Aber eigentlich ist doch unser Ziel dasselbe.

Wenn wir uns nicht selbst bekriegen, dann erinnern uns andere daran, das zu tun. Ich hatte mal ein Interview mit einem Journalisten, der sagte: »Katrin Bauerfeind macht jetzt auch was mit Feminismus. Was sagen Sie denn dazu?« Während er die Frage stellte, grinste er, und man sah ihm an, dass er der Meinung war, er hätte mit dieser Frage jetzt einen Bitchfight ausgelöst. »Was meinen Sie?«, habe ich dann zurückgefragt. »Na ja, die hat doch jetzt ein Buch geschrieben, da geht's jetzt auch humorvoll um so feministische Sachen, das ist doch eher Ihr Gebiet.« Er kam mir vor wie jemand, der den Gong im Ring geläutet hatte und sich darauf freute, wie ich Katrin jetzt in Ronda-Rousey-Manier auseinandernehmen würde. Haare ziehen, kneifen, das volle Programm.

Interessant. Er hatte also auch das Gefühl, es sei völlig klar, dass ich mich jetzt total aufregen würde, denn da würde ja eine andere Frau mein Revier beanspruchen. Außerdem glaubte er, die Frau, die humorvoll über Feminismus spricht, die gäbe es mit mir schon und mehr bräuchte man nicht. Und er dachte außerdem, ich wäre über Katrins Buch irgendwie sauer. Wie verrückt das ist. Erstens gibt es drölfzig wahnsinnig gute, schlaue feministische Autorinnen, die verdammt lustig schreiben, und warum sollte es auch anders sein? Dieses Thema kann doch nicht oft genug lustig beleuchtet werden. By the way, er meinte Katrins Buch »Und hinten sind Rezepte drin«. Übrigens ein großartiges Buch. Lest es bitte, schaut euch sowieso alles von dieser Frau an, sie ist toll.

7 MÄNNER-BÜNDE

KÖLSCH-KATHOLISCH

Meine Kindheit habe ich in Köln verbracht, ich bin also katholisch und Karnevalistin. Wir sagen immer, wir sind nicht römisch-katholisch, wir sind kölsch-katholisch. Das ist eine gemäßigte Form des Katholizismus und nicht wirklich kompliziert: Dabei lässt man einfach den Gottesdienst am Sonntagvormittag weg und geht direkt zum Frühschoppen. Der traditionelle Kölner Karneval und die katholische Kirche sind wohl die krassesten Endgegner für ein Mädchen. In beiden Vereinen kann man als Frau nicht wirklich weit kommen und auch nicht wirklich mitentscheiden. Und das einzig und allein wegen des Geschlechts. Zur Kirche kommen wir gleich noch ausführlich, erst mal beginnen wir mit meiner zweiten Konfession, dem Karneval.

Ich wollte schon immer gerne Mitglied in einem Karnevalsverein wie den Roten Funken werden, eine Uniform tragen und vielleicht sogar mal mit dem Rosenmontagszug mitgehen. Darum habe ich mit ungefähr zwanzig Jahren mal in Köln-Nippes im »Golde Kappes« ein Mitglied der »Nippeser Bürgerwehr«, oder der »Appelsinefunke«, wie wir in Köln sagen, gefragt. Die hatten dort immer ihren Stammtisch und ich bin einfach hingegangen und habe den Funken gefragt, ob ich mitmachen könne und was ich denn dann im Verein so alles machen könne. Insgeheim wollte ich Präsidentin einer Karnevalssitzung werden, aber das behielt ich erst mal für mich. Ich wollte ja nicht gleich mit der Tür ins Haus fallen. Der Funke gab mir lachend zur Antwort, dass ich als Frau in einem traditionellen Verein wie ihrem höchstens »das Pferd halten« dürfe. Seine Kumpels stimmten in das Gelächter ein. Ich war ein wenig verstört, denn bis dahin hatte ich diese seltsame mittelalterliche Frauenfeindlichkeit in Karnevalsvereinen überhaupt nicht wahrgenommen. Für mich hatte der Karneval immer etwas Warmes, Familiäres gehabt. Jetzt aber verstand ich so langsam, dass ich als Frau einfach ganz simpel ein minderwertiges Mitglied war. Genauso einen Moment hatte ich in der katholischen Kirche, als mir klar wurde, welches Frauenbild diese Kirche vermittelte und dass ich anscheinend nicht wirklich ins Bild passte.

Wer schon einmal auf einer traditionellen Sitzung in Köln war, der hat eine ungefähre Vorstellung davon, wie viele Frauen in so einem dreistündigen Programm vorkommen. Überraschung: gar keine. Oder Moment, stopp! Eine. Eine einzige. Die Schönste, die Beste, die Auserwählte: das Funkenmariechen natürlich. Das Tanzmariechen ist die einzige Frau, die in dieser Show mitmachen darf. Wenn mehrere Garden zu Gast sind, was leider immer der Fall ist, dann sind natürlich auch mehrere Funkenmariechen zu Gast. Aber glaubt mir, das war's. Das Festkomitee, der Präsident, der Elferrat, die schlecht gelaunte Sitzungskapelle. Alles Männer. Nicht selten über fünfzig, leicht übergewichtig und mit weißem Haar. Es gibt übrigens wirklich keine schlechter gelaunten Musiker als diese Sitzungskapellen. Die sitzen die ganze Zeit auf ihren Stühlen und hängen in den Seilen. Bei jedem Tusch, den sie spielen, scheinen sie sich selbst zu sagen: Boah, scheiße, schon wieder grade hinsetzen … Die Mitwirkenden dieser Sitzungen sind auch durch die Bank männlich. Die Bands, die Redner, das Dreigestirn und die Gardisten. Natürlich gibt es hier auch mal ab und zu weibliche Ausnahmen, aber diese Anzahl ist einfach nur verschwindend gering. Sogar die Rolle der Jungfrau im Dreigestirn ist von einem Mann besetzt. Auch das Funkenmariechen würde noch heute von einem Mann dargestellt werden, wenn das in den Dreißigerjahren nicht von den Nazis geändert worden wäre. Sehr frauenfreundlich, könnte man meinen, aber leider war das wohl eher der Homophobie der Nationalsozialisten zuzuschreiben.

Wenn auf so einer Sitzung dann mal eine Garde einmarschiert, was gut und gerne mal zehn Minuten dauern kann, dann sieht man einen riesigen Haufen Männer. Große, kleine, dicke, dünne, alte, junge … und ein Funkenmariechen. Strahlend wird sie vom Tanzmajor auf einer Hand über die Köpfe der Zuschauer hinweggetragen. Nachdem sich die Bühne mit Hunderten von Männern gefüllt hat und der Kommandant sich für die Einladung bedankt hat und alle Ehrenmitglieder mit Namen begrüßt wurden, fängt dann zum Glück irgendwann das Mariechen an zu tanzen. Sie ist die einzige Frau der Kompanie, das zeigt auch direkt, wie hart sie wohl trainiert haben muss, um diesen Platz zu bekommen. Wie viele andere Mädchen wohl traurig waren, weil sie nicht das Funkenmariechen geworden sind? Wie schön das wäre, wenn man hier mehrere Mariechen hätte, wie man sich gegenseitig anfeuern könnte und schon als kleines Mädchen Freundschaften fürs Leben schließen könnte. Aber nein. Bei dem Auswahlverfahren, wer denn nun das Funkenmariechen wird, entstehen sicher keine dicken Freundschaften, denn auch hier kann es nur eine geben.

Kommen wir jetzt zu einem anderen reinen Männerverein, der katholischen Kirche. Und beginnen wir mit den Frauen dort.

Maria kennt jede*r. Sie ist als Jungfrau in die Geschichte der Menschheit eingegangen oder zumindest in alle drei monotheistischen Weltreligionen. Dass Maria bis heute Jungfrau ist, ist übrigens typisch für unsere Gesellschaft: Alles, was mit Frauen und Sexualität zu tun hat, hängt als ewiges Stigma an dir. Fragt da zum Beispiel mal die »Wanderhure«. Die war nur im ersten Band Sexarbeiterin auf der Walz, aber den Titel »Wanderhure« hat sie bis Band 100 behalten. Oder Monica Lewinsky: einmal 'ne Affäre mit 'nem Präsidenten gehabt und zack, auf ewig die ausgestoßene intrigante Praktikantin. Lustig, wie in dieser ganzen Sache die beiden mehr oder weniger beteiligten Frauen, nämlich Monica Lewinsky und Hillary Clinton, den meisten Hass abbekommen haben. Lewinsky wurde dafür gehasst, den Präsidenten verführt zu haben, und Hillary Clinton dafür, dass sie ihren Mann nach dem Betrug nicht verlassen hat. Bill Clinton kam doch bei der ganzen Nummer ziemlich gut weg, oder? Aber ich schweife ab, zurück zu Maria.

Ansonsten ist Maria noch bekannt als die Mutter von Jesus. Und das ist ein Phänomen, das wahrscheinlich jede Mutter kennt, denn kaum hat man sich fortgepflanzt (oder wie es bei Maria war: *wurde* fortgepflanzt), verliert man automatisch seinen Vor- und Nachnamen und ist nur noch »die Mutter von«. Tja, und viel mehr gibt es über Maria laut der katholischen Kirche eigentlich auch nicht zu erzählen. Sie ist die jungfräuliche Mutter von Jesus. End of story. Vielleicht wäre es heutzutage noch interessant zu erwähnen, dass Maria eine der ersten Frauen war, die Probleme hatte, einen Platz zum Entbinden zu finden, obwohl schließende Kreißsäle vor 2000 Jahren eigentlich noch gar kein Thema waren. Man hielt es nicht einmal für nötig, sie in allen vier Evangelien zu erwähnen. Wozu auch? Theoretisch könnte man auch ohne Maria, also ohne Frauen, die perfekte Familie erschaffen. Vater, Sohn und Heiliger Geist. Einwandfrei! Doch dann ist irgendwem eingefallen, dass ja noch der Abwasch erledigt werden muss. Und der kleine Jesus will schließlich gehütet werden, und deswegen hat man letztendlich beschlossen, dass Maria mitmachen darf.

Aber wenn schon 'ne Frau in der göttlichen Familie, dann bitte jungfräulich und unbefleckt. Übrigens bezieht sich die Bezeichnung der »Unbefleckten Empfängnis« gar nicht auf die Empfängnis von Jesus, sondern von Maria.[82] Es geht also um Marias eigene Geburt, denn sie wurde unbefleckt, also befreit von der Erbsünde, geboren. Das heißt dann also, die Empfängnis von Jesus war durchaus ... befleckt. Maria hat sich also eventuell mit dem Heiligen Geist doch ordentlich gegönnt.

Wie traurig würden unsere Weihnachtsgottesdienste aussehen, wenn da nicht so eine kleine Maria vor der vermeintlichen Krippe knien würde? Und ist das Krippenspiel als solches nicht auch schon eine wunderbare Möglichkeit, den Grundstein für den Konkurrenzkampf zwischen kleinen Mädchen zu legen? Was Mariechen nicht lernt, lernt Maria nimmermehr. Und das Krippenspiel ist wirklich die beste Möglichkeit, um zu vermitteln: Es kann nur eine geben. Wer von uns hat nicht schon mit seinen Freundinnen im Kindergarten bis aufs Blut gekämpft, wenn es darum ging, wer dieses Jahr im Krippenspiel die Maria sein darf? Ich erinnere mich sogar, dass die Kindergärtner*innen jedes Jahr einen richtigen Spaß entwickelt haben, wenn sie uns in rheinischem Singsang wissen ließen: Naaaaaa? Wer wird wohl dieses Jahr die Maria sein? Ich hab da vielleicht schon eine Idee. Und bumms: Schon war die erste

Stutenbissigkeit in der Bärengruppe gesät. Denn es gibt im Krippenspiel tatsächlich nur eine einzige weibliche Rolle. Dafür aber acht männliche, wenn man Jesus mitzählt. Der wurde aber von keinem Kindergartenkind verkörpert, sondern von einer Babypuppe aus weichem Plastik. Einmal wurde sogar meine Puppe dafür genommen, na ja, immerhin ein bisschen Ruhm in der Familie. Was ich nie geschafft habe, das wünschte ich mir dann wenigstens für meine Puppe! Und es gab drei neutrale Rollen. Engel, Ochse und Esel. Nicht mal der Engel war weiblich, sonst hätte man zumindest noch eine zweite erstrebenswerte handlungstreibende Rolle mit einem Mädchen besetzen können. Nein, der Engel heißt Gabriel, daran ist nun wirklich nix zu rütteln. Zumindest in den Achtzigerjahren war das so. Also gab es nur die eine einzige weibliche Rolle: Maria. Dummerweise war aber die Hälfte der Bärengruppe Mädchen. Also was spielten wir Mädchen dann? Genau, ihr wisst es. Schafe. Jedes Jahr war ich ein gottverdammtes Schaf. Dafür hatte ich aber das beste Kostüm. Meine Mutter hat mir nämlich jedes Jahr ein echtes Schaffell auf den Rücken gebunden.

KIRCHE MACHT ZU

Und wer weiß: Vielleicht glaubt die Kirche ja wirklich fest daran, dass Frauen für führende Kirchenämter einfach nicht geeignet sind. Denn aktuell lassen sie ihren Laden lieber sterben, als ihn mal ein wenig zu reformieren. Von hundert Katholik*innen kamen 2018 gerade mal 9,3 zum Gottesdienst. Zum Vergleich: 1950 waren es noch fünfzig. Die Liveshows laufen einfach nicht mehr so gut. Viele sind zwar noch angemeldet, aber keine*r geht mehr hin. Fitnessstudios kennen das. Und wo wir gerade schon mal beim Fitnessstudio-Bild sind: Ja, auch die Trainer

STEPHAN IST JOSEPH, JONAS IST KASPAR, JOSHI IST BALTHASAR UND DIE HIRTEN SIND...
UND ANNA IST UNSERE MARIA!

werden langsam knapp. Die Zahl der Priesteranwärter ist nach einem Peak 1984 um 86 % zurückgegangen. Bei McFit würde man sagen: Wenn das so weitergeht, können wir den Laden nächstes Jahr dichtmachen.

Um es noch deutlicher zu sagen, und dazu möchte ich gerne Christiane Florin aus ihrem Buch »Weiberaufstand« zitieren: »Die würden eher ein Stück Holz weihen als eine Frau.«[83] Ja, die katholische Kirche hat ein besonderes Händchen dafür, ihre mittelalterlichen Ansichten dadurch zu äußern, dass sie Gegenstände bestimmten Menschen vorzieht.

Zum Beispiel wurde in diesem Jahr vom Vatikan noch einmal sehr deutlich gemacht, dass die Kirche auf keinen Fall homosexuelle Paare segnen darf. Allerdings hat man mit der Segnung von Tieren und Motorrädern kein Problem. In Köln wurde letztes Jahr sogar ein neues Gitter vor dem Dom gesegnet. Ein Gitter! Deutlicher kann die katholische Kirche ihre Menschenverachtung nicht machen. In der Erklärung hieß es, dass Homosexuelle würde- und respektvoll zu behandeln seien. Allerdings seien homosexuelle Handlungen »intrinsisch gestört«. Also aus sich heraus falsch und gestört. Ich bezweifle ja, dass man eine solche Beurteilung von jemandem hinnehmen sollte, der von der Materie einfach überhaupt keine Ahnung hat, aber hier das Fass über die gestörte Sexualmoral der Kirche aufzumachen, sprengt dann doch den Rahmen dieses Buches.

Man könne die Sünde nicht segnen, heißt es als Begründung. Aha. Die Sünde kann man nicht segnen, die Sünder aber schon? Denn die hat die katholische Kirche ja erwiesenermaßen zuhauf in ihren Reihen. Aber klar, mit Sünde sind hier ja die »sexuellen Handlungen von Homosexuellen« gemeint. Wobei die Kirche unter Homosexuellen vor allem schwule Männer versteht, auch hier sind die Frauen unwichtig. Und um die Sache mal beim

Namen zu nennen: Wer Analverkehr für Sünde hält, der hatte einfach noch nie gutes Gleitgel. Meine Meinung.

Aber sie segnen Hunde? Hunde bumsen Schienbeine und Sofakissen!

In Köln haben übrigens zahlreiche Gemeinden nach dieser Meldung ihre Kirchen mit großen Regenbogenfahnen geschmückt. Ein richtig schönes Signal. Überhaupt hat sich auch unter vielen Priestern sofort Widerstand gebildet und es wurde zum klerikalen Ungehorsam aufgerufen. Man würde trotzdem homosexuelle Paare segnen. Solche Meldungen machen einem dann doch Hoffnung. Aber vor allem Hoffnung für die vielen queeren Gläubigen. Ich kann mir kaum vorstellen, wie es ist, wenn man nicht nur von der Gesellschaft, sondern auch noch von dem eigenen Glauben abgelehnt wird. Tatsache ist, dass die Selbstmordrate unter queeren Jugendlichen vier- bis achtmal höher ist als die von Jugendlichen im Allgemeinen. Das alles kann nicht im Sinne von Jesus sein. Ende Mai 2021 gab es dann doch einen vermeintlichen Lichtblick. Das Kirchenrecht wurde reformiert und der Missbrauch von Kindern wurde nun auch nach kircheninternen Richtlinien strafbar. Vorher war sexuelle Gewalt an Kindern lediglich ein Verstoß gegen das Zölibat.

Aber die katholische Kirche hatte natürlich im Zuge dieser Reformen noch ein Schmankerl in petto. Denn es wurden weitere Straftaten in das Kirchenrecht aufgenommen. Auch die Weihe von Frauen steht nun unter Strafe und somit laut CIC auf derselben Stufe wie der Straftatbestand der sexuellen Gewalt an Kindern.

Es gibt Initiativen von Frauen, die sich nun schon seit mehreren Jahren für verschiedene Reformen und die Gleichberechtigung von Frauen in der Kirche einsetzen. Feministische Theologinnen zum Beispiel. Oder die Frauen von Maria 2.0. Eine Gruppe von gläubigen Frauen, die Reformen in der katholischen Kirche fordern. Folgende Dinge sollen sich laut Maria 2.0 ändern:

1. Frauen sollen Zugang zu allen Ämtern der Kirche haben
2. Aufhebung des Pflichtzölibats
3. Die umfassende Aufklärung von sexuellem Missbrauch durch Priester

Aus weltlicher Sicht sehr vernünftige Forderungen, die auch Männer mit einschließen.

Aber auch am Zölibat wird eisern festgehalten. Schließlich werden dadurch die Reichtümer der Kirche nicht an (offizielle) Nachkommen von Priestern vererbt. An der Aufklärung der Missbrauchsfälle in der katholischen Kirche und deren Vertuschung ist man augenscheinlich auch nicht interessiert. Nach über zehn Jahren gibt es jetzt erst die ersten Gutachten der einzelnen Bistümer. Von guter Aufklärung kann hier bei den meisten nicht die Rede sein. Ich frage mich immer, warum der Staat hier nicht einschreitet. Wir wissen doch alle genug über diesen Missbrauchsskandal, genügend Opfer haben ausgesagt, auch wenn die Dunkelziffer sicher höher ist. Außerdem gibt es Beweise dafür, dass verschiedene Bischöfe und Kardinäle zur Vertuschung einzelner Verbrechen beigetragen haben. Da stellt sich mir die simple Frage: Warum kommt da nicht die Polizei? Wenn wir doch alle diese offensichtlichen Hinweise haben? Man stelle sich vor, dieser Skandal würde sich bei Karstadt abspielen oder in sonst einem großen Unternehmen mit ähnlich vielen Angestellten und gesellschaftlicher Verantwortung. Wenn sich da rausstellen würde, die missbrauchen da die Kinder ihrer Angestellten, sagt der Staat da auch: Regelt das bitte intern?

Die Kirche hat lange genug bewiesen, dass sie nicht in der

Lage ist, diesen ganzen Skandal aufzuarbeiten, also wo ist die Politik?

Es war auch Anfang dieses Jahres überhaupt kein Problem, in Berlin auf Verdacht mehrere Moscheen zu durchsuchen, wegen angeblicher Veruntreuung von Coronahilfen. Also eine allgemeine Hemmung vor Ermittlungen in religiösen Häusern kann man dem Staat wohl nicht vorwerfen.

Kardinal Woelki hat im Erzbistum Köln das erste in Auftrag gegebene Gutachten der Münchner Kanzlei Westpfahl Spilker Wastl vor der Veröffentlichung zurückgehalten. Der Grund waren angebliche juristische Mängel. Aber der wahre Grund dürfte sein, dass in diesem Gutachten Ursachenforschung betrieben wurde. Niemand in der katholischen Kirche will hören, dass der strukturelle Missbrauch durch die patriarchalen Strukturen, das Pflichtzölibat, die fragliche Sexualmoral und die Überhöhung des Priesteramtes überhaupt möglich wurde. Wenn man sich dieser Aussage stellt, dann öffnet man die Büchse der Pandora, dann bräuchte es wirklich umfassende Reformen. Deshalb fasst man das nicht an und man schützt lieber die Täter als die Opfer.

Nachtrag: Im Jahr 2022 gibt es aber einen Lichtblick. Die Staatsanwaltschaft Köln ermittelt in zwei Fällen gegen Kardinal Woelki. In beiden Fällen geht es um den Verdacht der falschen eidesstattlichen Versicherung.

Es geht um zwei Pfarrer, denen sexueller Missbrauch vorgeworfen wird. In beiden Fällen behauptet Woelki, keine Hinweise auf die Verdächtigen erhalten zu haben. Ausschlaggebend für die Aufnahme der Ermittlungen gegen Woelki war übrigens die Aussage einer Frau.

Die frühere Sekretärin von Woelkis Vorgänger als Kölner Erzbischof, Kardinal Joachim Meisner, hat als Zeugin vor Gericht ausgesagt, sie habe schon 2011 mit dem damaligen Weihbischof Woelki über die umstrittenen Pfarrer geredet. Unter anderem habe sie ihm bei einem Telefonat erzählt, dass einer der Pfarrer mit Messdienern in die Sauna gehe und anzüglich gegenüber Jugendlichen sei.

Außerdem habe sie Woelki frühzeitig über Missbrauchsvorwürfe gegen den früheren Sternsinger-Chef Winfried Pilz informiert.

Ihre Aussagen wenden also nun das Blatt. Trotz Einschüchterungsversuchen gegen die ehemalige Mitarbeiterin des Erzbistums hält sie an ihren Aussagen fest.[84]

Die alten weißen Männer der Kirche lassen ihren Laden lieber vor die Hunde gehen, als nur ein bisschen moderner zu werden. Und mit moderner meine ich: als nur ein bisschen mehr nach dem Grundgesetz zu leben. Was man ja eigentlich von einer Institution erwarten könnte, die Steuern kassiert.

Die Frauen rund um Maria 2.0 haben zum ersten Mal 2016 zum Streik aufgerufen, um auf ihre Forderungen aufmerksam zu machen.

Denn Frauen sind das Rückgrat der katholischen Kirche:

Sie arbeiten als Religionslehrerinnen oder Mesnerinnen, sind Kirchenmusikerinnen und Anwältinnen in Kirchengerichtsverfahren, leiten Gottesdienste, teilen die Kommunion aus und beerdigen die Toten.[85]

Zudem sind 70 % aller Menschen, die ehrenamtlich in der Kirche tätig sind, Frauen. Sie dürfen also gerne beim Pfarrfest einen Kuchen backen und dem Priester die Klamotten rauslegen, aber ein richtiges Amt und eine Stimme bekommen sie nicht.

Die Forderungen von Maria 2.0 gingen übrigens auch ganz offiziell nach Rom. Und wie hat die Kirche reagiert? Richtig:

»Frauen in geweihten Ämtern, das geht leider nicht.« Hat der heilige Johannes Paul leider nach Rücksprache mit seinem Chef in seinem Apostolischen Schreiben schon gesagt: »Damit also jeder Zweifel bezüglich der bedeutenden Angelegenheit, die die göttliche Verfassung der Kirche selbst betrifft, beseitigt wird, erkläre ich kraft meines Amtes, die Brüder zu stärken (vgl. Lk 22,32), daß die Kirche keinerlei Vollmacht hat, Frauen die Priesterweihe zu spenden, und daß sich alle Gläubigen der Kirche endgültig an diese Entscheidung zu halten haben.«[86]

Die Kirche hat gar nicht die Befugnis, Frauen zu Priestern zu weihen. Aha. Und was befugt sie, Männer zu weihen? Aber ich weiß, einen Heiligen wie Johannes Paul hinterfragt man nicht, der hat ja auch schließlich so schlaue Dinge gemacht wie in Afrika Kondome gegen Aids zu verbieten.

Man könnte es auch kürzer mit den Worten von Kardinal Woelki sagen: »Die Debatte um das Priesteramt für Frauen ist definitiv abgeschlossen.«[87]

Basta, Schluss, aus, ab ins Bett.

Maria 2.0 rief also dazu auf, die Arbeit der Frauen in der Kirche ruhen zu lassen. Während des Streiks hielten die Frauen einen Gottesdienst vor der jeweiligen Kirche ab. Ein reich gedeckter Tisch, an dem jede*r Platz nehmen durfte und Frauen und Männer gleichberechtigt das Brot teilten und die Botschaft von Jesus verkündeten. So wie ich Jesus verstehe, war der ein absolut krasser Revoluzzer. Der hat sich nämlich einfach hingestellt und gesagt: Gott liebt alle Menschen, alle Menschen sind gleich. Crazy These, ich weiß. Und so weit weg von dem, was der Klerus heute so heftig zu verteidigen sucht.

Die Zahl der Menschen, die sich hinter die Bewegung Maria 2.0 stellen, wird jeden Tag größer. Diese Frauen kann keiner mehr aufhalten, diese Bewegung wird sich nicht wie eine Modeerscheinung irgendwann erledigt haben. Auch in Institutionen wie der katholischen Kirche wird sich diese Erkenntnis breitmachen. Auch wenn momentan unter den führenden Klerikern noch so agiert wird, als müsste man diese kurze Episode von »Frauenaufstand« einfach durchstehen, die Wahrheit wird eine andere sein.

Eine Christiane Florin, eine Maria Mesrian, eine Lisa Kötter und so viele andere zum Teil studierte Theologinnen wären den Bischöfen in Diskussionen intellektuell einfach haushoch überlegen, wenn sie sich ihnen denn stellen würden. Aber die wahren Mächtigen in der Kirche sind überhaupt nicht an einem Austausch mit den Frauen interessiert, sondern behandeln sie weiter wie minderwertige Gläubige.

Wenn man so abgefertigt wird, in jeder Diskussion vertröstet und nicht ernst genommen wird, warum treten diese Frauen nicht einfach aus der Kirche aus und lassen die Katholiken ihren Scheiß alleine machen? Also erst mal, das werden sehr viele Frauen sicherlich bald tun, aber eigentlich wollen die bleiben! Weil diese Frauen in ihren Gemeinden verwurzelt sind, weil sie ihren Glauben leben und er Teil ihrer Identität ist.

Warum lässt die Kebekus die katholische Kirche nicht einfach machen, was sie will?

Weil die Kirche in Deutschland der größte Arbeitgeber nach dem Staat ist. Das normale rechtsstaatliche Arbeitsrecht ist in kirchlichen Betrieben außer Kraft gesetzt. Wer zum Beispiel einen geschiedenen Partner heiratet, dem wird oft gekündigt. Auch bei einer zweiten Ehe folgt in katholischen Einrichtungen die Entlassung. Das ist keine Ausnahme, sondern die Regel.

Kündigung, weil man jemanden heiratet, der dem Arbeitgeber nicht passt? Das ist absurd. Da könnte VW seine Mitarbeiter auch kündigen, wenn die mit jemandem knutschen, der bei Mercedes arbeitet.

Da fragt man sich doch: Wie passt all das eigentlich in die moderne Welt? Natürlich gibt es da ab und zu skurrile Kollisionen. Im März 2020 hatte die Bonner Uni eine Theologie-Professur ausgeschrieben, die mit einem »geweihten Priester« besetzt werden sollte. Das kann die Kirche dank Verträgen mit dem Staat so bestimmen. Weil die Uni Bonn zurzeit sehr bemüht ist, allgemein weibliche Karrieren zu fördern, enthielt die Anzeige den Zusatz: »Einschlägig qualifizierte Frauen werden nachdrücklich zur Bewerbung aufgefordert.«[88]

Hahahahaha, ja, da hat man sich natürlich vertan und alle haben mal laut gelacht.

ARBEITSGESETZ IN DER KIRCHE

Die Kirche darf also einfach komplett nach ihren eigenen Arbeitsgesetzen handeln. Leute entlassen, die ihren religiösen Vorstellungen nicht entsprechen, zum Beispiel Homosexuelle, Wiederverheiratete usw. Die Kirche ist außerdem Wald-, Grund- und Immobilienbesitzer und macht mal eben 129 Milliarden Euro Gewinn im Jahr. Davon kann die gesamte deutsche Automobilindustrie nur träumen. Die nehmen zusammen 127 Milliarden Euro ein.[89]

Am Ende ist die Kirche also auch nur eine Firma. Aber halt eine mit religiösem Label.[90]

Nachtrag: Im Januar erschien in der ARD die Dokumentation »Wie Gott uns schuf – Coming out in der katholischen Kirche« von Hajo Seppelt, Katharina Kühn, Marc Rosenthal und Peter Wozny.

In diesem Film outen sich »hundert Gläubige im Dienst der katholischen Kirche«: Priester, Ordensleute, Gemeindereferentinnen, Bistums-Mitarbeitende, Religionslehrende, Erzieherinnen, Sozialarbeiter und andere.

Ihre Lebensgeschichten berühren die Menschen so stark, dass der Film bis Ende März 2022 die meistabgerufene Doku in der ARD Mediathek wird.

Geschildert wird in unterschiedlichen Situationen ein Leben in Angst und Zwang. Immer wieder kommen mir beim Anschauen die Tränen.

Sofort fragte sich jeder: Welche Konsequenzen werden die Teilnehmer dieser Doku von ihrem Arbeitgeber befürchten müssen?

Auf Wikipedia findet man folgenden Hinweis:

> »Mitte Februar veröffentlichten 11 Generalvikare deutscher Diözesen (Berlin, Essen, Hamburg, Hildesheim, Limburg, Magdeburg, Münster, Paderborn, Speyer und Trier sowie der deutsche Militärgeneralvikar) einen offenen Brief an den Vorsitzenden der Deutschen Bischofskonferenz, den Limburger Bischof Georg Bätzing, in dem sie einen Verzicht auf arbeitsrechtliche Konsequenzen für queere Angestellte der katholischen Kirche fordern, auch in sogenannten ›verkündigungsnahen Berufen‹ wie pastorale Mitarbeitende oder Religionslehrer und -lehrerinnen. Mehrere Bistümer hatten eine ähnliche Erklärung bereits vorher abgegeben oder ihren Angestellten mitgeteilt; weitere Bistümer gaben bekannt, künftig auf Kündigungen von Mitarbeitenden aufgrund von Geschlechtsidentität oder sexueller Orientierung oder bei Wiederheirat nach Ehescheidung zu verzichten.«[91]

Es gab also keine arbeitsrechtlichen Konsequenzen. Das hätte sich die katholische Kirche auch niemals leisten können. Der

Zuspruch von allen Seiten für die Initiative »Out in Church« war viel zu groß. Mehr noch: Der Druck wurde so groß, dass am 22. November 2022 die deutschen Bischöfe auf der Vollversammlung des »Verbands der Diözesen Deutschlands« eine novellierte Grundordnung des kirchlichen Dienstes verabschiedeten.

> »[...] wonach der ›Kernbereich privater Lebensgestaltung‹, insbesondere Beziehungsleben und Intimsphäre, rechtlicher Bewertung entzogen wird und Familienstand und Beziehungsleben weder bei der Einstellung noch bei der Kündigung kirchlicher Mitarbeitenden von rechtlicher Bedeutung sind. Weder das freiwillige Outing als bi-/homosexueller Mitarbeiter noch das Eingehen einer gleichgeschlechtlichen Ehe am Standesamt oder die Wiederheirat nach Scheidung sind ein Einstellungshindernis oder ein arbeitsrechtlicher Kündigungsgrund.«[92]

Da bleibt nur zu sagen: Halleluja! Das ist echte Veränderung!

Trotzdem bleiben die Kirchenaustritte ein gewaltiges Problem für das Unternehmen Kirche. Die kleinen Schritte, die die Kirche geht, sind den Menschen weiterhin zu wenig. Bleibt also die Frage:

Warum also lässt man so ein Unternehmen kaputtgehen? In Köln waren Anfang des Jahres Termine für Kirchenaustritte auf Monate im Voraus ausgebucht, die waren schwerer zu bekommen als ein Corona-Impftermin. Ich habe mal die Theorie gehört, dass der Weltkirche der Standort Deutschland relativ egal ist. Die sagen sich vielleicht: Leute, scheißt auf Deutschland, wir haben ja noch Afrika und Südamerika. Und Polen. Da sind wir immer noch total gut gelitten. Dann könnte man ja auch sagen, ja, komm, dann ist mir die Kirche auch egal. Sollen die machen, was sie wollen, in Afrika, in Südamerika. Aber es kann doch niemand wollen, dass dieses katholische misogyne Frauenbild als Vorbild für irgendeine Nation in der Welt gilt, um ihre eigene Frauenfeindlichkeit zu egalisieren. Nur der Vollständigkeit halber: Natürlich ist die katholische Kirche nicht die einzige Religion mit fragwürdigem Frauenbild. Da geben sich eigentlich alle die Klinke in die Hand, selbst der Buddhismus. Diese katholische Problematik betrifft aber mich ganz persönlich, weil ich als Katholikin aufgewachsen bin. Darum spreche ich hier darüber. Mir wird oft vorgeworfen, ich würde mich nicht trauen, dieselbe Kritik an anderen Weltreligionen zu üben. Ich finde aber, ich muss über die katholische Problematik reden können, ohne alle anderen frauenfeindlichen Strukturen der Welt mit zu besprechen. Ich will ja auch über Kartoffelpüree reden dürfen, ohne erst mal alles zu erwähnen, was man sonst noch pürieren kann.

Die Frage ist doch, wie kann ich heute eine moderne, unabhängige Frau und gleichzeitig Mitglied der katholischen Kirche sein? Für mich ist das übrigens eine sehr persönliche Frage. Ich bin aus der Kirche ausgetreten, weil ich das vor mir selber nicht mehr rechtfertigen konnte, Mitglied zu bleiben. Nach dem Kölner Karneval ist die Kirche die zweite große Institution in meinem Leben, die mich als Kind so stark geprägt und als Frau so krass enttäuscht und abgewertet hat. Aber ich bin katholisch getauft und fühle mich immer noch als Christin. Ich kann diese Verbundenheit mit der Gemeinde und dem Glauben, die die Frauen von Maria 2.0 antreibt, absolut nachvollziehen! Für mich ist es ein riesiges Rätsel, warum man nicht das Engagement dieser Frauen nutzt! Die Firma geht den Bach runter, und da stehen schlaue, hochintelligente, studierte Frauen voller Liebe für ihre Kirche und wollen helfen! Man kann es nicht besser beschreiben als Christiane Florin: »Die selbstverständlichen Benachteiligungen, die Ignoranz, die Arroganz, die sich als Demut tarnt, das Nicht-ernst-nehmen, nur weil das Gegenüber eine Frau ist. Würde man so handeln und reden, weil dies Gegenüber eine dunkle Hautfarbe hat, dann wäre man Rassist. Handelt und redet man so, weil das Gegenüber eine Frau ist, was ist man dann? Katholisch?«[93]

Es bleibt also die alte und immer wiederkehrende Frage zu klären: Warum haben diese Männer so eine riesige Angst vor Frauen? Was ist diese unsichtbare Macht, die von uns auszugehen scheint, vor der sie sich schützen müssen?

Wirklich immer noch die alte Leier von der Sünde und der Macht der weiblichen Sexualität? Seid ihr alle wirklich immer noch im Erbsünden-Game, Leute? Ernsthaft?

Wie absurd, dass ein Ort, den wir alle so gut gebrauchen könnten, ein Ort der Liebe und der Begegnung, sich so furchtbar und menschenfeindlich verhält.

Wenn die Kirche endlich für Frauen Platz freiräumt, wenn Frauen nicht mehr nur Schafe, sondern auch Hirtinnen sein dürfen, nur dann hat sie eine Überlebenschance.

Sicher ist auf jeden Fall eins: Würde die Grande Dame der Katholik*innen, die Muttergottes persönlich, heute der Kirche beitreten, wäre auch sie keine katholische Pfarrerin, sondern würde den Kuchen fürs Pfarrfest backen.

8 WIR LEBEN IM PATRIARCHAT

EHENAMEN

Wenn eine Frau und ein Mann heiraten und es keinen gemeinsamen Ehenamen gibt, sondern die Frau ihren Mädchennamen behält, dann gibt es immer jemanden, der sagt: Uiuiui, da steht aber einer unterm Pantoffel. Die lässt sich aber nix sagen.

Dabei haben BEIDE ihren Namen behalten, absolut gleichwertig.

Erst seit 1991 dürfen Frauen ihren eigenen Namen in der Ehe übrigens behalten.

Vorher war es zwar erlaubt, dass der Nachname der Frau als gemeinsamer Ehename geführt wurde, aber wenn sich ein Paar hierüber nicht einig wurde, dann musste der Name des Mannes eingetragen werden. Im Zweifel also für den Mann.

Die »Emma« schrieb damals zu der Gesetzesänderung:

> »Noch bei der Namensrechtsänderung 1976 hatten auch sozialdemokratische Politiker im Rechtsausschuss ernsthaft diskutiert, ob man Ehepaaren, die sich nicht für einen gemeinsamen Namen entscheiden können, die Heirat nicht einfach verbieten sollte, da sie offensichtlich noch nicht reif für die Familie seien.«[94]

Der eigene Name gehört doch nicht nur zu unserer Identität, sondern macht einen als Menschen auch noch mal ganz offiziell anders sichtbar. Aber in dieser Hinsicht galt für Frauen ein anderes Recht.

Eigentlich verstieß die Regelung »Im Zweifel der Name vom Mann« gegen das Gleichheitsgebot der Verfassung. Wurde aber mit dem »gesellschaftlichen Usus« begründet.

In einem Fachkommentar zum Bürgerlichen Gesetzbuch (BGB) hieß es: »Der Frau ist ein Namenswechsel im Zweifel eher zumutbar, da sie als die zumeist Jüngere vor der Heirat weniger lang im Berufsleben stand, nachher zur Versorgung der Kleinkinder oft einige Jahre aus dem Beruf ausscheidet sowie überdies in ihm häufig weniger hohe Positionen einnimmt als im Durchschnitt der Mann.«[95]

Das heißt doch: Das machen wir so, weil wir die Frauen eh schon ungerecht behandeln, da können wir noch was draufpacken. Fällt da nicht so auf.

MÄNNERPARKPLÄTZE

Wenn ich irgendwo etwas zur Ungleichbehandlung von Frauen sage, bekomme ich oft als Reaktion: So ein Quatsch, es ist doch schon alles gleichberechtigt! Im Gegenteil, Frauen bekommen doch sogar viel mehr! Ihr kriegt nur den Hals nicht voll! Letztens hat jemand als Beispiel dafür, dass Frauen ja schon viel privilegierter wären, gesagt: Ihr habt ja schließlich Frauenparkplätze! Dann will ich jetzt auch Männerparkplätze! Das wäre Gleichberechtigung.

Auch so ein fantastischer Kommentar. Gleichzeitig traurig und lustig. Das klingt ja so, als würde dieser Mensch ernsthaft denken, Frauenparkplätze wären dafür da, dass Frauen schneller einen Parkplatz finden und nicht so lange suchen müssen. (Hier bitte selbstständig einen Witz einfügen mit den Bausteinen: »Die sind breiter« und »Frauen können nicht einparken«.) Klar ist der Typ dann sauer! Ich suche hier stundenlang einen Parkplatz, und die Weiber, die haben einfach ihre Spezialplätze! Ungerecht!

Natürlich gibt es Frauenparkplätze aber, weil Frauen leider öfter Opfer von Gewaltverbrechen werden. Die für sie gekennzeichneten Parkplätze sind besser beleuchtet und näher am Ausgang. Mehr nicht. Es gibt sogar nicht mal eine gesetzliche Regelung, die Männern verbietet, auf diesen Plätzen zu parken. Das sind lediglich Empfehlungen. Man fragt also nett die Bevölkerung, hey, lasst doch die Frauen hier am Eingang parken, dann werden in diesem Parkhaus weniger vergewaltigt, okay? Da muss man schon sehr speziell drauf sein, wenn man auf diesen Vorschlag sagt: NEIN! Ich fühle mich dadurch diskriminiert! Ja, gut, du darfst da aber auch parken, das ist kein Gesetz. NEIN! Ich will, dass die Schilder wegkommen! Übrigens genauso geschehen, 2019 in Eichstätt. Ein Student hat dort gegen die Stadt geklagt, weil er sich durch die ausgeschilderten Frauenparkplätze auf einem öffentlichen Parkplatz diskriminiert fühlte.

Die Stadt hatte die Parkplätze für Frauen übrigens auf diesem Parkplatz 2016 eingerichtet, weil dort eine Frau vergewaltigt worden war. Das versuchte nun die Stadt dem Studenten zu erklären, aber der beharrte darauf, dass hier der Gleichheitsgrundsatz verletzt werde. Die Existenz dieser Parkplätze seien diskriminierend gegenüber Männern und würden die Frauen privilegieren.

Und natürlich hat er recht! Nicht vergewaltigt zu werden, ist tatsächlich ein absolutes Privileg. An jedem Tag, an dem ich nicht vergewaltigt werde, gehe ich fröhlich ins Bett. JEDE*R sollte dieses Privileg genießen dürfen. Wenn man also diese Parkplätze abschaffen würde, hätten Frauen und Männer endlich wieder die gleichen Chancen, vergewaltigt zu werden? Ja, Leute, Gleichberechtigung kann hart sein. Die Stadt hat sich dann mit dem Kläger außergerichtlich geeinigt und die Beschilderung der Frauenparkplätze geändert, sodass jetzt deutlich zu sehen ist, dass es sich hier nur um eine Empfehlung handelt. Es kann also, wie vorher auch, jeder Parkende selbst entscheiden, ob er selbst dort parkt oder eine Frau dort parken lässt. Streng genommen sind Männer tatsächlich öfter Opfer von Gewaltdelikten als Frauen, aber weniger von sexualisierter Gewalt betroffen: Bei Vergewaltigungen sind die Opfer zu 99,1 % bis 100 % Frauen.[96]

Schlimm wäre es, wenn das Schild und die Bezeichnung »Frau« jemanden ausschließen würden, die*der sein Geschlecht nicht als männlich oder weiblich beschreiben würde und sich in so einer Situation auf dem Parkplatz extrem bedroht vorkäme. Man hätte also das Schild ändern können in: »Hier darf jede*r parken, die*der Angst vor einer Vergewaltigung hat.«

Grundsätzlich sind mir Leute ja sympathisch, die auf Diskriminierungen und Ungerechtigkeiten aufmerksam machen. Aber hier geht es ja nur vordergründig um Gleichberechtigung. Er ist übrigens Jurastudent und, Achtung!, ich wage es jetzt mal, ihm etwas zu unterstellen, das man sehr vielen Opfern in der #MeToo-Debatte unterstellt hat: Wollte er etwa nur Aufmerksamkeit? Unter allen Ungerechtigkeiten, die ihm in seinem Leben begegnet sind, ist das die eine, die er zur Anzeige bringt? Da ist für ihn der Punkt erreicht, an dem er sich einen Anwalt nimmt und Klage einreicht? Vor Gericht geht und diese ganze bescheuerte Prozedur auf sich nimmt und die viele Zeit investiert? Hat dieser Mensch um Gottes willen nichts Besseres zu tun?

Das Beste an der Geschichte ist übrigens: Der Mann kommt nicht mal aus Eichstätt. Er wohnt da nicht und arbeitet nicht dort. Er selbst hat also nicht mal einen Vorteil von dieser ganzen Sache! Abgesehen natürlich von öffentlicher Aufmerksamkeit.

Was ist also wirklich sein Problem? Warum fühlt er sich als Mann von einer Maßnahme, die Frauen schützen soll, so immens belästigt?

Es ist ja in vielen Bereichen so, wenn jemand eine Ungerechtigkeit anprangert und Gleichberechtigung anstrebt, wird demjenigen eine noch viel größere Ungerechtigkeit vorgeworfen. So argumentieren auch oft Rechte, wenn irgendwo über Diskriminierung diskutiert wird. Dann wird behauptet, diese Diskriminierung gäbe es ja gar nicht, es wäre also unnötig, darauf hinzuweisen. Gleichzeitig wird dann unterstellt, man wolle sich damit nur selbst in den Vordergrund stellen.

FRAUENWAHLRECHT

Vor der Einführung des Frauenwahlrechts haben die Gegner (Frauen wie Männer übrigens) gesagt: Lasst die Frauen nicht wählen, denn die können das nicht. Bevor das Wahlrecht für Frauen 1918 eingeführt wurde, stritt man sehr viele Jahre darum. 1912 gründete sich sogar der »Deutsche Bund zur Bekämpfung der Frauenemanzipation«.

Wie man sich so dafür ins Zeug legen kann, dass andere Menschen ein Privileg, das man selbst genießt, NICHT bekommen sollen, obwohl man selbst davon überhaupt keinen Nachteil hat und das eigene Privileg nicht im Geringsten an Bedeutung verliert, das will mir einfach nicht in den Kopf. Ähnlich übrigens wie bei der »Ehe für alle«. Was wird denn an deiner Ehe schlechter, nur weil andere auch heiraten dürfen? Wo ist das Problem? Warum wird es Regenbogenfamilien so wahnsinnig schwer gemacht? Hat nicht jeder Mensch das Recht darauf, eine Familie zu gründen? Sollte nicht jeder Mensch den Zugang zu reproduktiver Medizin haben?

Dieser »Deutsche Bund« sowie zahlreiche andere Gegner des Frauenwahlrechts brachten so schöne Argumente vor wie: Frauen sind zu dumm zum Wählen! Sie gingen sogar so weit zu sagen: Wenn man Frauen wählen lässt, dann wählen die Quatsch, weil die wissen ja nicht, was sie tun! Der ganze Staat könnte zusammenbrechen. Funfact an dieser Stelle: Es haben übrigens mehr Männer Hitler gewählt als Frauen.[97] Oder, der Klassiker: Frauen sind einfach zu emotional zum Wählen. Gut, das Argument lass ich gelten. Ich bin auch immer hochemotional, bei jeder Wahl! Heulend steh ich meistens an der Wahlurne. Ich kann mich nie entscheiden! Diese vielen schönen Farben. Können nicht alle gewinnen? Ich hab alle gleich lieb ...

VERGEWALTIGUNG IN DER EHE

Jetzt könnte man sagen: Puh, gut, dass wir nicht mehr in dieser verrückten Zeit leben, das ist schließlich über hundert Jahre her! Aber wird nicht heute immer noch genau wie vor hundert Jahren argumentiert, wenn ein Gesetz zugunsten von Frauen geändert werden soll? Dann werden jedes Mal Stimmen laut, die sagen: Gebt den Frauen bloß nicht dieses Recht, die können damit nicht umgehen! Die muss man im Zaum halten. Den Eindruck hatte man bei der Diskussion um den Ehenamen genauso wie bei der, ob die Vergewaltigung in der Ehe strafbar sein sollte. Seit 1997 ist dieses Verbrechen nun eine Straftat. Zwanzig Jahre lang haben Politiker*innen dafür gekämpft, und durchgesetzt wurde es 79 Jahre nach der Einführung des Frauenwahlrechts. In dem Jahr wurde ich 17 Jahre alt.

Als Vergewaltiger bestraft wurde vor 1997 in der Bundesrepublik nur, wer sein Opfer mit Gewalt zum »außerehelichen Beischlaf« zwang. Der Zwang zu den »ehelichen Pflichten« konnte also gar kein Zwang in diesem Sinne sein und somit kein Verbrechen. Die Ehefrau war lange also sozusagen ein Stück des Besitzes ihres Ehemannes. Sie gehörte zum Inventar und hatte zu gehorchen. »Die Frau genügt ihren ehelichen Pflichten nicht schon damit, dass sie die Beiwohnung teilnahmslos geschehen lässt. Wenn es ihr infolge ihrer Veranlagung oder aus anderen Gründen, zu denen die Unwissenheit der Eheleute gehören kann, versagt bleibt, im ehelichen Verkehr Befriedigung zu finden, so fordert die Ehe von ihr doch eine Gewährung in ehelicher Zuneigung und Opferbereitschaft und verbietet es, Gleichgültigkeit oder Widerwillen zur Schau zu tragen.«[98]

So beurteilte der Bundesgerichtshof 1966 den Beischlaf noch als eheliche Pflicht. Es reichte jedoch nicht, sich zu fügen, sondern Frauen mussten auch noch Engagement zeigen. Einfach nur aushalten galt also schon als Brechung dieser Pflicht. Das Wort »Opferbereitschaft« im Zusammenhang mit Sex ist, wenn es nicht um einen bestimmten Fetisch geht, einfach nur schrecklich. Du hast ihn doch geheiratet! Das musst du auch aushalten. Man konnte zwar den Beischlaf mit der Ehefrau, sollte diese sich weigern oder »unengagiert« bei der Sache sein, nicht einklagen, aber in der Schuldfrage bei einer Scheidung konnte man sich darauf berufen.

Übrigens gibt es bei unseren Nachbarn in Frankreich immer noch die Frage nach der Schuld im Falle einer Scheidung. 2019 wurde einer Frau die alleinige Schuld am Scheitern der Ehe zugesprochen, weil sie den Sex mit ihrem Ehemann verweigert hatte.

> »Das Gericht in Versailles war 2019 jedoch im Scheidungsprozess zur Ansicht gelangt, laut ihrem Eingeständnis habe sie ›in schwerer und wiederholter Weise ihre ehelichen Pflichten in einer Art und Weise verletzt, die ein weiteres Zusammenleben (für ihren Gatten) unannehmbar gemacht‹ habe.«[99]

In Frankreich ist die Ehe also noch eine sexuelle Leibeigenschaft. Ist das wirklich unsere Realität, mitten in Europa?

Wie absurd es für manche Männer bis vor Kurzem noch schien, dass ein Ehemann in Deutschland, der einfach nur sein eheliches Recht bei seiner Frau einfordert, dafür bestraft wird, zeigen verschiedene Aufzeichnungen männlicher Reaktionen aus den Achtzigerjahren bis 1997.

Unfassbar ist aus heutiger Sicht zum Beispiel ein Video aus dem Bundestag aus dem Jahr 1983.[100] Petra Kelly von den Grünen fragte damals Detlef Kleinert von der FDP, ob er dafür sei, dass die Vergewaltigung in der Ehe ins Strafgesetzbuch aufgenommen wird. Seine Antwort war ein laut gebelltes: »Nein!« Fast noch schlimmer als seine hingerotzte Antwort ist das laute Gelächter, das diesem Nein folgte. Nicht nur Kleinert, sondern gefühlt der gesamte Bundestag lachte laut und hämisch über diese lächerliche weibische Forderung. Es läuft einem wirklich kalt den Rücken runter, wenn man sich diese Reaktionen anschaut.

»Mit uns nie«, hatte Edmund Stoiber dann sieben Jahre später bei den Koalitionsverhandlungen erklärt, als nun FDP-Politiker vorschlugen, die Vergewaltigung im Ehebett zu bestrafen. Sehr katholisch. Die katholische Kirche hat in ihrer Vorstellung von den »ehelichen Pflichten« übrigens auch eine eigene Interpretation.

> »Die Fähigkeit zum Vollzug des ehelichen Beischlafs ist eine Voraussetzung für die Gültigkeit der katholischen Ehe. Nach der Rechtsprechung der Rota Romana wird die Ehe dann gültig vollzogen, wenn mit der Kopulation ein Samenerguss verbunden ist. Eine totale Penetration des männlichen Gliedes in die Scheide der Frau ist nicht zwingend gefordert. Es reicht, dass der Mann wenigstens ›auf irgendeine Weise, wenn auch unvollkommen‹ in die Scheide eindringt und unmittelbar in ihr einen wenigstens teilweisen Erguss auf natürliche Weise erbringt.«[101]

Wow, das klingt wahnsinnig sexy. Klar, vollzogener Sex ist nur, wenn der Mann kommt. Wir Frauen sind mal wieder scheißegal. Die Anzahl der Frauen, die tatsächlich überhaupt beim Sex einen Orgasmus haben, ist erschreckend gering. Gut, die Kompetenz auf diesem Gebiet bei der katholischen Kirche zu suchen, ist mehr als fraglich.

Aber auch jüngere Diskussionen um Gesetzesreformen laufen immer noch ähnlich ab. Immer wieder müssen Frauen beweisen, dass sie mündige Wesen sind, und sich immer wieder neu erklären, warum sie besonderer Gewalt ausgeliefert sind und darum besonderen Schutz brauchen. Wir dürfen zwar wählen, arbeiten, eigene Konten haben und in der Ehe nicht mehr vergewaltigt werden, aber einige Baustellen gibt es dennoch.

Das Sexualstrafrecht in Deutschland war bis zur Änderung 2016 sehr verbesserungswürdig. Dass es endlich reformiert wurde, lag nicht etwa an dem jahrelangen Kampf von Frauen und ihrer Forderung »Nein heißt nein«, sondern Auslöser der Reform war die schreckliche Silvesternacht 2015/16, in der bei der Polizei in Köln über 1000 sexuelle Übergriffe auf Frauen angezeigt wurden. Die meisten davon geschahen im und am Kölner Hauptbahnhof und wurden meist aus Gruppen heraus begangen. Frauen wurden begrabscht, bedrängt, genötigt und vergewaltigt. Zu diesem Zeitpunkt war sexuelle Nötigung, wie etwa begrabschen, nicht strafbar. Auch das Überraschungsmoment, das die Täter nutzten, wurde den Frauen im Nachhinein zum Verhängnis. Denn wenn du nicht darauf vorbereitet bist, dass dir gleich jemand in die Hose greift, dann hast du keine Zeit, dich zu wehren. Und nur, wenn du dich gewehrt hast, war die Tat strafbar. Das ist zwar sehr vereinfacht gesagt, aber im Ergebnis war es so. Erst wenn du dich mit Händen und Füßen oder Schreien gewehrt hast, dann wusste auch der Täter: Ach so, die will gar nicht, dass ich ihr einfach in die Hose fasse. Hatte die Frau aus Schock oder eben Überraschung gar nicht reagiert oder einfach nur ganz simpel »Nein« gesagt oder hatte sie einfach nur still geweint, dann konnte man von den Tätern nicht erwarten, dass sie die Ablehnung verstanden haben. Das muss man sich mal vorstellen. Das Nein einer Frau hat nicht ausgereicht. Also konnte man die Täter auch nicht verurteilen. Jedes Mal, wenn es um ein Sexualdelikt geht, hat man das Gefühl, der Frau wird grundsätzlich erst mal eine gewisse Mitschuld unterstellt. Hast du auch wirklich deutlich gesagt, dass er dir nicht in die Hose fassen soll? Oder das alte Klischee: Du hattest ja auch einen ganz schön kurzen Rock an, kein Wunder, dass dir da Männer an den Arsch fassen wollen. Was viele immer noch nicht verstehen wollen: Selbst wenn ich nackt über die Straße gehen würde, hätte immer noch niemand ein Recht darauf, mir den Finger in den Arsch zu stecken!

Aus einer Art Übersprungshandlung heraus wurde nach den Übergriffen der Silvesternacht von unserer Oberbürgermeisterin Frau Reker gefordert, dass es einen »Verhaltenskatalog« für Frauen bei solchen Großveranstaltungen geben sollte. Wir sollten die viel zitierte »Armlänge Abstand« halten.

Warum sind es die Opfer solcher Gewaltdelikte, die ihr Verhalten ändern sollen, und nicht in erster Linie die Täter? Wir Frauen verhalten uns doch schon immer extrem präventiv:

Wir gehen nicht im Dunkeln alleine nach Hause. Wenn es aber nicht zu vermeiden ist, wechseln wir die Straßenseite, sobald uns eine Gruppe Männer oder auch nur ein einzelner Mann entgegenkommt. In der Manteltasche haben wir unseren Schlüsselbund fest in der Faust und zwischen jedem Finger ragt einer der Schlüssel wie ein Messer hervor. Wir tun so, als würden wir mit unserem Freund telefonieren, der uns angeblich entgegenkommt. Wenn meine Freundin Milena und ich in der Dunkelheit von der Ballettschule mit den Fahrrädern über einen stockdunklen Feldweg nach Hause fuhren, unterhielten wir uns extra lautstark darüber, wie cool es war, dass wir eben beim Kung-Fu-Training gelernt hatten, wie man mit einer Handbewegung einen Hodensack vom Körper trennt. Wir senken den Blick in der Bahn, wenn uns ein Mann herausfordernd anschaut. Auf Catcalling versuchen wir gar nicht zu reagieren, denn wir alle wissen, wie schnell aus einem »Hey, Baby, du bist wunderschön« ein »Fick dich, du dumme Fotze« wird. Auf Catcalling gibt es sowieso kein wirklich adäquates Verhalten. Natürlich ist das auch kein Balzverhalten, sondern eine Machtdemonstration. Es wird doch auch nicht wirklich von uns erwartet, dass wir auf ein »Hey, Baby!« sagen: »Oh, ja! Meinst du etwa mich? Bin ich etwa das Baby? Bin ich das Baby? Danke, Süßer!« Nein, wir machen gar nichts. So zu tun, als hätten wir nichts gehört, ist eines unserer größten Talente. Gar nicht zu reagieren, will übrigens gelernt sein, denn wenn auf ein »Baby, du bist wunderschön« nichts kommt, ist man, wie bereits erwähnt, innerhalb von 'ner halben Sekunde die »arrogante Hure«.

Es gibt also so viele Situationen, in denen wir krampfhaft versuchen, dem »internen Verhaltenskatalog für Frauen zur Vermeidung unangenehmer Situationen« zu folgen, aber es dennoch nicht richtig machen können. Jede Frau kennt diese Situationen, sie waren schon immer da, und ich glaube, die wird es immer geben.

Klassisches Beispiel, das ich immer erzähle, um die Fallstricke dieses Verhaltenskatalogs zu verdeutlichen, ist Folgendes. Wenn ich auf Tour bin, dann habe ich früher nach meinen Shows noch Autogramme gegeben. Ich habe damals noch vor 500 bis 1000 Zuschauer*innen gespielt, das war alles noch händelbar. Also kamen meine Tourbegleiterin und ich mit allem Drum und Dran so ungefähr gegen Mitternacht im Hotel an. Die folgende Situation hat sich so oder so ähnlich einige Male abgespielt. Ich stehe alleine mit meinem Koffer im Aufzug. Ich hab zwar meine gemütlichen Chillerklamotten an, aber meine Haare sind vom Auftritt noch top gestylt und auch mein Make-up ist noch eher Bühnen- als Fahrstuhl-kompatibel. Auf dem Weg zu meiner Etage hält der Aufzug aber erst mal im ersten Stock, wo sich auch die Bar des Hotels befindet. Die Tür geht auf, und ein Mann mittleren Alters, leicht angetüdelt, mit gelockerter Krawatte steigt zu mir in den Aufzug. Sieht alles nach Versicherung aus, bestimmt hatte er mit seinen Kollegen ein Seminar in dem Hotel, war danach an der Bar richtig krawallig drauf und hat sich zwei Weizen reingeschraubt. In dieser Stimmung steigt er also in den

Fahrstuhl. Als Frau hast du binnen Millisekunden diese Situation gescannt. Und du weißt ganz genau, gleich kommt's. Gleich kommt der Moment, in dem er etwas sagt. Eigentlich kann man runterzählen. 3 … 2 … 1 … und da ist es schon: »Hallo, schöne Frau!« So. Jetzt hast du als Frau mehrere Möglichkeiten, alle eigentlich beschissen. Entweder du sagst gar nichts und läufst Gefahr, dass die Stimmung bis in den zehnten Stock ungemütlich wird. Oder du antwortest irgendwie freundlich, gehst dann aber das Risiko ein, dass er das eventuell als Interesse deutet und sich eingeladen fühlt, noch etwas weiterzugehen. Ich habe mich meistens dazu entschlossen, ganz höflich und möglichst neutral zu sagen: »Guten Abend.« Die Antwort: »Ooohohoooo, da ist aber jemand schlecht gelaunt!« Also bin ich plötzlich diejenige, die hier für die schlechte Stimmung verantwortlich ist. Dabei hat er mich doch dumm von der Seite angelabert und wird jetzt auch noch ekelhaft übergriffig, indem er mir schlechte Laune vorwirft. Als wäre ich ein ungezogenes Gör. Wieso hab ich denn hier zur Verfügung zu stehen, nur weil die zwei Weizen seine Libido in Wallung gebracht haben?

Am liebsten würde ich sagen: »Oh, Entschuldigung, mein Fehler. Natürlich, wie unhöflich von mir! Sorry, soll ich Ihnen schnell einen runterholen? Haben Sie es so nötig? Mach ich schnell, kommen Sie, ich hab noch 'ne Hand frei. Geht doch schnell, mach ich doch gern.«

Stattdessen bin ich oft genug im nächsten Stockwerk ausgestiegen, auch wenn es nicht meine Etage war, und hab meinen Koffer übers Treppenhaus hochgeschleppt. Und ich bin übrigens dazu übergegangen, bei der Ankunft in ähnlichen Hotels zu ähnlichen Uhrzeiten immer die Treppe zu nehmen. Hat mir 'nen besseren Hintern und weniger Kommentare dazu eingebracht.

Ich hätte diese Geschichte übrigens nie irgendjemandem erzählt, wenn es nicht vor einigen Jahren den Hashtag #Aufschrei gegeben hätte, unter dem Tausende von Frauen über Sexismus und sexuelle Belästigung im Alltag berichtet haben. Nicht weil mich das so eingeschüchtert hat, sondern weil es einfach so normal ist. Kennt jede Frau. Das sind Situationen, die unser Leben schon immer bestimmt haben und über die sich viele Frauen bis dahin auch nicht so wirklich Gedanken gemacht hatten. Man kannte es halt und hat entsprechend reagiert. Ich erinnere mich an zahlreiche Gespräche mit Männern, die ehrlich entsetzt waren, weil sie davon keine Ahnung hatten. »Ihr wechselt nachts wirklich die Straßenseite?«, hieß es da ungläubig. Schulterzuckend bestätigten alle anwesenden Frauen. Ja klar. Völlig normal.

Vor Kurzem gab es bei Twitter eine Umfrage unter Frauen.[102] Was sie tun würden, wenn sie einen Tag lang ein Mann wären. Fast alle beschrieben den Wunsch, abends oder nachts alleine spazieren zu gehen. Mit kurzem Kleid in der Dunkelheit auf der Straße zu tanzen oder nachts einfach alleine im letzten Wagen der Straßenbahn durch die Stadt zu fahren.

Es gibt also einen Verhaltenskatalog, den haben wir Frauen quasi von uns aus verinnerlicht und der ist uns über Generationen von den älteren Frauen unserer Familie vermittelt worden. Oder aus dem eigenen Erfahrungsschatz entstanden. Simples Beispiel: Ich wurde mal auf einer unserer Vorabipartys von einer Gruppe Jungs eingekreist, was erst lustig war, dann aber unangenehm wurde, weil einer der Jungs, der anscheinend direkt hinter mir stand, mir mit beiden Händen genüsslich an den Hintern packte. Ich drehte mich um, schubste den ersten Typen, den ich vor den Augen hatte, und schrie ihn an, er solle seine Drecksfinger bei sich behalten. Daraufhin schubste mich der Beschuldigte so hart, dass ich auf den Boden fiel. Er beugte sich über mich und sagte den interessanten Satz: »Ey, Kebekus, du kannst froh sein, dass ich dich kenne.«

Was sollte das heißen? Da er mich kannte, hat er mir nicht noch eine geballert? Ja, dann ... danke dafür.

Was ich jetzt daraus gelernt habe? Keine Ahnung, ehrlich gesagt. Das Beispiel fiel mir gerade ein, aber ich weiß beim besten Willen nicht, wie ich mich in dieser Situation am besten verhalten hätte, um sie zu vermeiden. Dann müssen wohl doch mal die Jungs und Männer ihr Verhalten ändern.

Bei Sexualdelikten wird der Frau immer eine gewisse Mitschuld unterstellt. Hat sie sich auch richtig gewehrt? Eine Freundin meines Bruders wurde Anfang der 2000er-Jahre auf dem Heimweg überfallen. Mein Bruder war mit ihr vor der Tat in der Stadt Cocktails trinken gewesen, aber als die Tat passierte, hatten sich ihre Wege schon lange getrennt. Trotzdem wurde mein Bruder zum Gericht vorgeladen und gefragt, was und wie viel die Freundin denn in der Cocktailbar getrunken habe.

Als würde das irgendeinen Unterschied machen. Ist es nicht scheißegal, was oder wie viel sie getrunken hatte? Selbst wenn sie auf allen vieren nach Hause gekrochen wäre!

Bei anderen Verbrechen ist die Situation eindeutiger. Bei anderen Verbrechen gibt es nie den Vorwurf an das Opfer, dass es das Verbrechen eventuell selbst verursacht oder gar selbst gewollt haben könnte. Im Grunde war bis 2016 dein Handy besser geschützt als dein Arsch. Von Männern und Frauen natürlich. Wenn jemand dein Handy gestohlen hat, dann hat niemand gefragt: Hast du denn auch deutlich gesagt, dass du nicht möchtest, dass dein Handy gestohlen wird? Hast du es auch gut festgehalten? Wolltest du nicht ein bisschen selbst, dass es geklaut wird? Hat aber auch ’ne ganz schön aufreizende Hülle, dein Handy. Die ist ja richtig durchsichtig!

Wenn es um sexuelle Übergriffe oder sexuellen Machtmissbrauch geht, dann gibt es in Bezug auf Frauen immer ein seltsames Misstrauen. Meinen die das wirklich so? Wollten die das nicht eigentlich selber? Darf man jetzt keine Komplimente mehr machen?

Alles, was ich je zur #MeToo-Debatte in Deutschland gesagt habe (wir sind uns alle einig, dass die eigentliche Debatte zu diesem Thema in Deutschland noch nicht stattgefunden hat, oder?), wurde sehr oft mit dem Satz kommentiert: »Du bist doch selber total sexuell. Also wunder dich nicht.« Interessant. Wie sehr Menschen immer noch glauben, bei der #MeToo-Debatte würde es um Sex gehen. Sexuelle Gewalt und sexueller Machtmissbrauch haben doch nichts mit Sex zu tun. Darum finde ich es auch immer schlimm, wenn im Zusammenhang mit diesen Debatten das Wort »Sexskandal« fällt. »Der Sexskandal um Harvey Weinstein« wurde nicht selten getitelt. Aber hier geht es doch nicht um Sex! Was für eine armselige Vorstellung manche Menschen von Sex haben. Sex ist immer noch, wenn beide Parteien zustimmen. Wenn beide wollen. DAS ist Sex. Alles andere ist Missbrauch. Einvernehmen ist hier das Zauberwort.

WERBUNG FÜR ABTREIBUNG

Kaum aber haben wir das Sexualstrafrecht reformiert, kriegen wir Weiber den Hals wieder nicht voll und gehen den nächsten Paragrafen an. Seit Jahren diskutieren wir nun über den §219a StGB.[103] Der regelt in Deutschland die »Werbung für Abtreibung«. Niemand darf in Deutschland dafür werben, dass er oder sie Abtreibungen durchführt, wenn diese Leistung bezahlt wird. Also, wenn ich Fachärztin für Frauenheilkunde bin und das zu meinen Leistungen dazugehört, dann bekomme ich natürlich auch Geld dafür. Darüber informieren darf ich dann aber nicht, denn das wird als Werbung gewertet. Viele Ärzte und vor allem Ärztinnen sind in den letzten Jahren immer wieder angezeigt worden, weil sie ebendiese Informationen zu Schwangerschaftsabbrüchen veröffentlicht haben.

Die Information als Werbung zu sehen, ist an den Haaren herbeigezogen und unterstellt eigentlich schwangeren Frauen, dass sie extrem leicht beeinflussbar sind und sich durch die reine Information zu einer Abtreibung »verleiten lassen«. In meinem Verständnis von Werbung gibt es immer einen schmissigen Slogan und knallige Farben. Außerdem einen eingängigen Jingle, von dem man tagelang einen Ohrwurm hat. Zum Beispiel »Waschmaschinen leben länger mit Calgon« oder »Carglass repariert, Carglass tauscht aus«. Mir ist kein solcher Fall im Zusammenhang mit Abtreibungen bekannt. Zumindest hab ich noch nie einen Jingle gehört wie: »Der Doktor informiert, der Doktor treibt ab!« Und in der Werbung gibt es immer Sonderangebote und Mengenrabatte. »Leute, Abtreibungen, hier bei uns, alles muss raus!« Oder: »Abtreibungen jetzt im Zehnerpack, treib neunmal ab und bekomm die zehnte Behandlung gratis!«

Das wäre für mich Werbung für Abtreibung. Nicht die Information darüber. Wenn man sich besagte Informationen durchliest, bekommt doch niemand auf der Welt plötzlich Lust, einen Schwangerschaftsabbruch durchzuführen. Es sei denn, man ist zutiefst gestört. Kein Mensch liest: Oh, cool, medikamentöser Abbruch, bei dem man eventuell danach doch noch ausgeschabt werden muss, weil nicht alles an Schwangerschaftsgewebe abgegangen ist. Das klingt ja mal nach ’nem nicen Zeitvertreib fürs Wochenende!

Von den Nebenwirkungen mal ganz zu schweigen.

Hier entsteht also wieder der Eindruck, man müsse Frauen vor ihrer eigenen Unfähigkeit schützen. Der Zugang zu diesen Informationen muss doch jeder Frau, die sich in so einer Notlage befindet, gewährt werden! Hier geht es doch auch gar nicht darum, einen Abbruch zu einer Banalität zu machen. Das ist eine riesige Entscheidung für jede Frau, und das Gesetz bietet ihr nicht die Möglichkeit, sich frei zu informieren. Wenn allein der Zugang zu diesen Informationen so kriminalisiert wird, dann wird die Frau in eine noch extremere Ausnahmesituation gedrängt. Natürlich ist ein Abbruch immer ein Dilemma. Die Frage danach ist nicht leicht zu beantworten, und jeder Mensch entscheidet für sich selbst, wie er dazu steht. Aber ist es richtig, die Frauen damit so alleine zu lassen? Am Ende geht es doch in der ganzen Debatte darum, wer am Ende das Recht hat, über den Uterus einer Frau zu entscheiden. Die Politik? Das Gesetz? Der Mann? Oder sollte es nicht die freie Entscheidung einer jeden Frau sein, ob sie Mutter werden will oder nicht? Früher machte sich übrigens eine Frau, die illegal abtrieb, eines Verbrechens am Eigentum ihres Ehemannes schuldig.[104] Wenn sie nicht verheiratet war, dann war es ein Verbrechen am Besitz ihres Vaters. Jetzt übernimmt also der Staat diese Position? Soll wirklich der Staat über die Millionen Uteri verfügen?

Schwangerschaftsabbrüche sind in Deutschland immer noch illegal, in manchen Fällen aber straffrei. Man braucht für eine legale Abtreibung bis zur zwölften Schwangerschaftswoche in Deutschland entweder den Bescheid über eine medizinische oder eine kriminologische Indikation oder die Bescheinigung darüber, dass man bei einer staatlich anerkannten Beratungsstelle wie zum Beispiel Pro Familia eine sogenannte »Konfliktberatung« in Anspruch genommen hat. Achtung, nicht verwechseln mit Organisationen wie Pro Femina. Klingt ähnlich, aber hier bekommt ihr keine anerkannte Bescheinigung, auch wenn sogenannte »Konfliktberatungen für Schwangere« angeboten werden. Es wird hier ganz bewusst die Situation ausgenutzt, dass es für betroffene Frauen so schwer ist, an Informationen zu kommen. Hier werden sie sehr einseitig beraten, und es gibt sogar Fälle, in denen Frauen eine falsche, viel zu frühe Schwangerschaftswoche als Frist genannt wurde, damit sie den Termin verpassen.

Ich will hier bewusst keine Gründe für Schwangerschaftsabbrüche aufzählen, denn die sind sehr individuell. Was für die eine ein triftiger Grund ist, ist für die andere banal. Aber keine Frau trifft diese Entscheidung leichtfertig und schon gar nicht aufgrund einer Information, die sie darüber bekommt. Viele Frauen wollen vielleicht mit niemandem darüber reden, dass sie die Schwangerschaft abbrechen wollen. Schwangerschaften, die durch Vergewaltigungen entstehen, kommen in Deutschland öfter vor, als wir denken. Darüber können uns nur Frauenärzt*innen unter der Hand informieren, denn oft werden diese Vergewaltigungen gar nicht angezeigt und tauchen darum in keiner Statistik auf. Wenn eine Schwangerschaft durch Vergewaltigung entsteht, bekommt man den Bescheid einer kriminologischen Indikation übrigens direkt von seiner*m Gynäkolog*in. Man muss nicht noch mal zur Polizei.

Also muss man in dieser ganzen Situation doch mal fragen dürfen: Entschuldigung, aber wieso darf man denn Frauen nicht informieren? Für wie dämlich hält man uns denn? Als würden wir schwanger beim Arzt sitzen, dann Informationen über Abbrüche lesen und dann sagen: »Oh, das ist ja interessant, 'ne Abtreibung! Ach, tolle Idee! Da habe ich noch gar nicht drüber nachgedacht, ist ja eigentlich ein Wunschkind, aber wenn die das doch hier anbieten?« Dann rufen wir vielleicht sogar noch eine Freundin an: »Du ich habe heute einen Schnapper gemacht, Vorsorge und Abtreibung zum Preis von einem, da kannste nix sagen!«

Funfact: Wenn man Methoden zum Schwangerschaftsabbruch googelt, dann landet man übrigens gerne auf Seiten sogenannter »Lebensschützer«, ganz eindeutig Abtreibungsgegner*innen. Die dürfen absurderweise über diese Methoden »informieren«, sie dürfen sogar so ziemlich schreiben, was sie wollen. Sie unterliegen hier nämlich überhaupt keiner Regelung und dürfen ungestraft einfach Unwahrheiten zu dem Thema verbreiten. Einer Fachärztin, die weiß, was sie tut, wird es aber verboten. Wie seltsam und unverantwortlich ist diese Situation bitte?

KRISTINA HÄNEL

Eine der vielen Ärztinnen, die verklagt wurden, ist Kristina Hänel. Seit 2009 gab es drei Ermittlungsverfahren wegen des Verdachts der Werbung für Schwangerschaftsabbruch gegen sie. Frau Hänel wurde nach dem dritten Ermittlungsverfahren vom Amtsgericht Gießen zu einer Geldstrafe von vierzig Tagessätzen verurteilt, weil sie auf der Website ihrer Praxis darüber informierte, dass sie auch Schwangerschaftsabbrüche vornimmt. Das war zu dem Zeitpunkt durch den § 219a StGB verboten.[105] Frau Hänel ging in Berufung, welche das Gericht abwies. Hänel legte hiergegen Revision ein. Angezeigt wurde sie unter anderem von Yannic Hendricks, der es als sein »Hobby« bezeichnet, Ärztinnen wegen des Verdachts auf Werbung für Schwangerschaftsabbruch anzuzeigen. Ich könnte hier jetzt sehr viele schöne Alternativen zu diesem Hobby aufzählen, die ganz sicher einen größeren Mehrwert für Herrn Hendricks hätten, als Frauen in Notlagen zu diskriminieren, aber irgendwie tut es mir für die vielen schönen Hobbys leid, die dann unter ihm leiden würden. Unter anderem wegen seiner wiederholten Anzeigen wurde der § 219a Thema einer öffentlichen Debatte. Im März 2019 wurde der Paragraf dahingehend geändert, dass

Ärzt*innen nun darüber informieren dürfen, dass sie Schwangerschaftsabbrüche durchführen.

Das Urteil des Landgerichts Gießen gegen Hänel wurde aufgrund dieser Änderung im Juli 2019 aufgehoben. Sie durfte zwar nun darüber informieren, dass in ihrer Praxis Abbrüche durchgeführt werden, aber nicht, mit welchen Methoden. Das bleibt bis heute verboten. Das Landgericht Gießen verurteilte Hänel deshalb im Dezember 2019 erneut zu einer Geldstrafe, nun in Höhe von 25 Tagessätzen. Wie absurd diese ganze Situation ist, sieht man am Kommentar der Richterin, die Frau Hänel laut Gesetz verurteilen musste. Sie sagte: »Es macht keinen Sinn, strafrechtlich eine sachliche Information zu einem medizinischen Eingriff zu verbieten« sowie »Es fällt schwer, Argumente dafür zu finden, dass der 219a so ins Gesetz gekommen ist«.[106] Im Januar 2021 verwarf das Oberlandesgericht die Revision Hänels, mittlerweile hat sie Verfassungsbeschwerde eingereicht.

Es sieht also nicht so aus, als würde Frau Hänel den Kampf aufgeben, ich habe tiefsten Respekt vor ihr. Denn es ist nötig, diesen Weg zu gehen, vor allem, wenn man sich momentan in Europa umschaut, wo die Frauenrechte durch den vermehrten Rechtsruck auch immer weiter eingeschränkt werden. So wie etwa in Polen, wo Frauen seit diesem Jahr faktisch überhaupt nicht mehr legal abtreiben dürfen, auch nicht bei schweren Fehlbildungen des Fötus. Man geht davon aus, dass jedes Jahr 200000 Polinnen illegal abtreiben oder dafür ins Ausland gehen.[107]

Nachtrag: Der Kampf von Frau Hänel und vielen Mitstreiter*Innen hat sich am Ende gelohnt. Am 24. Juni 2022 beschloss der Deutsche Bundestag die Aufhebung dieses Paragrafen, der Bundesrat legte keinen Einspruch ein.

Während wir noch diesen Erfolg feierten, kippte in den USA der Supreme Court das Recht auf Abtreibung.

Am selben Tag wurden also in zwei der führenden Industriestaaten unserer Welt komplett gegensätzliche Entscheidungen für die Freiheit und das Leben von Frauen getroffen.

Es ist also immer noch wichtig, für unsere feministischen Ziele zu kämpfen. Denn auch Privilegien, die scheinbar sicher sind, können uns jederzeit wieder genommen werden.

DIE PILLE DANACH

Eine ähnlich mühsame Diskussion gab es auch, als es darum ging, ob »die Pille danach« in der Apotheke rezeptfrei zu bekommen sein sollte. Mittlerweile ist das so – für eine Frau, die dieses Medikament braucht, eine riesige Erleichterung!

Fast jede Frau, die ich kenne, war schon mal in der Situation, die Pille danach zu brauchen. Sei es, weil das Kondom geplatzt war, man ganz einfach die Pille vergessen hatte oder diese wegen 'ner simplen Magenverstimmung nicht mehr richtig wirken konnte.

Passierte das am Wochenende, musste man übrigens dieses Rezept in der Notaufnahme eines Krankenhauses ausstellen lassen, wo man mit dem jungen diensthabenden Notarzt erst noch einen kurzen Plausch über das geplatzte Kondom führen musste. Haha, ja, da wurde viel gelacht.

Nicht.

Funfact: In katholischen Krankenhäusern wurde dieses Rezept natürlich gar nicht ausgestellt. Da konnte man ganz schön ins Schwitzen kommen, kann ich euch sagen. In Köln ist nämlich jedes zweite Krankenhaus in katholischer Trägerschaft. Da kam einiges auf deinen Schrittzähler. Am Wochenende verkatert durch Köln zu irren, auf der Suche nach so einem Rezept, war relativ würdelos.

Schlimmer noch, wenn du dieses Rezept brauchtest, weil es zur Praxis der kriminologischen Nachsorge bei einer Vergewaltigung gehört. 2013 besuchte in Köln eine Frau eine Party, auf der ihr K.-o.-Tropfen verabreicht wurden, und sie wachte ohne Erinnerung am nächsten Tag auf einer Parkbank auf. Sie fürchtete, vergewaltigt worden zu sein, und suchte Hilfe bei einer Notärztin, die sie zur kriminologischen Untersuchung in ein Krankenhaus überweisen wollte. Das war, typisch Köln halt, ein katholisches Krankenhaus. Dort wurde der Frau, die möglicherweise vergewaltigt worden war, in dieser Situation die Hilfe verweigert. Auch im nächsten Krankenhaus, das natürlich auch katholisch war.[108]

Was für eine unfassbare Demütigung. Damals für mich der finale Grund, endlich aus der Kirche auszutreten. Lustig, damals brauchte ich gar keinen Termin, denn man konnte an einem Automaten austreten. Der hat aber kein Geld gewechselt, man brauchte die dreißig Euro also passend. Heute sind die Termine für Kirchenaustritte Monate im Voraus ausgebucht. In Köln zumindest, aber da gehen die Kirchenaustritte auch gerade durch die Decke.

Damals sagte übrigens der Sprecher des Erzbistums Köln, Christoph Heckeley: »Grundsätzlich gilt, dass ein katholisches Krankenhaus keine Pille danach verabreichen oder verschreiben darf, auch nicht im Notfall.«[109] Der Sprecher des Erzbistums Berlin: »Die Einnahme von Verhütungsmitteln zur Verhinderung einer Schwangerschaft widerspricht den moraltheologischen Grundsätzen der katholischen Kirche. Das gilt auch für die ›Pille danach‹ und auch bei Vergewaltigungen.« Die

Pille danach gelte in weiterem Sinne als ein Fall von Abtreibung, sagte Bistumssprecher Stefan Förner.[110]

Dass die katholische Kirche sich höchstselbst nicht unbedingt an ihre moraltheologischen Grundsätze hält, ist inzwischen klar. Aber dass durch so eine Vorgabe Täter geschützt wurden, weil Spuren eventuell zu spät gesichert werden konnten, kann man moraltheologisch vereinbaren? Oder dass man in Kauf nimmt, dass die Frau nach einer Vergewaltigung tatsächlich schwanger wird und man sie in eine noch schlimmere Situation bringt?

Um Misogynie in der katholischen Kirche ging es in diesem Buch schon oft genug, ich lasse es darum an dieser Stelle mal gut sein.

In der Diskussion um die Pille danach gab es also wieder diese Stimmen, die sagten: Nein, das können sie nicht machen. Die Weiber drehen durch. Jens Spahn, unser Bundesgesundheitsminister, twitterte zu diesem Thema 2014: »Man kann es nur immer wieder sagen, das sind keine Smarties.«[111]

Ernsthaft? Was für eine herablassende Scheiße ist das bitte?

Was steht denn da bitte im Subtext? Anscheinend doch, dass Jens Spahn uns Frauen nicht für mündig und verantwortungsvoll genug hält, mit unserem eigenen Körper umzugehen. Als wären die Weiber alle zu dumm, zu verhüten!

Mädels! Die Pille danach ist rezeptfrei! JÖÖÖÖÖÖ! Hoch die Hände: Bumswochenende!

Es ist doch wirklich verrückt.

Wie viele Menschen (Männer) immer noch über unseren Körper entscheiden wollen, weil sie es uns nicht zutrauen.

Mein Körper, meine fucking Entscheidung.

Als ich anfing, auf der Bühne über #MeToo zu sprechen, gab es immer häufiger diese Kommentare, ich würde ja selbst ständig über Sex reden, also solle ich mich nicht so anstellen. Warum wird uns, wenn wir auf so etwas wie sexuellen Machtmissbrauch hinweisen oder im Zusammenhang mit Sexualdelikten allgemein, eigentlich immer abgesprochen, trotzdem eine Sexualität zu haben? Denn natürlich rede ich über Sex. Denn ich habe gerne Sex. Guten, wohlgemerkt. Ich bin ein sexuelles Wesen und wenn ich oder irgendeine andere Frau auf der Welt Bock auf Sex hat, dann ist das unsere Sache. Dann gibt das immer noch niemandem das Recht, diese Sexualität für sich zu beanspruchen. In der Geschichte unserer Gesellschaft hat die Sexualität einer Frau lange genug anderen gehört. Immer dem männlichen Vormund natürlich.

In den USA gibt es übrigens innerhalb des Bible Belt in einigen Gegenden einen sehr seltsamen Brauch: »Purity Balls«, also »Reinheitsbälle«. Auf Bildern sieht erst mal alles aus wie ein Abschlussball, genauso wie ich ihn mal in der Tanzschule hatte. Aber bei den »Purity Balls« gibt es eine verstörende Zeremonie, in der junge Mädchen zwischen 13 und 17 Jahren ihren Vätern versprechen, dass sie sich bis zur Ehe aufsparen werden. Sie geloben also ihre Keuschheit. Es gibt einen richtigen Vertrag, und es werden teilweise auch tatsächlich Ringe getauscht, zwischen Vater und Tochter (würg). Oder symbolische Armbändchen mit Herzchenanhänger und Schloss. Den Schlüssel bekommt natürlich der Papa.

Die deutsche Diplom-Psychologin Sandra Konrad sagt dazu: »Das weibliche Geschlecht gehört dem männlichen – erst dem Vater, dann dem Mann.«[112]

Dieser moderne Keuschheitsgürtel bringt aber lustigerweise

nicht wirklich was. Die »frauenseiten.bremen« schreiben dazu: »Der amerikanische Soziologe Anthony Paik führte 2002 und 2008 eine Studie mit Teenagerinnen durch. Er fand heraus, dass 6 Jahre später 18 % der Mädchen, die kein Versprechen abgelegt hatten, schwanger waren. Der Prozentanteil der schwangeren Mädchen, die ein Reinheitsversprechen abgelegt hatten, lag bei 30 %.«[113]

Klar, denn wenn die Teilnahme an so 'nem »Papa, ich schenke dir meine Jungfräulichkeit«-Ritual die einzige Aufklärung ist, die man so mitbekommt, dann passiert das eben. Und einen Bonus gibt's noch dazu: »27 % der ›Purity-Mädchen‹ wurden mit Geschlechtskrankheiten infiziert.«[114]

Wenn es nicht so schrecklich rückschrittlich wäre, dann müsste ich echt lachen. Vor allem, wenn ich mir vorstelle, ich hätte mit meinem Vater mit 14 so ein Ritual gemacht. Mein Papa war tatsächlich mit mir auf meinem Abschlussball, und da alle Jungs während des kompletten Kurses durchgehend besoffen gewesen waren, hatten wir nicht wirklich was gelernt. Neben der Tanzschule war ein Penny-Markt, sie konnten also nichts dafür. Darum habe ich den ersten richtigen Wiener Walzer mit meinem Vater getanzt. Es gab dann tatsächlich diese Durchsage, dass alle Väter jetzt ihre Töchter auffordern sollten, gleichzeitig war das auch der Moment, in dem alle wussten, welches Mädchen keinen Kontakt mehr zu ihrem Vater hatte. Die vorhandenen Väter und Stiefväter gingen dann ganz galant zu ihren Töchtern, verbeugten sich und hielten ihnen den Arm hin.

Mein Vater hat mich nach der Ansage in die Seite geboxt und gesagt: »Abfluch!« (Das ist kölsch und bedeutet so viel wie: Abflug! Oder: Auf geht's!) Mein Vater hat es nicht so mit dem Offenlegen von Emotionen und Empathie, er macht das alles eher etwas subtiler. Wenn ich mir vorstelle, ich hätte ihm den Schlüssel für so ein Keuschheitsarmband geschenkt, dann hätte er sicher nur gesagt: »Ja. Joot.« Zum Glück hat sich mein Vater mein Leben lang einfach gar nicht für meine Sexualpartner interessiert. Also, was meine Wahl anging, er war natürlich immer nett und höflich zu meinen Freunden. Er hat seine wirkliche Meinung dann immer erst geäußert, nachdem ich Schluss gemacht hatte. Außer bei einem, der mich sehr schlecht behandelt hat, da hat mich mein Vater gefragt, ob er nicht seine Freunde von früher anrufen solle. Die würden sich kümmern. Haha. Ich kannte diese Freunde und sie sind heute genau wie mein Vater um die siebzig. Dass die sich 'nen Baseballschläger nehmen, um »jemandem Bescheid zu sagen«, ist irgendwie wieder niedlich. Ich bin ja grundsätzlich froh, dass ich meinen Vater nicht in die Partnerwahl mit einbeziehen musste, wie schrecklich das gewesen sein muss, wenn man früher einfach so verheiratet wurde. Aber ich muss zugeben, es gab auch eine Zeit in meinem Leben, da wäre ich für eine Hilfestellung in Partnerfragen dankbar gewesen. Welche Frau war nicht schon mal an dem Punkt, wo sie dachte: »Okay, Leute, ich bin raus aus dem Geschäft. Wie kompliziert können bitte diese Beziehungskisten sein? Sind alle einfach nur noch durchgeknallt? Papa, regel du das bitte.« Mir erschien es manchmal im Leben eine erleichternde Vorstellung, mein Vater würde einfach entscheiden. Wir haben alle gesehen, ich bin absolut unfähig, was die Partnerwahl angeht, da hab ich nun mehrfach ins Klo gegriffen, also muss der Papa jetzt entscheiden. Hach, wie herrlich einfach das gewesen wäre. Ich frage mich, wen mein Vater dann ausgesucht hätte. Hätte er überlegt, welcher Mann mir gefallen würde? Oder hätte er eher jemanden genommen, mit dem er selbst gut auskam? Na ja, ich war dann zum Glück doch irgendwann wieder fähig, diesen Geschäftszweig selbst zu leiten. Und natürlich möchte nur ich alleine entscheiden, wer mit mir intim werden darf. Meine Sexualität gehört nur mir.

Sätze wie »Na ja, wie die sich auch anzieht, so ein sexy Kleid, so ein tiefer Ausschnitt ... da muss sie sich nicht wundern« implizieren doch eigentlich nur, dass ich meine Sexualität nicht für mich haben darf. Nein, wenn die nicht bitte öffentlich verfügbar ist, dann darfst du auch nicht alleine darüber entscheiden. So als wäre unsere Sexualität eine Tüte Gummibärchen, die unter allen Kumpels gerecht aufgeteilt werden muss.

Natürlich gehen wir aus und ziehen uns sexy an. Wir gehen jagen, Leute! Wir suchen uns eine Beute, die wir sexuell erlegen und zu Hause auf links drehen können. Das heißt aber nicht, dass wir uns nicht beschweren dürfen, wenn jemand anders für uns entscheiden will, für wen wir verfügbar zu sein haben. Denn wen ich mir mit nach Hause nehme, ist immer noch meine Sache. Mein Körper, meine Entscheidung! Ich bin ja keine Fleischwurst, die sich mit halb gepelltem Darm in die Auslage legt, nur damit irgendwer sie mitnimmt. »Na ja, ich hab mich ja hierhingelegt, dann darf ich mich ja über den Abholer nicht beschweren.« Wie absurd. Unsere eigene Lust, unsere eigene Sexualität wird uns immer zum Verhängnis gemacht. Und selbst wenn ich mit einem Beutemann nach Hause gehe, weil ich das zunächst für 'ne gute Idee gehalten habe, dann aber merke: »Oh, nee. So hab ich mir das nicht vorgestellt, ich hab keinen Bock mehr«, dann ist es völlig okay zu sagen: »Ich will nicht mehr.« Egal, in welchem Stadium.

Die meisten Frauen in meinem Bekanntenkreis, die sexuellen Missbrauch erfahren haben (und ja: Es sind verdammt viele! Fragt mal in eurem Freundeskreis, ihr werdet euch wundern), die waren in genau so einer Situation. In der sie das Gefühl hatten, sie könnten nicht mehr Nein sagen. Weil sie schon so weit gegangen waren. In diesen Situationen wurde ihnen nicht nur das Gefühl gegeben, sondern in vielen Fällen sogar offen ausgesprochen: »Was soll das denn jetzt? Du gehst mit mir alleine von der Gruppe weg und mit mir in meine Wohnung oder in mein Auto? Was hast du denn gedacht? Erst machst du mich so heiß, und jetzt willst du nicht mehr? Du hast mich heißgemacht, also hast du dich jetzt zu fügen. Du hattest einen kurzen Rock an, der mich angemacht hat. Also darf ich jetzt auch hinlangen.«

Und dann haben sich die Frauen einfach gefügt. Viel zu jung teilweise, um überhaupt zu wissen, warum sie mitgegangen sind. Viel zu jung, um die Konsequenzen abzusehen, wenn sie mitgehen. Einfach noch zu jung und zu unerfahren, um den »Verhaltenskatalog« schon verinnerlicht zu haben.

Mit jedem jungen Mädchen, das ich kennenlerne, spreche ich immer über diese Situation. Dass es immer okay ist, Nein zu sagen.

9 FRAUENHASS

SCHEISS WEIBER

Wenn Frauen Platz einfordern, dann werden sie nicht nur kritisiert, sondern nicht selten auch beschimpft.

»Der Spiegel« hat Anfang dieses Jahres einen sehr umfangreichen Artikel zum Thema »Feindbild Frau« herausgebracht.[115] Darin ging es um alle Formen des Frauenhasses und auch darum, dass dieser auf allen Ebenen stattfindet. Eine Umfrage unter weiblichen Bundestagsabgeordneten ergab, dass 69 % der Politikerinnen frauenfeindlichen Hass erlebt haben. 64 % bekommen entsprechende Nachrichten, 36 % haben Angriffe auf sich, ihre Büros oder ihren Wohnsitz erlebt. Genau die Hälfte musste die Bundestagsverwaltung oder die Polizei einschalten. Fast ein Drittel erhöhte die Sicherheitsmaßnahmen bei Veranstaltungen.[116]

Wenn man als in der Öffentlichkeit stehende Frau beschimpft wird, dann vor allem im Netz und meistens sexuell konnotiert. Ich weiß, wovon ich spreche, ich bin seit Jahren Shitstorm-erprobt und -gestählt.

Wenn ich also beschimpft werde, dann sagt man nie so was zu mir wie: Du Idiotin, du Arschloch, du dummer Mensch ... Sondern in den meisten Fällen bin ich die linksversiffte, ungebumste Fotze.

Lustig, dass man Frauen immer als ungebumst beschimpft. Wir sind garantiert nicht das ungebumste Geschlecht. Ich habe jedenfalls noch nie erlebt, dass eine meiner Freundinnen, die mit der Absicht ausgegangen ist, anständig gebumst zu werden, ungebumst ins Bett gegangen ist. Bei Männern sieht das oft anders aus. Dadurch hat das Ganze noch mal 'ne ganz eigene Komik. Überhaupt hat viel der an mich gerichteten Kritik mit Geschlechtsverkehr zu tun. Ich solle viel mehr davon praktizieren und durchaus auch die intensivere Gangart bevorzugen. Also: »Du gehörst doch nur mal richtig durchgefickt« gehört zu einem der häufigsten Sätze, die meine Kommentarspalten füllen.

Oft auch mit dem Zusatz: »Du mit deiner feministischen Scheiße, du gehörst doch nur mal richtig durchgebumst.«

Wenn man sich überlegt, dass man nach dem Sex tatsächlich eher entspannt ist, seh ich die Logik dahinter tatsächlich durchaus ein.

Eine fantastische Vorstellung, wenn man sich überlegt, ich würde diesen Vorschlag dann wirklich ernst nehmen und darauf antworten.

> »Lieber slts4lfe23. Vielen Dank für die konstruktive Kritik. Ich lasse mich seit der Lektüre deines Vorschlages jetzt täglich, mehrfach, sehr ordentlich durchbumsen. Und was soll ich sagen, es geht mir besser! Ich gehe viel stressfreier durch meinen Alltag und fühle mich allgemein sehr selbstbewusst und schön. Leider muss ich dir sagen, dass ich immer noch dieselben feministischen Gedanken habe. Dafür hat meine Haut jetzt einen wunderschönen Glow, danke für den Tipp.«

Ich denke mir bei dem Satz »Du gehörst doch nur mal richtig durchgebumst« auch immer: Ja, ach. Wer denn nicht? Wer gehört denn bitte nicht durchgebumst? Gibt es irgendjemanden, der sagt: »Hey, Leute, wegen der Fickerei, ne? Da bin ich raus. Nee, hab genug. Alle Level durchgebumst, Endgegner besiegt, ich bin durch.«

Natürlich gehöre ich durchgebumst, ganz klare Sache. Aber diese Verknüpfung mit der Beschimpfung: »Du mit deiner feministischen Scheiße, du gehörst doch nur mal durchgebumst«, das ist wirklich großartig.

Da gehen also nicht wenige Männer davon aus, dass, wenn man eine Feministin nur ordentlich genug durchbumst, sie also in einer bestimmten, unbedingt erforderlichen Intensität penetriert, sie aufwacht! Dann sagt sie: »Huch? Was hab ich denn nur gedacht? Um Gottes willen, man reiche mir eine Schürze! Zum Glück, der Penis der Erleuchtung hat mich berührt! Halleluja!«

Lustig, dass sich auch die Sexualität einer Frau und ihr feministischer Anspruch in vielen Köpfen nicht miteinander vereinbaren lassen.

Aber das schließt sich doch nicht aus! Ich kann hier diese Zeilen für dieses durchaus als feministisch zu betrachtende Buch verfassen oder auf der Bühne eine feministische These vertreten, weil ich finde, dass Frauen noch viel zu oft ungerecht behandelt werden, und trotzdem ... zeitgleich ... (okay, nicht zeitgleich, ihr wisst, was ich meine) zu Hause, aus freien Stücken, eigenem Antrieb und mit ehrlicher Freude: einen Schwanz in den Mund nehmen.

Es schließt sich nicht aus.

Wenn mir in den Beschimpfungen nicht zu mehr Geschlechtsverkehr geraten wird, dann wird mir sehr vehement offenbart, wie sehr man auf keinen Fall mit mir Geschlechtsverkehr haben will.

»Dich würde ich nicht mal ficken, wenn du die letzte tote Nutte im Straßengraben wärst.«

Das ist wirklich ein Filetstück in meiner Sammlung. Es verdeutlicht durchaus die Abscheu, die gegen mich empfunden wird, aber wirft auch einige Fragen auf.

Der Übergang zwischen »Dich ficke ich mal richtig krass durch« zu »Dich ficke ich auf gar keinen Fall« ist übrigens oft fließend. Hier wird sich recht schnell umentschlossen. Viele der Leserinnen werden die Situation aus dem echten Leben kennen.

Ein schönes Beispiel ist auch:

> »Carolin Kebekus macht auch paar Witze, doch wer dich Nutte fickt, ist zu faul zum Wichsen.«

Die Verfasser dieser Zeilen sind übrigens Farid Bang und Kollegah.

Kollegah, der mit echtem Namen Felix Blume heißt, war bei meiner ersten Tour mit »PussyTerror« noch bei mir backstage und hatte nicht nur die Hälfte an Körpermasse, sondern auch noch etwas mehr Respekt vor mir, das heißt, er kriegte fast kein Wort raus.

Heute ist er »der Boss« und traut sich ein bisschen mehr. Mit Zeilen wie:

> »Du bist ne Fotze, die schon nach zwei Bier auf der Theke tanzt, also laber uns nicht voll mit deinem Kram, eine Frau bleibt auf Ewigkeit ein Gegenstand«[117]

oder:

> »Die Bitches heute wollen Jungfrau bleiben, zwei Optionen: Arsch oder Mund auf, Kleines«[118]

macht er heute viel beachtete Metaebenen-Kunst, deren Tiefe natürlich nicht jeder Normalo-Kritiker versteht. Aber zum Glück verstehen ihn alle Teenagerjungs in seiner Zielgruppe richtig (und werden nebenbei zu toleranten Mitgliedern unserer Gesellschaft).

Farid Bang bedient ein ähnliches Muster und hatte auch schon vor der Veröffentlichung des Songs angekündigt, mich bald zu »zerstören«.

Bei den beiden finde ich es wirklich total spannend, dass sie bei all dem Frauenhass, den sie so großzügig verteilen, auch immer betonen, wie wahnsinnig viele Frauen von ihnen dennoch gebumst werden. Diese Diskrepanz zwischen »Ich hasse euch alle« und »Ich ficke euch alle« amüsiert mich immer sehr.

Immer wieder wird ja dieses Image gepflegt, man hätte überall Bitches am Start und fickt alle kaputt usw. Aber irgendwo in dieser Kette der Abläufe muss ja mal gebalzt worden sein, oder? Also wie macht man denn einer Frau so eine Nacht mit dem Banger schmackhaft? Hey, Baby, ich verachte dich zutiefst, komm mit mir backstage?

Hm, jetzt, wo ich's sage. Für manche sicher 'ne Art Reiz. Wahrscheinlich ist es genau so.

Ich frage mich, bis wohin die ihre Rollen durchziehen. Bis wohin geht diese Alphageschichte von Kollegah? Geht er wirklich mit so 'nem Fuchspelz um den Hals nach Hause zu seiner Freundin und beschimpft sie dann den ganzen Tag und macht seine Boss-Sachen? Und sie sagt: Oh, danke, du bosshafter Typ.

Wie anstrengend. Irgendwann muss doch auch so ein Boss mal Feierabend machen, sich kuschelige Socken und 'ne Chillerbux anziehen. 'ne Folge »Family Guy« glotzen und sich 'ne Ovomaltine gönnen. Auch ein Boss will doch mal im Bett das kleine Löffelchen sein, und seine Frau liegt gemütlich und schützend hinter ihm.

Irgendwie kommt mir die ganze Figur von Kollegah in der

heutigen Zeit so unmodern vor, fast wie ein Steinzeitmensch. So hat er sich ja auch in seinem »Alpha«-Video präsentiert. Quasi als Urmann. Mit Fuchspelz-Bolero und Pfeil und Bogen erklimmt er zu epischer Musik einen Berggipfel und gibt von dort irgendwelche Anweisungen, wie man auch so bosshaft werden kann wie er. Oh, Moment, er geht nur mit Bogen auf den Berg. Ohne Pfeile. Die hatte ihm wohl keiner mitgegeben. Na ja, vielleicht ist er ja doch gegen Waffen?

Jedenfalls wollte mich Farid Bang wie gesagt schon lange »zerstören«, weil ich ihn als Witzvorlage benutzt hatte. Er hatte sich über ein junges Model lustig gemacht, die mit einem geschminkten blauen Auge auf eine Kampagne gegen häusliche Gewalt aufmerksam machen wollte. Farid Bang bot unter anderem an, sie könne sich bei der Farbe für dieses Make-up Tipps bei seiner Ex-Freundin holen, er würde »Abortion Purple« vorschlagen.

Manchmal stelle ich mir einfach vor, man würde diese Jungs dazu zwingen, ihre Texte vor ihrer eigenen Mutter vorzutragen.

In Brasilien ist das übrigens eine super Maßnahme gegen Ausschreitungen von Hooligans bei Fußballspielen. Die kamen mit den Polizeieinsätzen einfach nicht mehr hinterher, es gab immer wieder gewalttätige Eskalationen. Also holte man die Mütter von den dreißig gefährlichsten Hooligans, gab ihnen eine Security-Ausbildung und ein Shirt mit der Aufschrift »Security-Mum« und setzte sie in Sichtweite der Jungs als Ordnerinnen ein. Es hat geklappt, und ich liebe diese Idee!

Ich wurde nun also mit der oben genannten Zeile gedisst. Diese Line taucht auch heute noch immer mal wieder völlig zusammenhanglos in Kommentarspalten auf, und ich stelle mir immer so ein debiles, pubertäres Stimmbruchgekicher vor, während ich sie lese.

Wenn ich ganz ehrlich bin, dann versteh ich den Diss gar nicht so richtig. Also »Nutte« ist klar, logisch. Aber ... »wer dich fickt, ist zu faul zum Wichsen«?

Ergibt das überhaupt Sinn? Das heißt doch: Wer mich fickt, der strengt sich nicht an, denn er ist ja zu faul, die Dinge selbst in die Hand zu nehmen.

Okay. Alle, die schon mal Geschlechtsverkehr hatten, wissen, dass es da einen aktiveren und einen passiveren Part gibt. Als Mann könntest du dich auch einfach völlig regungslos auf den Rücken legen und die Frau machen lassen. Also, nennt mich bescheuert, aber ist das nicht was Gutes? Wenn man sich mit mir im Bett einfach entspannt zurücklehnen kann und ich die ganze Arbeit erledige? Ist das am Ende also doch irgendwie nett gemeint? Leute, mit der Kebekus im Bett, da kannst du dich richtig entspannen, die macht den Teller richtig leer.

Am Ende ist das sogar als Kompliment gemeint, das ich einfach bis jetzt nicht richtig verstanden hab!

So langsam hab ich das Gefühl, das geht hier in Richtung Grundschulflirt. Könnt ihr euch noch erinnern, dass ihr von eurer Mutter oder der Lehrerin gesagt bekommen habt: Der Junge, der dich geärgert oder geschlagen hat, ist eigentlich in dich verliebt. Der hat dich nur gehauen oder beschimpft, weil er dich so lieb hat.

Das kam immer als total automatisierte Reaktion. Der ist heimlich in dich verliebt. Da hat keiner gesagt: Was für ein Arschloch.

Wie krank das eigentlich ist. Dass man jungen Mädchen so früh schon so eine Art Täterschutz beibringt. Anstatt zu sagen: Was, der hat dich geschlagen? Das darf der nicht, du musst das der Lehrerin sagen! Sagt man: Der kann nix dafür, der ist eben unfähig, seine Liebe auszudrücken. Im Grunde genommen sollte ich ihm also dankbar sein und jetzt besonders nett zu ihm sein. Immerhin bin ich ihm so sehr aufgefallen, dass er mich angespuckt hat.

Eine Userin auf Twitter schrieb mir zu diesem Thema neulich:

»Schlimmer noch: Man bringt Mädchen bei, dass Liebe weh tut und man das eben auszuhalten hat.«

Puh.

ANTIFEMINISMUS

Das riesige Fass zum Thema Frauenhass in diesem Buch aufzumachen, ist ein krasser Schritt. Man könnte Tausende Bücher dazu schreiben. Denn mit dazu gehört auch der Hass auf queere Menschen, Transfrauen oder Frauen aus diverskulturellen Familien. Der Hass auf schwarze Frauen könnte wahrscheinlich ganze Bibliotheken füllen.

Je schlauer und aktiver, je fordernder und eigenständiger Frauen sind, desto größer wird anscheinend der Hass. Und nicht wenige Frauen schließen sich diesem Hass an. Gerade unter neurechten Frauen gibt es extreme Antifeministinnen, die für ein veraltetes Rollenbild einstehen und den (queeren) Feminismus verteufeln. Sie stehen für ein Frauenbild mit blonden Zöpfen und vielen Kindern.

Auch der Hass, den Politikerinnen jeden Tag erleben, ist eine Geschichte für sich.

Überhaupt ist der Frauenhass unter Rechten sehr groß. Wenn ich im Netz so einen Hasskommentar bekomme und mir dann das Userprofil anschaue, dann sehe ich meistens schon die AfD-Farben im Profilbild.

Natürlich sind Rechte Gegner des Feminismus. Sie wollen keine Gleichberechtigung, denn auch sie haben Schiss vor klugen Frauen. Sie sehnen sich nach einer Zeit zurück, in der die Frauen brav zu Hause blieben und sich fügten, und sie haben gleichzeitig nicht den leisesten Schimmer, was sie sich da wirklich zurückwünschen.

Der Hass von Rechten auf alles, was mit LGBTQ zusammenhängt, ist besonders groß.

Die Zahl der Gewalttaten gegen Trans- und Intersexuelle, lesbische, schwule und bisexuelle Menschen steigt seit Jahren an.[119]

Der Hass auf solche Menschen ist natürlich dann doch noch größer als der Hass auf weiße Frauen. Die werden ja liebend gerne als Opfer der südländischen Triebtäter dargestellt. Gleichzeitig sind aber die Frauen selbst schuld, weil sie ja durch ihre liberale Art zu wählen genau die ins Land gelassen haben, die sie dann am Ende umbringen und vergewaltigen. So die Logik. Man muss sie also dringend vor sich selbst schützen.

Es gibt sogar Menschen wie zum Beispiel Akif Pirinçci, die fordern, dass Frauen wieder das Wahlrecht aberkannt wird, weil Frauen zu links wählen.[120]

Längst sind der Hass auf Frauen und der Kampf gegen den (queeren) Feminismus Leitmotive von rechtsextremen Attentätern geworden.

Anders Breivik, der 2011 in Norwegen 77 Menschen tötete, hielt in seinem sogenannten »Manifest« fest, wie sehr er Frauen verachte. Der rechtsextreme Täter von Halle begründet seine Morde in einem Video unter anderem mit einer Holocaust-Leugnung und dem Satz: »Feminismus ist der Grund für die sinkende Geburtenrate in Europa.«[121]

Die sinkende Geburtenrate ist ein Thema, das vielen Attentätern Sorge bereitet. Auch der Mörder von Christchurch in

Neuseeland, der fünfzig Menschenleben auf dem Gewissen hat, nennt diesen Umstand gleich mehrfach als Grund für seine Taten, genau wie der Täter, der in El Paso 22 Menschen im Einkaufszentrum erschoss.

Natürlich liegt hier die Verschwörungstheorie zugrunde, die weiße Bevölkerung könnte irgendwann in der Minderheit sein.

Auch der Mörder von Hanau, der im Jahr 2020 zehn Menschen tötete, nennt als Grund für seine Taten nicht nur seinen Hass auf verschiedene Migrant*innengruppen, sondern auch seinen Frust darüber, nie eine richtige Freundin gehabt zu haben.

Die »Süddeutsche Zeitung« schrieb hierzu:

> »Tobias R. schildert, wie ›Freude- und leistungshemmend‹ es für ihn gewesen sei, als Jugendlicher ›keinerlei feste Freundin‹ gehabt zu haben. ›Weniger gut aussehende Frauen‹ habe er sich nicht ›nehmen‹ wollen. Verhältnisse zu solchen, die seine ›hohen Ansprüche‹ erfüllten, seien von einer ›Geheimorganisation‹ verhindert worden, die in seiner psychischen Krankheit offenbar eine große Rolle spielte. Es ergibt sich das Bild eines Mannes, der Frauen als bewertbare Verfügungsmasse sieht und sich zugleich sehr abhängig fühlt von ihrer Anerkennung.«[122]

Offensichtlich gibt es gerade unter den rechtsextremen Attentätern den dringenden Wunsch, die wirtschaftliche und auch körperliche Unabhängigkeit von Frauen wieder einzuschränken.

Es gibt sogar einen direkten Zusammenhang zwischen der Anzahl der Wählerinnen in einem bestimmten Gebiet und der Anzahl der AfD-Wähler. Grob kann man sagen, je weniger Frauen an einem Ort oder in einer Stadt leben, desto höher der Anteil der AfD-Wähler. Klar sind die jetzt sauer über den Frauenmangel. Besonders stark sieht man das in Gebieten in Ostdeutschland. Immer mehr Frauen zieht es in den Westen. Man kann also sagen: Die gut ausgebildete junge Frau verlässt das Gebiet, und zurück bleibt der komplett frustrierte und untervögelte Mann und wählt die AfD.

Der kollektive Samenstau endet also im ausgestreckten rechten Arm. Vielleicht sollte man zur Prävention von Rechtsradikalismus etwas mehr in diese Richtung denken. Aber welche Frau würde sich schon erbarmen, um bei einer Aktion »Vögeln gegen rechts« mitzumachen?

Viele dieser Täter haben sich im Internet radikalisiert, in der sogenannten »Manosphere«, einem Ort im Netz, wo man sich zum gemeinsamen Frauenhassen verabredet.

Dort gibt es verschiedene Gruppierungen, die ich gar nicht einzeln benennen will, diese Aufmerksamkeit haben sie nicht verdient. Oft geht es seltsamerweise auch darum, dass diese Männer sich dazu entschließen, enthaltsam zu leben, teilweise sogar, nicht mehr zu onanieren.

Gut, jeder hat das Recht auf eine eigene Freizeitgestaltung, aber ein bisschen lachen muss ich bei so was schon. Klingt auch schon wieder ein kleines bisschen nach katholischer Kirche.

Kurz gesagt geht es bei allen diesen Gruppen um den Frust, keine geeignete Frau zu finden. Als Vorbild gilt in diesen Reihen auch ein Attentäter, der 2014 sechs Menschen und sich selbst tötete. In einem Video sagte er:

> »Mein Krieg gegen Frauen ... Ich werde alle Frauen dafür bestrafen, dass sie mir Sex entzogen haben ... Ich kann nicht jede einzelne Frau auf der Welt töten, aber ... Ich werde eben die Mädchen angreifen, die alles vertreten, was ich am weiblichen Geschlecht hasse ...«[123]

Die Schuld an diesem Umstand wird natürlich den Frauen selbst gegeben und dem Feminismus.

Nicht selten endet dieser Hass also in Gewalt. Heute werden viele Gewaltdelikte gegen Frauen immer noch als »Beziehungstaten« oder »Eifersuchtsdramen« betitelt. Verharmlosende Bezeichnungen für Taten, die aus Frauenfeindlichkeit verübt wurden. Den Mord an einer Frau »Beziehungstat« zu nennen, vermittelt immer den Eindruck, als wäre die Frau eventuell nicht ganz unbeteiligt an dieser Situation gewesen.

»Der Spiegel« schreibt in seiner Ausgabe vom 12. Februar 2021:

> »Durchschnittlich alle 33 Minuten registrierte die Polizei [im Jahr 2019] eine Frau, die Opfer einer vollendeten oder versuchten gefährlichen oder schweren Körperverletzung in ihrem häuslichen Umfeld wurde. Insgesamt wurden in der BKA-Statistik fast 115000 Frauen als Opfer von Partnerschaftsgewalt geführt. Weil die Frauenverachtung vor allem rechts geprägt ist, werden häufig Frauen und Mädchen angegriffen, die ein Kopftuch tragen.«[124]

Das sind nur die registrierten Taten. Die Dunkelziffer dürfte erheblich höher liegen.

Der Beweggrund für Täter, die ein Gewaltverbrechen an einer Frau verüben, wird bis heute kaum in den Zusammenhang mit Frauenhass gebracht. Frauenfeindlichkeit wird also nicht gesondert erfasst. Das sollte sich ändern.

Häusliche Gewalt ist nicht nur körperlich, sondern auch seelisch. Sie beginnt mit Herabsetzung, Beleidigung und wirtschaftlichem Druck. Dass man sich in einer toxischen Beziehung befunden hat, wird vielen erst im Nachhinein wirklich bewusst. Sich selbst diese Zeit, die man in einer solchen Verbindung verbracht hat, zu verzeihen, ist nicht leicht.

Jeden Tag versucht ein Mann in Deutschland, seine Ehefrau, Freundin oder Ex-Frau zu töten. Jeden dritten Tag gelingt diese Tat.[125]

Mein Frauenarzt hat eine schöne Theorie zum Frauenhass. Er ist der Meinung, Männer hätten schon zu Zeiten der Neandertaler gemerkt: Frauen sind fähig, Leben zu spenden, und Männer nicht. Zumindest nicht unmittelbar für alle sichtbar. Für die Höhlenmänner muss es wahnsinnig frustrierend gewesen sein, ständig mitanzusehen, wie die Frau sich einfach so reproduziert. Zwar wusste man sicher früh, dass der Mann daran durchaus beteiligt war, aber dieses Wunder der Geburt, das macht dann doch etwas mehr Eindruck als so ein Pfützchen Samenerguss.

Aus diesem Grund haben die Männer also die Frauen unterjocht und sie für ihre seltsame Verbindung, die sie mit dem Leben haben, bestraft. Man konnte sich diese Verbindung auch später nicht erklären, und darum waren Hebammen und Heilerinnen mächtigen Männern sofort suspekt und als Hexen verbrannt. Außerdem gibt es natürlich diese seltsame Anziehung, die von Frauen ausgeht. Das alles muss also im Zaum gehalten und beherrscht werden. Längst haben jedoch die meisten Männer gelernt, dass auch sie Opfer einer patriarchalen Gesellschaft sind. Welcher Mann will denn heute noch den Druck haben, die Familie allein ernähren zu müssen? Welcher Mann will denn heute nicht auch Teil der Kindererziehung sein? Welcher Mann will immer der Starke sein müssen, der nie Gefühle zeigt, der immer alles können muss?

Auch wenn Frauen auf Missstände hinweisen, wie bei #MeToo oder unter dem Hashtag #Aufschrei damals, gibt es immer Stimmen, die meinen, man würde diese Dinge jetzt nur so anprangern, um sich selbst einen Vorteil zu verschaffen. Diese seltsame Verbindung hab ich noch nie verstanden, dass man Frauen unterstellt, sie würden sich irgendeine Art vorteilhafte Publicity davon versprechen, wenn sie auf sexualisierten Machtmissbrauch aufmerksam machen. Wo auf der Welt hat sich eine Frau jemals privat bereichern können, indem sie solche Dinge öffentlich gemacht hat?

Als gäbe es zahlreiche Beispiele von Frauen, die zu Ruhm und Ehre und viel Geld gekommen sind, nachdem sie öffentlich auf einen Missbrauch aufmerksam gemacht haben, der ihnen widerfahren ist. Es ist immer das Gegenteil der Fall. Es gibt doch auch keine Genugtuung, so als Opfer im Mittelpunkt zu stehen und nicht nur all diese schmerzhaften Erinnerungen noch mal durchleben zu müssen, sondern auch den Spott und die Häme ertragen zu müssen und damit konfrontiert zu werden, dass dir einfach nicht geglaubt wird. Diese Frauen bekommen oft alles andere als Ruhm, sondern werden aufs Übelste beschimpft und nicht selten sozial ausgegrenzt, weil sie es waren, die den lieben Kollegen, Lehrer oder Lokalpolitiker beschuldigt haben.

Christine Blasey Ford zum Beispiel hat 2018 in den USA vor dem Justizausschuss des Senats ausgesagt, dass Brett Kavanaugh sie im Sommer 1982 sexuell missbraucht habe. Kavanaugh war von Donald Trump als Nachfolger Anthony Kennedys für den Obersten Gerichtshof der Vereinigten Staaten nominiert worden. Sie ist nicht nur vom Präsidenten verspottet und verhöhnt worden, sondern auch von wildfremden Menschen auf der Straße und im Internet. Es wurde so schlimm, dass sie ihren Wohnort gewechselt hat.

Vor ihrer Aussage sagte sie: »Ich bin heute nicht hier, weil ich das will. Ich habe Angst. Ich bin hier, weil ich glaube, dass es meine Bürgerpflicht ist, Ihnen zu erzählen, was mir passiert ist, als Brett Kavanaugh und ich auf der Highschool waren.«[126]

Sie hat es als ihre Pflicht angesehen, diese Aussage zu machen, obwohl sie wusste, welche Konsequenzen das für sie haben würde und obwohl sie Angst hatte. Es hat nichts genutzt, Brett Kavanaugh wurde vereidigt und ist nun Richter am Obersten Gerichtshof der Vereinigten Staaten.

Wenn eine Frau in Deutschland einen eventuell sogar prominenten Mann öffentlich des sexuellen Missbrauchs beschuldigt, dann schlagen ihr Vorwürfe entgegen. Die will sich nur rächen, die will sich nur profilieren und ihre eigene Karriere ankurbeln. Diese Reaktionen sind nicht nur lächerlich, sondern traurig. Laut einer Studie von Terres des Femmes haben nur 8 % der Frauen, die sexualisierte Gewalt erlebt haben, die Polizei eingeschaltet. Das ist verdammt wenig. Von denen, die sich doch getraut haben, eine Anzeige zu erstatten, hatten nur 13 % am Ende einen verurteilten Täter.[127] Das ist verdammt bitter und schrecklich für die Opfer. Nicht gerade ein Anreiz, neben allen Unterstellungen dann auch noch durch so eine Prozedur zu gehen, die nur minimal erfolgversprechend ist. Das ist eben das Dilemma bei Anschuldigungen von sexueller Gewalt. Oft steht Aussage gegen Aussage, und es gibt selten stichhaltige Beweise. Natürlich gibt es in Deutschland zu Recht die Unschuldsvermutung und aufgrund dieser wird eben oft für den vermeintlichen Täter entschieden. Aber können wir uns mit diesem Hintergrundwissen als Gesellschaft nicht darauf einigen, dass wir bei solchen Anschuldigungen erst mal den Frauen glauben? Sie ernst nehmen und die Geschichte ernsthaft verfolgen?

Bevor man einer Frau in dieser Frage einfach glaubt, unterstellt man ihr irgendwelche niederen Beweggründe. Es sei denn, es kommen irgendwann mehrere Frauen mit ähnlichen Anschuldigungen. Denn Frauen glaubt man anscheinend nur im Kollektiv.

Die Mutter einer Bekannten hat während der #MeToo-Debatte zu ihren Kindern gesagt: Mensch, wegen diesem #MeToo, da mache ich mir solche Sorgen. Ihre Töchter waren erstaunt und meinten, aber Mama, wir sind doch da gar nicht in Gefahr, wir haben beide Firmen gegründet, die wir leiten, und kommen doch gar nicht in eine solche Situation. Nein, sagte die Mutter, sie mache sich keine Sorgen um ihre Töchter, sondern um ihren Sohn! Wenn der jetzt mal alleine mit einer Kollegin Aufzug fährt. Es könnte ja sein, dass der jetzt einfach so beschuldigt wird, wenn das jetzt so modern wird.

Ich habe mal im »Stern« ein Interview gegeben, da habe ich davon erzählt, dass es jede Frau kennt, wenn ihr auf einer Party ungefragt mal an den Hintern gegrabscht wird, das sei mir natürlich auch schon passiert. Und ich kenne auch herablassende Kommentare über mein Geschlecht oder Annäherungsversuche von Kollegen und Vorgesetzten.

Allein auf diese Passage gab es eine Flut von Kommentaren. Die reichten von: »Das hätte die wohl gerne, als ob die einer anpackt«, bis hin zu »Das erzählt die jetzt nur, weil die auch was vom Kuchen abhaben will«. Welcher Kuchen da wohl gemeint war? Der große Belästigungskuchen? Ja, von dem hätte wirklich jede Frau gerne ein großes Stück! Als wäre das ein vielversprechendes Start-up, in das man investieren könnte. Manche hatten also den Eindruck, ich würde mich an einer Art Modeerscheinung beteiligen wollen, von der man irgendwie profitieren würde. Wie verrückt.

Dass selbst einer Frau wie mir, mit meinem Status sozusagen, so etwas ganz schlicht und einfach nicht geglaubt wird, ist niederschmetternd. Wie wenig wird dann wohl einer anderen Frau, mit weniger medialer Reichweite und einem ganz normalen Job in einer Firma, geglaubt? Wie sehr wird sie sich mit solchen Äußerungen beliebt machen? Und dieser Frau ist eventuell viel Schlimmeres passiert. In einem Gespräch mit einem befreundeten Pärchen ging es um die #MeToo-Debatte und irgendwann fiel der Satz: Müssen jetzt alle Frauen in den Medien erzählen, was ihnen irgendwann mal an vermeintlichen Übergriffen im Job passiert ist?

Meine Antwort war recht einfach: Ja, solange du so eine Frage stellst, ja. Damit es geglaubt wird! Frauen glaubt man ja scheinbar immer erst in Gruppenstärke. Na ja, wenn es fünfzig sagen, wird es wohl stimmen. Ich glaube, darum hört man auch so oft: Dieser Feminisimusscheiß nervt langsam. Ja, glaub ich sofort. Weil wir Frauen immer diejenigen sind, die immer und immer wieder darauf hinweisen müssen, was falsch läuft. Macht doch einfach mit oder kommt selbst drauf, dann müssen wir auch nicht immer so nerven.

Wenn Frauen Privilegien einfordern, die bislang nur für Männer galten oder die eine Bevormundung beenden sollen, gibt es immer die gleiche Diskussion. Sobald ein Gesetz zugunsten der Frauen geändert werden soll, heißt es von vielen Seiten: Nein, das könnt ihr nicht einfach so machen, da müssen wir erst mal überlegen! Bei vielen Gesetzen, die in den letzten Jahren geändert wurden, hat man sich gefragt, warum geht das nicht schneller? Diskutieren wir ernsthaft darüber? Alle hätten sagen müssen: Oh Gott, ist das unangenehm! Wir haben hier im Gesetzbuch noch ein bisschen Mittelalter entdeckt, das reformieren wir schnell weg. Aber nein, jedes Mal ist es ein Kampf. Und jedes Mal sind die Gegenargumente: Das sollten wir lieber nicht machen, denn die Frauen können dann mit diesem neuen Recht gar nicht umgehen!

10 PRINCESSES OF GAMING

THE PRINCESS OF GAMING

Viele Menschen haben ja Angst vor dem Alter. Angst davor, zu vereinsamen, nur noch mit dem Kissen auf dem Fensterbrett auf die Straße zu schauen und vor lauter Frust alle zusammenzuscheißen, die vorbeikommen. So wie der ehemalige Nachbar von meinem Freund Boris. Der hat jeden Tag alle Leute angezeigt, die in seinem Sichtradius falsch geparkt haben. Da kamen jeden Tag bis zu dreißig Faxe bei der Polizei an, nur von dem einen Idioten. Das Ganze gipfelte dann darin, dass ihm die Polizei irgendwann einen Anschiss gegeben hat, weil die keinen Bock mehr hatten, sich mit diesem Kleinkram zu beschäftigen. Es war uns eine herrliche Genugtuung. Trotzdem tat mir der Mann irgendwie leid. Er hatte keine Familie mehr, und seine einzige Freude war es nun mal, Leute anzuzeigen. Das kann ja auch 'ne Art Bindung sein. Wer weiß, vielleicht hat er sich auch einfach gefreut, wenn er mein Kennzeichen öfters aufschreiben konnte. Bestimmt ist ihm auch aufgefallen, wenn man neue Reifen drauf hatte oder so was. Er tat mir leid, denn es war sein einziges Hobby.

Ich habe aber keine Angst davor, dass mein einziges Hobby im Alter sein könnte, andere Leute anzukacken, nur weil ich nix Besseres zu tun habe. Selbst wenn bei mir alles den Bach runtergeht, alle meine Freunde und meine ganze Familie tot sind und nur einmal am Tag ein*e Pflegeroboter*in vorbeikommt und mir den Arsch abwischt. Denn ich weiß jetzt schon sehr genau, was ich tun werde, und ich werde sehr, sehr viel zu tun haben: Ich werde zocken!

Wenn ich alt bin, dann ist eine Sache ganz sicher: Die Gaming-Industrie wird auf einem ganz anderen Level sein. Vor dreißig Jahren haben wir noch »Giana Sisters« auf dem C64 gespielt, da waren das nur gestapelte Pixel, aus denen man nur mit viel Fantasie ein Mädchen mit wirren Haaren erkannt hat. Heute gibt es VR-Brillen und Onlinewelten, die besser aussehen als die verdammte Realität! Ciao, reale Welt, I'm out! Was es dann für 'ne Grafik geben wird, was für Möglichkeiten, das wird einfach nur der Wahnsinn. Dann werde ich zwar künstlich ernährt, aber ich lebe sowieso nur noch virtuell mit Lara Croft und Nathan Drake. Und denen ist es egal, wie oft ich die Windeln wechseln muss oder ob meine Zähne noch da sind oder nicht.

Ich glaube also, dass mir das Gaming als Hobby nicht abhandenkommen wird. Ich werde in irgendeiner Art Patientenverfügung festhalten, dass man mich bitte, auch wenn ich eventuell schon dement bin, per VR-Brille in ein Open-World-Game ballern soll. Das muss doch möglich sein.

GAMES SIND KULTUR

Ich habe schon immer sehr, sehr gerne gespielt. Für mich ist das eine komplett eigene Kulturwelt, und ich finde, viele Spiele sind wahre Kunstwerke. In Japan werden einige Spieleentwickler wie bedeutungsvolle Künstler verehrt. Die Bewohner der Insel, auf der »Ghost of Tsushima« spielt, haben die Spieleentwickler zu Botschaftern der Insel ernannt. Ich kann sie verstehen. Manche

Spiele sind gewaltig wie Blockbuster, durch ihre Länge berühren sie aber viel tiefer. Ich kann mich darin komplett verlieren – wenn ich die Zeit habe! Die habe ich nicht immer, weil es eben dummerweise oft Abgabetermine für Stand-ups, für Texte für meine Sendung oder für so was wie dieses Buch hier gibt. Jedes Mal, wenn ein Titel erscheint, den ich schon lange herbeigesehnt habe, bete ich, dass ich nicht arbeiten muss. Da bin ich einfach ein totaler Suchtmensch. Hätte das mit der Bühne nicht geklappt, ich würde an irgendeiner Raststätte abhängen und meine Kohle in den Automaten hämmern. Und wäre trotzdem glücklich. Wenn ich jetzt also manchmal Zeit zum Zocken habe, dann gebe ich auch richtig Vollgas. Dann sieht man mich tagelang nicht.

Es gibt ja nicht wenige Menschen, die behaupten, dass man abstumpfen würde, wenn man zu viele Videospiele zockt, und man könnte eventuell an Empathie verlieren. Das sehe ich anders. Ich habe mal wochenlang »Skyrim« gespielt, ein Open-World-Game. Man läuft durch eine wunderschöne Welt und kann quasi an jeder Ecke eine Mission starten. Man muss Drachen besiegen und hat Tausende von Möglichkeiten, sich als Magier*in oder Kämpfer*in einen Namen zu machen. Man kann es sicher jahrelang spielen. Ich war an einem Punkt stundenlang in irgendeinem Dungeon mit Untoten und allerhand Skeletten und so Zeug. Mit schweißnassen Händen habe ich versucht, in diesen Höhlen die ganzen Biester abzuballern. Aber ich war einfach zu schlecht. Also hab ich immer wieder abgebrochen, bin noch mal aus der Höhle raus, habe bessere Waffen besorgt, besser zaubern gelernt, Tränke gekauft, was man halt so macht ... und endlich, ENDLICH hatte ich 'ne Waffe, mit der ich diese Kreaturen alle mit einem riesigen Feuerball erledigen konnte. Ich habe wirklich laut gejubelt, war unendlich erleichtert und sehr stolz auf mich. Wie eine Mutter! Die Arbeit von zwei Wochen hat sich endlich ausgezahlt, und alle meine Mühen wurden belohnt. Dann merkte ich aber plötzlich: Shit. Ich hab auch mein Pferd getötet. Oh nein! Es lag mausetot in der Ecke, halb im Wasser. Es war definitiv tot. Fury war in die ewigen Jagdgründe eingegangen. Das hat mich so fertiggemacht, ich wurde richtig panisch. Außerdem war ich unglaublich traurig! Das Pferd hatte ich schon vor Wochen bekommen, es hatte mich überallhin begleitet, alles mit mir durchgestanden, es kam überallhin, wenn ich nach ihm gepfiffen habe, selbst hoch auf die höchsten Gipfel und hinunter in die tiefsten Täler. Nein, ich durfte das nicht zulassen. Also hab ich getan, was getan werden musste, und habe: nicht gespeichert. Zwei Wochen Arbeit für den Arsch. Alles nur wegen eines Pferds.

Einige von euch wissen sicher, was das bedeutet. Nicht speichern, das mache ich nicht für jeden. Alles war umsonst. Aber dafür war mein Pferd wieder am Leben. Später habe ich übrigens erfahren, wenn einem das Pferd in diesem Spiel stirbt, dann muss man einfach noch mal nach ihm pfeifen, und dann kommt einfach ein neues. Aha. Aber das kann ja wohl kaum die Lösung sein, sich da einfach Ersatz zu besorgen. Man geht doch auch eine Bindung zu exakt dem einen Tier ein. Sonst würde man ja zum Beispiel auch sein Tamagotchi nicht füttern. Weil da kommt ja eh ein neues.

FRAUEN, DIE ZOCKEN

Eigentlich sagt man ja, Mädchen sind gar nicht solche Zocker. Ich hab mir dazu allerdings eine Studie durchgelesen, in der steht, 44 % der Frauen und 49 % der Männer spielen zumindest hin und wieder Computer- oder Videospiele.[128] Immerhin, das hält sich doch die Waage.

Es gibt allerdings Unterschiede in den Genres. Frauen spielen weniger Sportspiele wie »FIFA« oder »NBA« und auch weniger Egoshooter. Da passe ich tatsächlich genau ins Klischee. »FIFA« hat mich noch nie interessiert, und ich hab's auch nicht gerafft. Weder wusste ich, wo der Ball war, noch welcher Spieler gerade von mir gespielt wurde. Außerdem hab ich Besseres zu tun, als mich online von irgendwelchen Vierzehnjährigen abziehen zu lassen. Sportspiele sind bei mir also alle raus, genauso wie Egoshooter. Damit passe ich ganz gut ins Bild, denn laut dieser Studie sind Frauen noch immer eine Minderheit in »Call of Duty« oder »Counter-Strike«. Als Hauptmotivation gaben Männer in erster Linie Wettbewerb und Zerstörung an, Frauen Fantasie und Vervollständigung. Frauen spielen am liebsten Familiensimulationen und Puzzlespiele wie »Tetris«.

Ähm, »Tetris«? Ja, hab ich auf dem Gameboy bis zum Umfallen gespielt, aber heute spiel ich »Tetris« nur so lange, bis »Resident Evil« geladen hat.

Und sehr schön fand ich: Frauen sind interessiert an »atmosphärischen Erkundungsspielen«. Ui, atmosphärische Erkundungsspiele ... Klingt wie etwas, das man im Alter in so VHS-Kursen machen kann, um zu gucken, ob man sich nicht doch sexuell etwas aufgeschlossener aufstellen sollte.

Also:

> »Genres, die mehr von Frauen gespielt werden, betonen Fertigstellung und Fantasy. Das sind die zwei wichtigsten Motivationen für Frauen. Und Genres, die von Männern bevorzugt werden, beschäftigen sich meistens mit Wettbewerb und Zerstörung – den zwei wichtigsten Motivationen für Männer.«[129]

Männer zerstören gerne und Frauen bauen gerne auf. Das könnte man doch genderübergreifend verbinden, oder? Wenn der Mann so ein Kriegsgebiet in Schutt und Asche zersäbelt hat, muss die Frau dann da 'ne Farm draufbauen oder so. Könnte man eventuell auch in der Paartherapie einsetzen.

Also, ich muss sagen, ich bin an atmosphärischen Erkundungsspielen nicht interessiert. Familiensimulation durchaus, auch ich hatte alle Teile von »Die Sims« und habe alle Familien meiner Freund*innen nachgebaut. Dann hab ich sie untereinander alle Kinder kriegen und dann übel streiten lassen. Natürlich hab auch ich meine Nachbarn eingemauert oder im Pool ertrinken lassen. Das war toll.

Ähem ... wie war das noch mal mit der Empathie? Hähä ...

Ja, ich muss zugeben, Zerstörung macht mir Spaß, aber: Sie darf nicht sinnlos sein! Ich spiele keine Kriegsshooter, bei denen man einfach vom Helikopter in ein Schlachtfeld abgeseilt wird und dann mit seiner Einheit ein bestimmtes Gebiet einnehmen muss. Das ist nichts für mich. Aber nicht wegen der Gewalt! Gegen Gewalt in Videospielen hab ich überhaupt nichts. Also, ich verteile durchaus auch Kopfschüsse, mach ich gerne, bin ich dabei. Ich muss nur wissen, warum! Ich brauche eben einfach eine Story drum herum. Wie bei einem Porno. Da will ich auch nicht direkt mit dem Akt einsteigen, ich muss wissen, wie es dazu kam, was ist der Background der Story? Also: Hat der Bastard meine Familie entführt, ist er ein Untoter? Oder hat er alle Einhörner der Welt von 'nem roten Stier ins Meer treiben lassen? Dann baller ich den weg, kein Problem. Bei manchen Spielen komme ich natürlich auch an meine Grenzen. Teilweise sind Grafik und Atmosphäre der Spiele so gut und dadurch so gruselig, manche kann ich nur im Hellen spielen. »Alien Isolation« zum Beispiel. Ich hatte so einen Schiss vor dem Alien, dass ich mich beim ersten Spielen eine halbe Stunde lang in einem Schrank versteckt und mich einfach nicht rausgetraut habe. Oder »Resident Evil«. Den letzten Teil hab ich mal aus

Versehen so lange gespielt, bis es dunkel wurde. Ich musste vor dem Einschlafen mindestens drei Folgen »Pumuckl und Meister Eder« gucken, um einschlafen zu können.

Auch wenn Zocken natürlich ein hohes Aggressionspotenzial mit sich bringt, kann ich allen nur empfehlen, es mit dem*r Beziehungspartner*in zu spielen. Es kann unheimlich zusammenschweißen, wenn man sich überlegen muss, wie man die Zombie-Meute am besten erledigen könnte. Dann redet man abends im Bett in gemütlicher Löffelchenstellung noch lange darüber, ob man nicht doch noch ein paar Sprengfallen bauen oder lieber einfach mit dem Flammenwerfer draufhalten sollte. Man bondet wirklich noch mal auf einer anderen Ebene. Achtsamkeit next Level sozusagen.

Ich hatte mal einen Freund, der konnte mit dem ganzen Thema überhaupt nix anfangen. Dann wird's natürlich echt schwierig. Als ich damals den ersten Teil des von mir tief verehrten Spiels »The Last of us« gespielt habe, wollte er irgendwann mit mir sprechen. Er war total ernst, und ich musste mich zum Gespräch zu ihm an den Tisch setzen. »Ich muss mal mit dir reden, ich mache mir Sorgen. Ich habe dich beim Spielen beobachtet, und ich muss sagen, dass ich das nicht okay finde. Du schießt den Leuten in den Kopf, einfach so! Jedes Mal. In den Kopf! Ohne mit denen vorher zu sprechen! Das ist total beängstigend, diese Gewalt.« Also, wirklich schön, dass er sich Sorgen macht, aber ... bitte was? »Ey, ich töte Zombies, Junge. Wo lebst du denn? Denen MUSS man in den Kopf schießen, alles andere bringt nix. Mit denen muss ich auch nicht reden, denen hängt das Kinn auf Kniehöhe, die wollen nix mehr besprechen.« Seine Antwort war: »Trotzdem.«

Nun ja. Ich muss hier nicht erwähnen, dass wir uns dann »auseinandergelebt« haben.

FRAUENFIGUREN IN GAMES

Wie sieht es denn jetzt mit den Frauenfiguren in den Games aus? Gibt es da einen Charakter, der mir ähnelt, mit dem ich mich vergleichen oder dem ich nacheifern kann? Eine Heldin für mich? Oder ist auch hier der Platz für diverse und vielfältige Frauenfiguren beschränkt? Leider sieht es da mau aus. Vor allem in den älteren Games sucht man Frauen vergeblich. Da waren die Giana Sisters schon 'ne krasse Ausnahme. Aber wie gesagt, viel Weiblichkeit gab es in dem Pixelhaufen sowieso nicht zu erkennen. In den meisten Spielen war und ist die Frau entweder die zu rettende Hilflose oder die sexy Jägerin oder Kriegerin. Die Prinzessin Peach, also Prinzessin Pfirsich, von Super Mario wird in »Super Mario Bros.« immer am Anfang vom Level mal kurz gezeigt, wie sie von Bowzer, dem Erzfeind von Super Mario, entführt wird. Die Brüder Mario und Luigi müssen sie also, ihr ahnt es schon, retten. Was auch sonst.

> »Peach gilt als das Sinnbild der ewig zu beschützenden bzw. zu rettenden Frau, die von ihrem Helden befreit werden muss.«[130]

Schnarch.

Bei Mario Kart durfte die Prinzessin dann auch beim Autorennen mitmachen, aber wer die auswählte, der war ein Idiot. Erst als wir es als Challenge angesehen haben, auch mit den schlechteren Avatars alle Level durchzuspielen, haben wir sie als Fahrerin genommen. Sie hat eigentlich nur genervt.

Ansonsten gibt es immer noch extrem wenige weibliche Figuren im Gaming, obwohl doch so viele Frauen Games spielen. Da wird einfach eine ganze Zielgruppe hängen gelassen. Wir würden doch für diese Spiele Geld ausgeben! Money!

Ich weiß noch, dass wir auch im ersten Teil von »Tekken«

Frauenfiguren auswählen konnten. Die haben in meiner Erinnerung zwar tolle Moves gemacht, Radschlag ohne Hände usw., waren aber natürlich nicht so stark wie ihre männlichen Kollegen. Oder ich war in dem Spiel einfach scheiße. Vor lauter Stress hab ich damals einfach immer mit dem Daumen rhythmisch auf alle Tasten des Controllers gleichzeitig gedrückt. Hat manchmal sogar funktioniert. Ich habe trotzdem immer wieder eine Frau ausgewählt, ich wollte einfach kein männlicher Kämpfer sein. Obwohl ich fast immer verloren habe, wollte ich dennoch als Frau kämpfen. Was mich damals allerdings schon nervte, war: Alle waren halb nackt. Das haben wirklich fast alle Frauenfiguren im Gaming-Bereich gemeinsam. Anders als die Giana Sisters haben die fast nichts an und Proportionen von instabilen Barbie-Ausmaßen. »Tomb Raiders« Lara Croft ist natürlich die bekannteste Figur unter ihnen. Sie ist so eine Art Indiana Jones als Frau. Eine Schatzjägerin, die in Höhlen und alten Grabstätten nach Schätzen sucht und gegen zahlreiche Feinde kämpft. Dazu trägt sie stets Hotpants und bauchfrei. Stellt sich die Frage, wo sie die gefundenen Schätze unterbringt. Nicht gerade das typische Outfit für Höhlenforscher*innen, aber egal. Sie setzt auch die physikalischen Gesetze außer Kraft, denn sie klettert und kämpft mit ihren im Vergleich zu den restlichen Proportionen wirklich absolut grotesk großen Brüsten, als wäre es kein Problem. Vielleicht trägt sie auch einfach nur einen wahnsinnig guten Sport-BH.

Ich weiß noch, wie meine Freunde früher stundenlang an der Kameraeinstellung rumgeschraubt haben, damit sie Laras Hintern von unten sehen konnten. Oder sie haben sie einfach minutenlang immer wieder irgendwo runterspringen lassen, weil sie dabei so wahnsinnig lasziv gestöhnt hat. Natürlich. Sex sells, auch im Gaming.

Ansonsten haben Frauenfiguren in Games natürlich das Abo auf die »Jungfrau in Not«. Diese Rollenbeschreibung ist wieder mal so alt wie eintönig. Der Held befreit die Frau aus den Fängen des Bösewichts, weil sie unfähig ist, sich selbst zu helfen, und einzig und allein wunderschön ist. Das kommt uns allen ja schon sehr bekannt vor. Es gab im Jahr 2000 Pläne für ein Spiel, das »Dinosaur Planet« heißen sollte. Heldin war eine Katze namens Krystal, die mit einem magischen Stab gegen allerhand Gegner kämpfen sollte. Sie war eine richtig coole Heldin, mit normalen Proportionen, die nichts weniger als die Aufgabe hatte, die Welt zu retten. Das Spiel wurde aber leider nicht veröffentlicht. Ein berühmter Spieleentwickler von Nintendo wollte die Story lieber für den dritten Teil seiner erfolgreichen »Star-Fox«-Reihe verwenden, und so wurde die Dino-Story komplett umgeschrieben und Krystals Abenteuer zum Abenteuer von Fox McCloud. In dieser Version kämpfte dann er mit dem Stab gegen die Feinde, die eigentlich auf Krystals To-do-Liste standen. Krystal kam dann trotzdem in der Geschichte als Figur vor, aber ihr ahnt es: als hilflose Jungfrau. Gefangen in einem Kristall (Schneewittchen lässt grüßen), mit deutlich weiblicheren Kurven und spärlicher gekleidet als in der Ursprungsversion, war sie selbst komatös so wunderschön, dass Fox McCloud sie mehrere Sekunden lang zu schleimig-erotischer Saxofonmusik angeiert.

Man könnte also fast meinen, es wäre eine leicht männerdominierte Branche, die nicht wirklich an vielfältigen oder gar heroischen Frauenfiguren interessiert wäre. Frauen sollen wohl weiterhin die passiven Schönen sein, die nicht aus eigenem Antrieb aus ihrer Misere herauskommen. Die nutzlosen Prinzessinnen eben. Vor einigen Jahren geriet die ganze Gaming-Branche in eine Kollektiv-Rage. Unter dem Hashtag #Gamergate tobte monatelang ein Streit bei Twitter, dessen Ausmaße komplett unübersichtlich wurden und sich zu purem Frauenhass steigerten. Auslöser war im Grunde genommen ein Betrogener. Der Ex-Freund der Spieleentwicklerin Zoë Quinn machte deren Affäre mit einem Spielejournalisten öffentlich. Laut seiner Aussage hatte sich Zoë so eine gute Rezension für das von ihr entwickelte Spiel »Depression Quest« »erschlafen«. Hierbei handelt es sich übrigens um ein komplett textbasiertes Adventure zum Thema Depressionen. Eigentlich 'ne gute Sache. Aber schon das Spiel wurde von der Community verrissen, denn man war der Meinung, die guten Rezensionen zum Spiel seien erkauft, und außerdem gab es offensichtlich diese Panik, man müsste in der breiten Landschaft des Gamings jetzt auch noch Platz machen für solche lahmen, deepen Psychospiele, die dann die ganzen Shooter und Kampfspiele nach und nach vertreiben würden. Ja, es ging die Angst um, etwas zu verlieren. Platz abzugeben an andere, ist nun mal nicht jedermanns Sache. »Manns« Sache ist es ja offensichtlich mal so gar nicht. Nur noch mal zum Mitschreiben: Diese Community regte sich darüber auf, dass dieses Text-Adventure so gehypt wurde. Aber: so what? Hatten die wirklich Schiss, dass ihre Kumpel, mit denen sie sich zu virtuellen Schlachten treffen, in ein anderes Game-Genre überlaufen? Dass sie ihnen irgendwann übers Headset sagen:

»Du, ich bin raus hier, ich mach rüber zu den textbasierten Adventures. Ich hab gemerkt, dieses Gemetzel ist nix für mich, ich seh mich mehr in atmosphärischen Erkundungsspielen.«

Was für ein Bullshit. Aber es gab einen Anlass, die Spieleentwicklerin zu haten und die Spielekritiker gleich mit, denn die waren ja offensichtlich käuflich. Lustigerweise hatte aber besagter Spielekritiker nach der Affäre gar kein Spiel von Zoë Quinn mehr besprochen. Egal, die Hexe stand schon auf dem Scheiterhaufen, warum das ganze Ding dann nicht auch anzünden. Sie hatte schließlich nachweislich ihren Freund betrogen, Sex mit jemand anderem gehabt und darüber gelogen. Damit war sie sowieso zum Abschuss freigegeben. Ich habe mir einige der Hass-Posts gegen die Entwicklerin angeschaut, und das war wirklich hart.

> »Next time she shows up at a conference we ... give her a crippling injury that's never going to fully heal ... a good solid injury to the knees. I'd say a brain damage, but we don't want to make it so she ends up too retarded to fear us.«[131]

Ernsthaft? Wegen eines Games? Aber nicht nur Zoë Quinn, sondern auch die Spieleentwicklerin Brianna Wu oder auch die Feministin Anita Sarkeesian erhielten im Zuge dieser Hassdebatte so viele und ernst zu nehmende Morddrohungen, dass sie zeitweise untertauchen mussten. Anita Sarkeesian veröffentlichte Videos, die sie mit Crowdfunding-Projekten realisierte, in denen sie die sexistische Darstellung von Frauenfiguren in Computerspielen analysierte. Sie bekam unzählige Kommentare, die ihr vorwarfen, sie würde alle Spieler im Kollektiv verurteilen, dabei wollten die meisten doch nur Spaß haben und sich nicht mit diesen verkopften Problemen von Geschlechterdarstellungen beschäftigen. Und es gab Menschen, die der Meinung waren, Anita würde sich aus der Tatsache, dass sie eine Vagina besitze, Vorteile verschaffen wollen. Das kommt uns auch bekannt vor, oder? Eine Frau weist auf einen Missstand hin und ihr wird unterstellt, sich nur selbst bereichern zu wollen. Diese ganze Auseinandersetzung gipfelte darin, dass Spiele-Blogs und deren Werbepartner, die kritisch über die #Gamergate-Bewegung berichteten, mit Beschwerde-Mails bombardiert wurden.

Die »FAZ« schrieb dazu:

> »Die Mails, die zu Tausenden die Postfächer der Marketingabteilungen großer Unternehmen überschwemmten, erreichten ihr Ziel. Der Chiphersteller Intel zog eine Werbung auf der Computerspieleseite ›Gamasutra‹ zurück, die amerikanische Sparte von Mercedes setzte kurzzeitig ihr Werbeengagement auf der Internetseite ›Gawker‹ aus. So lässt sich journalistische Meinungsvielfalt im Netz kleinschreiben.«[132]

Sicher war das nicht die Mehrheit der Gaming-Community. Die meisten Mitglieder dieser Gemeinschaft sind sicher nicht daran interessiert, das Leben einer Journalistin oder Entwicklerin zu beenden. Viele sahen die Kritik von Anita Sarkeesian durchaus als berechtigt an und waren total offen für Veränderungen. Trotzdem gibt es eben eine gewisse Anzahl von Gamern, die eben genau diese Kommentare abgeben. Ich zähle mich ja auch zu der Community der Gamer und habe auch schon mit großem Spaß Spiele gespielt, in denen Frauen eben nur als Schmuck für den Helden dienten. Viele Spiele davon hab ich geliebt und dafür will ich mich auch nicht verurteilen lassen. Aber der Hinweis darauf, sich in dieser Hinsicht weiterzuentwickeln, ist doch nichts Schlimmes. Hier wurde doch überhaupt nicht gegen Computerspiele argumentiert, sondern für eine bessere und vielfältigere und vor allen Dingen weniger frauenfeindliche Entwicklung. Wie absurd, dass auf den Vorwurf, frauenfeindlich zu sein, viele ihre empörten Argumente, warum dieser Vorwurf falsch wäre, mit wüsten frauenfeindlichen Beschimpfungen untermauert haben.

DIVERSE GAMES

Das nenn ich mal eine Eskalation. Dabei geht es doch anders! Ich bin es ja gewohnt, Spiele mit markanten und heroischen männlichen Figuren zu spielen, und hab mir nicht unbedingt vorstellen können, wie das im umgekehrten Fall konkret aussehen könnte. In den letzten Jahren aber gab es viele Spiele, die Frauenfiguren in den Mittelpunkt ihrer Geschichten gestellt haben, und sie waren FANTASTISCH! »Horizon Zero Dawn« zum Beispiel. Darin spielt man eine junge Kämpferin, die sich in einer postapokalyptischen Welt behaupten muss. Man bewegt sich in einer Art Steinzeit, in der sich verschiedene menschliche Stämme angesiedelt haben, und sieht sich einer Vielzahl von tierähnlichen Maschinen gegenüber. Die Zivilisation, wie wir sie kennen, ist also irgendwann gehörig in die Binsen gegangen, und die Maschinen sind jetzt die Feinde. Die Kämpfe sind wirklich einzigartig und extrem herausfordernd. Zugleich ist die Geschichte der Hauptfigur Aloy superinteressant. Sie weiß nicht, wer ihre Mutter ist, und die Suche nach ihr ist quasi der rote Faden im Game. Aloy lebt in ihrem Stamm in einem Matriarchat, Frauen sind die Entscheiderinnen und Heiligen. Allein darum ist das Spiel total fesselnd. Dann gibt es natürlich noch den zweiten Teil von »The Last of us«. Im ersten Teil ging es um den Helden Joel, der in der Zombie-Apokalypse ein junges Mädchen findet, das nach einem Biss anscheinend immun gegen das Virus ist. Im Spiel versucht man nun als Joel, dieses Mädchen, Ellie, zu einer Basis in Seattle zu bringen, in der es noch Labore gibt und Ärzte, die die Möglichkeit hätten, einen Impfstoff zu entwickeln.

Schon beim ersten Teil fiebert man mit wie bei einem Kinofilm. Aber der zweite Teil stellt wirklich alles in den Schatten, was ich je gespielt habe. Absolut mind-blowing schon mal: Pro- und Antagonist sind beide Frauen! Aber beide entsprechen überhaupt nicht dem gängigen Schönheitsideal und sind dazu auch noch hochsensible, vielschichtige und dadurch absolut glaubhafte Figuren, mit denen man in jeder Situation mitfühlt. Beide Frauen sind starke Kämpferinnen und gute Schützinnen, jede auf ihre Art. Aber gleichzeitig sind sie auch hochsensibel. Sie sind keine »Mannsweiber« und nur darum so stark, weil sie alles Weibliche abgelegt haben. Sie sind eben überhaupt nicht wie Männer, sondern total weiblich. Sie weinen, lieben und streiten. Das Spiel bringt einen an die Grenzen. Unfassbar gut und das Beste, was ich je gespielt habe. Hab ich das schon gesagt?

Aber auch hier gab es Hass. Hass gegen die Spieleentwickler und Hass gegen die Schauspielerinnen, die den Figuren ihre Gesichter und Bewegungen liehen. Die Darstellerinnen bekamen sogar Morddrohungen. Wie absurd. Stellt euch vor, jemand kommt wegen Mordes ins Gefängnis, weil er eine Schauspielerin umgebracht hat, die eine Figur in einem Videospiel gespielt hat, was ihm nicht gepasst hat. Das nenn ich mal 'ne Überreaktion. Die Hater fanden es aber wohl untragbar, dass Joel, der Held aus dem ersten Teil, sofort am Anfang der Geschichte umkommt und man ab dem Zeitpunkt eigentlich nur noch in Frauenhand ist. Aber dass hier eine so fesselnde Geschichte erzählt wird mit so tiefen Charakteren, die nicht nur ihre persönlichen Kämpfe zu bestehen haben, sondern dazu noch in der Zombie-Apokalypse überleben müssen, das zählt gar nicht? Außerdem sind alle Kreaturen, gegen die man kämpft, so unfassbar geil animiert, dass man das ganze Spiel aus dem Staunen nicht herauskommt. Ist es da nicht scheißegal, welches Geschlecht die Figur hat? Und ist es nicht toll zu sehen, dass all das, was mit männlichen Figuren geht, auch mit Frauen funktioniert? Dass ich denen die Rachegelüste, die emotionale Tiefe und die Kampflust ganz genauso abnehme, ist doch der absolute Wahnsinn! Was kann daran falsch sein? Leute, reißt euch zusammen! Ist es wirklich so schlimm, eine Frau zu spielen? Ich hab jahrelang Männer gespielt und mich auch nicht beschwert. Also, ich kann dieses Spiel wirklich jedem empfehlen. Die ganze Story wird übrigens bald verfilmt, und ich kann es kaum erwarten. Als Schauspielerin so eine Rolle angeboten zu bekommen, ist wahrlich ein Jackpot. Eine echte Kämpferin mit ausreichend Bekleidung und körperlichen Proportionen, mit denen man auch im echten Leben überleben könnte. Also mich macht das wahnsinnig glücklich. Noch immer sind die meisten handlungstreibenden Charaktere in Videospielen Männer. Aber es ändert sich. Man darf mit der Branche vielleicht auch nicht so hart sein. Sie ist noch jung! Wir spielen doch erst seit ungefähr dreißig Jahren, oder? Lara Croft hat zwar zwanzig Jahre gebraucht, um vom sexy Püppchen zu 'ner richtig coolen Frauenfigur zu werden, aber so what. Es tut sich was. »The last of us 2« und »Horizon Zero Dawn« haben so ziemlich alles an Auszeichnungen bekommen, was es im Gaming-Bereich zu holen gibt. Die Website Gameawards.net sammelt alle Awards aus der gesamten Welt. Laut dieser Seite ist »The Last of us 2« »mittlerweile das Spiel mit den bisher meisten Auszeichnungen als ›Spiel des Jahres‹«. Insgesamt sind das 262 Auszeichnungen von Magazinen und Webseiten aus der ganzen Welt. Ich würde also sagen, es bessert sich. Auch wenn ich in den letzten zehn Jahren nur drei wirklich gute Spiele mit Frauen als Hauptfiguren gespielt habe, waren diese absolut herausragend. Es lohnt sich also, weiterzuentwickeln, ich will schließlich meine Rente in spannende Spiele investieren. Und ich will gar nicht auf die Gewalt und auf Sex im Gaming verzichten, auf gar keinen Fall!

VERSTÖRENDE SEXSZENEN

Ja, es gibt jede Menge Sex in Videogames. Das ist allerdings so 'ne Sache, bei der ich den Kritikern von Videospielen zustimmen würde. Diese Sexszenen in Videospielen können einen tatsächlich nachhaltig sehr schädigen. Meiner Meinung nach mehr als jede gewalttätige Szene. Meistens gibt es Sex als so 'ne Art Belohnung, wenn man ein besonders schweres Level geschafft oder das ganze Spiel durchgespielt hat. Am Ende von »Far Cry 3« zum Beispiel bumst man in alter und rassistischer »White Savior«-Manier eine indigene Stammesführerin. Stilecht auf einem Felsen inmitten von glühender Lava. Da muss man zugeben: ganz schön fancy Szenario für so 'ne Sexszene. Das Ganze zieht sich auch recht angenehm in die Länge und wird schön ausgeschmückt. Man will sich fast 'ne Tüte Popcorn aufmachen, während man sich dieses erotische Schauspiel gönnt. Das Dumme ist dann nur, dass die Dame dann kurz vor dem Höhepunkt plötzlich einen Dolch zückt und einen dann fachgerecht und sehr bildgewaltig ausweidet ... Joa. Das nenn ich mal einen Coitus interruptus.

Am verstörendsten für mich war allerdings eine andere Szene, die ganz sicher die Sexualität von vielen Spieler*innen beeinflusst hat. Bei »The Whitcher 3«, einem Action-Rollenspiel, zieht man als Monster-jagender Hexer mit narbigem Gesicht und weißen langen Haaren durch eine riesige Welt. Das Ganze wurde übrigens gerade verfilmt, und viele würden sicherlich die Hauptfigur mit dem Namen Geralt von Riva durchaus als attraktiv bezeichnen. Man stelle sich mal gerade bitte kurz das weibliche Exemplar mit exakt diesen Attributen vor, Hexe mit narbigem Gesicht und langen weißen Haaren. Heißt dann wahrscheinlich: Gertrut von Riva. Na ja. Not so sexy anymore.

Dieser Geralt jedenfalls lebt seine partnerschaftlichen Beziehungen mit diversen Damen aus, er ist da nicht wirklich wählerisch. Mit einer Dame, ich glaube, es ist eine On-off-Beziehung durch alle Teile hinweg, kommt er sich dann auch mal wieder intim näher. Die beiden haben in dieser Szene Sex auf einem, ACHTUNG: Einhorn. Ja, die bumsen auf einem Einhorn. Bevor ihr fragt: Ja, da war genug Platz für beide drauf. Es war ein sehr geräumiges Einhorn. Dazu haben sich mir direkt mehrere Fragen aufgedrängt. Erst mal: Wow, wem ist diese brillante Idee bitte eingefallen, und wie hat der- oder diejenige denn dann auch die Chef*innen der Entwicklerfirma davon überzeugt? So was muss man ja gut verkaufen! »Leute, ich stelle mir vor, dass Geralt erst drei Untote mit dem Schwert viertelt, dann die restliche Armee von Anderlingen mit dem Kettenstreitkolben zermalmt und danach bumst er auf 'nem Einhorn.« Gleichzeitig muss man sich natürlich auch die Frage stellen: Wo beginnt eigentlich Sodomie? Muss es Sex MIT einem Tier sein? Oder reicht es, welchen AUF einem Tier zu haben? Und gilt ein Fabelwesen überhaupt als Tier?

Versteht mich nicht falsch, ich feier diese Szene wirklich sehr. Ich fühle mich da als Frau wirklich enorm abgeholt, danke dafür! Gerne mehr! Endlich wird hier auch mal an die weibliche Gamer-Front gedacht. Aber so schön diese Szene auch ist, damit schraubt ihr die Erwartungen an das reale Sexualleben natürlich deutlich in die Höhe. Ich meine, wer will schon 08/15-Sex haben, wenn der Hexer Einhornsex hat. Also auf, nicht mit ... ihr wisst schon.

Ja super, wie willst du jemals wieder echten Sex haben, wenn du Zeuge wurdest, wie die da auf ’nem Einhorn bumsen? Jedes Mal, wenn sich dein Typ im Ikea-Bett auf dich rollt, fängst du doch an zu heulen! »Er bumst mich nicht auf einem Einhorn, er liebt mich gar nicht.«

Wenigstens bleibt uns die Fantasie. Es wird aber sicher sehr interessant, sollte dann ein*e Sexualpartner*in fragen: »Und, woran denkst du gerade?« »Wer, ich? Och ...«

11

FRAUEN-SOLIDARITÄT

DIE FRAUEN IN MEINEM LEBEN

Ich habe immer gewusst, dass Frauen im echten Leben überhaupt nicht so sind, wie sie in Serien oder Filmen dargestellt werden. Dass sie nicht unfähig und ängstlich sind und vor allem, dass es nicht nur so wenige Phänotypen von ihnen gibt. Es gab um mich herum so viele Frauen und es gab sie in allen Formen und Farben und die wenigsten hatten einen WHR von 0,6. Waren denn dann die Frauen, die ich kannte, einfach nur ganz krasse Ausnahmen? Eine Seltenheit? Sie waren so anders als die Frauen in den Filmen, die ich sah.

Die Schauspielerin Reese Witherspoon hat diesen Gedanken mal ganz gut auf den Punkt gebracht.

Sie hat in ihrer Acceptance Speech für den »Woman of the year«-Award 2015 darüber gesprochen, wie oft es in Filmen passiert, dass eine Frau den Satz sagt: »What are we gonna do now?«[133]

»Was sollen wir jetzt machen?«, fragt da also (wenn man mal darauf achtet, übrigens erschreckend oft) eine der Protagonistinnen meistens den Hauptdarsteller. Diese Damen befinden sich natürlich oft in schwierigen bis hin zu apokalyptischen Szenarien, in denen sie also nicht weiterwissen und die Frage, was denn jetzt am besten zu tun sei, um den Konflikt zu lösen oder eventuell die Menschheit zu retten, lieber an den nächsten Mann delegieren.

»Kennt irgendjemand wirklich eine Frau, die in einer Krisensituation nicht weiß, was zu tun ist?«, fragte Reese Witherspoon.

In meinem Leben gab es solche Frauen tatsächlich überhaupt nicht! Ich hatte nur wahnsinnig starke Frauen um mich herum. Die sind nie heulend weggerannt und mussten auch nie nach Hause, wenn es gefährlich wurde.

Eher im Gegenteil, als Kind hatte ich zum Beispiel das Gefühl, meine Oma hat vor nichts und niemandem Angst!

Meine Oma mütterlicherseits war Matriarchin und schwang innerhalb der Großfamilie das Zepter. Nachdem die Familie 1958 aus Polen nach Deutschland kam, hat sie nach und nach nicht nur ihre eigenen Kinder, Eltern und Schwiegereltern beherbergt, sondern es gab auch immer wieder versprengte Cousins oder befreundete Maler ohne Geld, die dann bei meiner Oma leben durften. Bei ihr im Haus war immer was los, und meine Oma hatte einfach alles in der Hand. Sie saß auch immer am Kopfende der Tafel mit Klößen oder Mohnkuchen. Dort saß sie, die als alleinerziehende Mutter das riesige Haus finanzierte, die mittellosen Künstler der Familie durchfütterte, mit allen dicken polnischen Onkeln nach dem von ihr gekochten Essen zusammen und lachte über ihre frauenfeindlichen Witze. Sie hatte Energie für zwanzig, putzte das komplette Haus mit acht Schlafzimmern immer alleine und pflegte alleine den riesigen Garten. Sie hatte diese Blumenbeete, bei denen auf einer riesigen Fläche schön geharkter Erde nur drei Tulpen rausschauten. Dazwischen wuchsen Unmengen Unkraut, der Erzfeind meiner Oma. Eine Hassliebe, würde ich sagen. Sie konnte nicht mit und nicht ohne, denn erst Ende der Neunziger konnten wir sie dazu überreden, auf ihren Beeten Rindenmulch zu verteilen oder pflegeleichte Büsche zu pflanzen. Sie kümmerte sich einfach um alles und ging sogar einmal wutentbrannt zu meinem Erdkundelehrer in die Schule, weil in meinem Erdkundebuch die Angaben zu den deutschen Grenzen vor 1945 falsch waren.

Tatsächlich hat mein Lehrer danach irgendeine Karte noch mal neu für uns kopiert. Sie war also alles andere als ängstlich, sondern mutig und stand immer zu ihrer starken Meinung.

Sie war nicht nur in meinen Augen die Chefin der Familie.

In meinem Gefühl war meine Oma immer so stark, weil mein Opa so früh gestorben war. Er starb schon 1980 mit gerade mal fünfzig Jahren, als ich ein paar Monate alt war. Ich hatte immer gedacht, nach seinem Tod hätte meine Oma seinen Platz und auch ein wenig seine Rolle übernommen. Die vom Mann im Haus eben.

Aber vor Kurzem habe ich alte Bilder vom Esszimmer meiner Großeltern gesehen, mein Opa lebte noch, und auf dem Bild sah man wieder eine große Gesellschaft mit reichlich Essen und viel Spaß. Auf diesen Bildern saß meine Oma auch schon am Kopfende des Tisches. Und dieser Platz hatte nichts mit der Nähe zur Küche zu tun, wo der Platz von den Müttern in vielen Familien ist. Sie war also schon immer die Chefin.

Im Film wäre meine Oma die, der man die Frage stellt: »What are we gonna do now?« Und sie hätte einen Plan. Aber so was von. Auch wenn sie wahrscheinlich einen WHR von 1,5 hatte.

Genauso war es übrigens bei ihrer Mutter, meiner Urgroßmutter, die von uns immer nur »Omama« genannt wurde. Die habe ich noch gehabt, bis ich sieben Jahre alt war. Diese Frau war ebenso eine Maschine wie meine Oma. Eine Überlebensmaschine, wie so viele in ihrer Generation. In den schlimmsten Krisen ihres Lebens hätte es gar keinen Mann gegeben, dem sie die Frage hätte stellen können: »What are we gonna do now?« Die waren nämlich alle weg!

1900 geboren, hatte sie nicht nur zwei Weltkriege erlebt, sondern auch die Industrialisierung, das Kaiserreich, die Einführung des Frauenwahlrechts und die Erfindung des Fernsehens und des Eurodance.

Meine Omama ist zwar gestorben, als ich sieben Jahre alt war, aber bei meiner Oma war ich mir sicher, dass sie für immer leben würde. Auf keinen Fall würde diese starke Frau jemals sterben. Selbst als ich selbst schon längst erwachsen war und natürlich wusste, dass jede*r irgendwann mal sterben wird, da habe ich gedacht: meine Oma nicht. Es kam mir absurd vor, dass dieses Bollwerk an Energie irgendwann einfach nicht mehr da sein sollte. Selbst mit über dreißig hab ich immer gedacht, wartet alle mal ab, ihr werdet euch noch wundern, wenn meine Oma einfach alle überlebt. Sie war für mich unsterblich. Als es 2013 dann doch passiert ist, war ich total geschockt und bin es, wenn ich ehrlich bin, manchmal auch heute noch.

Als ich klein war, hatte ich eine seltsame Vorstellung vom Sterben. Ich erinnere mich, wie mir meine Omama einmal sagte, früher, als junge Frau, wäre sie größer gewesen. Wie konnte das denn sein? Ihre Antwort war, dass der Mensch eben nur bis zu einem gewissen Alter wachse, und dann irgendwann fange er wieder an zu schrumpfen. Ich habe nicht schlecht gestaunt. Irgendwo hatte ich schon mal gehört, dass Menschen irgendwann sterben, aber was genau das sein sollte und wie das passiert, davon hatte ich keine Ahnung. Mit dieser neuen Information hab ich mir dann zusammengereimt, dass man im Alter einfach irgendwann immer kleiner und kleiner wird. Irgendwann wäre die Omama also so groß wie ich, dann so groß wie mein kleiner Bruder, dann so groß wie die Katze und dann so groß wie meine Barbie. Dann könnte sie mit ihr und He-Man zusammen in meinem Puppenhaus wohnen und Kakao trinken. Eine schöne Idee von betreutem Wohnen im Alter.

Und irgendwann wäre sie so klein geworden, dass wir sie nicht mehr finden. Und das wäre dann eben dieses Totsein.

Als mein Vater mir und meinem Bruder damals erzählt hat, dass die Omama gestorben ist, war ich noch mal verwirrt. Neben aller Trauer hatte ich aber doch direkt einige Fragen. Meine erste war ungefähr so: Wie kann sie denn tot sein, vorgestern war sie doch noch genauso groß wie immer?

Mein Vater musste mir danach jedenfalls einiges erklären.

Auch die Mutter meines Vaters war auf keinen Fall so, wie mir Frauen als Kind im Fernsehen dargestellt wurden. Sie hatte fünf Kinder (mein Vater hat vier Schwestern, alle voller Energie, versteht sich) und es war finanziell mehr als schwierig. Mein Opa war nicht nur Schreiner, sondern auch Kriegsversehrter. Er gehörte zu den 250000 in Stalingrad eingekesselten Soldaten unter anderem der 6. Armee und war einer von den 6000 Überlebenden, die zurückkehrten.

Er war von Anfang bis Ende in Stalingrad, heute weiß ich, was das heißt: ein nicht nur äußerlich, sondern auch seelisch hochtraumatisierter Mann. Mein Opa redete nie über den Krieg, das Einzige, was er uns erzählte, war, dass es in Russland so kalt war, dass einem die Tränen auf der Wange gefroren. Er hatte sichtbare Verwundungen einer Granate am Arm und Granatsplitter in der Lunge, die man nicht entfernen konnte. Darum musste er mehrmals am Tag an ein Sauerstoffgerät.

Das sah für uns Kinder gruselig aus, wie er da saß, hinter der Maske auf seinem Gesicht. »Der Opa muss brummen«, sagte die Oma immer, und Opa machte lustige Grimassen hinter der Maske.

Wie die Ehe meiner Großeltern war, kann ich natürlich nicht komplett beurteilen, aber es ist klar, dass sich auch hier die Frau um alles gekümmert und dazu noch einiges ausgehalten hat. Wie so viele in ihrer Generation. Das Geld war knapp und meine Oma verstand mehr von Finanzen als mein Opa, also verteilte sie ihm das Taschengeld und sorgte mit nächtlichen Näharbeiten für die Nachbarschaft dafür, dass man ein paar Mark mehr hatte.

Davon durfte mein Opa aber nichts wissen, darum machte sie es eben nachts.

Meine Oma erzählte mir, dass sie nach der Geburt meines Vaters von ihrem Arzt gesagt bekam, sie solle besser keine Kinder mehr bekommen, denn das würde sie eventuell nicht überleben.

Die Geburt meines Vaters muss sehr schnell gegangen sein, und da mein Vater auch ordentlich schwer war, hat das Ganze wohl seine Spuren hinterlassen. Sie erzählte die Geschichte dieser Geburt an jedem Geburtstag meines Vaters, und jedes Jahr wurde mein Vater ein halbes Kilo schwerer und die Geburt ging noch eine absurde Minute schneller.

Jedenfalls gab es wohl diese Diagnose für meine Oma, doch besser keine weiteren Kinder zu planen. Was ist denn dann passiert?, fragte ich meine Oma, wohl wissend, dass sie durchaus noch drei Mal schwanger wurde. Hat sie etwa eine Therapie gefunden, die ihr geholfen hat?

Nein, sie war nach dem Gespräch mit dem Arzt erst mal zu ihrem Pfarrer gegangen und hatte ihn gefragt, ob es in Ordnung wäre, Kondome zu benutzen oder irgendwie sonst zu verhüten, weil sie wahnsinnige Angst hatte, meinen Opa mit den zwei kleinen Kindern allein lassen zu müssen.

Nein, hatte der Pfarrer geantwortet, das gehe leider nicht, denn das sei Sünde.

MAMA
PAPA
MAG ALLES RUND UM WURSTBROTE
MAG KRAWATTEN UND DEN BUNDESTAG
MINI CAROLIN

Tja. Schade.

Am traurigsten finde ich, dass meine Großeltern anscheinend über dieses Thema nicht sprechen konnten, denn offensichtlich haben sie nicht verhütet. Ich kann mir aber auch nicht vorstellen, dass mein Opa es einfach so in Kauf genommen hätte, meine Oma zu verlieren. Also ist es am wahrscheinlichsten, dass das Thema einfach totgeschwiegen wurde und meine Oma einfach das Beste gehofft hat.

Oje.

Auch meine eigene Mutter wusste, als ich klein war, für jedes Problem eine Lösung. Sie wusste zum Beispiel immer, dass man einen Regenmantel auf dem Fahrrad brauchen würde. Auch wenn morgens auf dem Weg zur Schule kein einziger Tropfen Regen gefallen war und ich meine Mutter verflucht hab, weil ich mit dem Regending, mit dem ich wie ein fetter Marienkäfer aussah, zur Schule musste, spätestens auf dem Heimweg goss es in Strömen. Das war schon extrem beeindruckend. Als Kind hab ich immer gedacht, so was wissen Mamas. Sobald man selbst Mutter ist, weiß man das also automatisch auch. Nicht die Lebenserfahrung, sondern allein die Mutterschaft bringt einem diese Erkenntnis. Man weiß, wann es regnen wird und ob die Kinder beim Ausflug in den Wald irgendwann dringend einen nassen Waschlappen brauchen werden, weil sie klebrige Hände vom Brombeerenessen haben. So was hatte meine Mutter dabei! Damals gab es keine Feuchttücher oder so was, sie hatte einen zu Hause angefeuchteten Waschlappen in einer kleinen Tupperbox dabei! In meiner Umwelt waren die meisten Frauen also überhaupt nicht unfähig oder ängstlich. Jede von ihnen wusste, was in der Krise zu tun ist. Keine brauchte einen Mann, der ihr die Frage, was jetzt wohl zu tun sei, beantwortete.

DIE SOZIALEN ROLLEN ALS FRAU

Vielleicht ist es aber auch so, dass wir in unserer Gesellschaft nur begrenzte Rollen für Frauen haben. Je weiter sich eine Frau von den gesellschaftlichen Erwartungen an sie entfernt, desto mehr wird sie hinterfragt. Extrem gesagt gibt es eigentlich nur drei Rollen.

1. Die richtige Frau: sichtbar weiblich, hetero, sexuell aktiv, die Geliebte. Attraktiv, an Mode und Schuhen interessiert, in festen Händen oder auf der Suche danach.
2. Die Mutter, immer noch hetero, versteht sich, sorgsame Familienpflegerin und im Alter dann die liebe Oma. In festen Händen oder sehr dringend auf der Suche danach.
3. Die Geschäftsfrau, hetero, in festen Händen oder auf der Suche danach.

Irgendwo da sollten wir uns wiederfinden, Grautöne gibt es dabei nicht wirklich. Und selbst bei »Fifty Shades of Grey« will die Olle nur ’ne Beziehung.

Am besten verbindet man alle diese drei Rollen zur ultimativen Superfrau und schafft es super-easy-peasy, das alles unter einen Hut zu bringen, so wie Heidi Klum. Schließlich ist das alles nur eine Frage der Organisation.

Wer die Rollen zwei und drei gut verbunden bekommt und dann leider Rolle eins vernachlässigt, der wird in zahlreichen Foren und auf Social-Media-Plattformen daran erinnert, dass es ALLE ANDEREN mit kleinen Tipps und Tricks aber schaffen, trotz Muttersein und/oder harter Arbeit immer noch fickbar auszusehen. Ständig geben wir also im Hamsterrad Vollgas, um all diesen Ansprüchen irgendwie gerecht zu werden.

Wenn man von einer dieser drei Rollen abweicht, hat gefühlt sofort jede*r das Recht, mal eben beim Small Talk nachzufragen, woran das denn liegt.

Kein Freund? Das wird schon! Man muss nur aufhören zu suchen oder soll nicht so wählerisch sein. Geh doch mal mehr unter Leute! Mein Cousin ist auch noch Single, ihr solltet euch mal treffen. Dieses ständige Verkuppeltwerden ist sowieso die Pest. Als ob man als Singlefrau ständig ausstrahlen würde, man wäre todunglücklich.

In einer meiner Singlephasen sagte mir ein Kumpel mal: Du musst mal meinen Freund T. treffen. Das ist so ein lieber Kerl, der sucht auch schon so lange. Ein ganz toller Typ, richtiger Teddybär mit glitzernden Äugelchen ...

Ernsthaft? Ein Teddybär mit glitzernden Äugelchen? Das soll mein Beuteschema sein?

Dass Frauen eventuell auch als Single ganz gut zurechtkommen und gar keinen Partner brauchen, der ihr Leben besser macht, ist eigentlich keine Option.

DIE KINDERFRAGE

Genauso verhält es sich bei der Kinderfrage. Ob eine Frau Mutter werden will oder nicht, sollte ja wohl ihre eigene Entscheidung sein. Ob sie sich diesen Wunsch dann erfüllen kann, ist eine ganz andere Frage. Frauen, die sich gegen Kinder entscheiden, hören ganz oft: Warte mal ab, wenn der Richtige kommt, dann willst du welche. Als ob der eigene Wert davon abhängt, ob man sich reproduziert oder nicht. Als wäre die Frau ohne Kinder ein Mensch mit geringerem Wert und erst als Mutter vollkommen. Die Mutterschaft wird uns schon als Kinder als zu erreichendes Ziel implementiert. Als wäre es unsere Bestimmung. Wenn ich mich als Kind verletzt hatte und wegen der Schmerzen jammerte, hat meine Oma oft gesagt: Wenn du Kinder hast, wird es vorbei sein. Wahlweise auch: Wenn du verheiratet bist, tut es nicht mehr weh.

Die ewige Frage nach Kindern ... Jede*r weiß, dass es nervt, oder? Ich finde immer noch, die Frage nach dem Kinderwunsch einer Frau ist so unglaublich intim, das gehört zu den privatesten Dingen, die man eine Frau überhaupt fragen kann. Aber wir nutzen so 'ne Frage in unserer Gesellschaft als klassischen Small Talk. Wenn mal eine kleine Gesprächsflaute überbrückt werden soll. So als würde man nach dem Wetter fragen. Puh, warm heute. Und du? Was macht der Uterus so?

Das kann man vielleicht vergleichen mit der Frage, die man als Mensch aus einer diverskulturellen Familie immer wieder gestellt bekommt.

Vielen Freundinnen von mir geht es so. Es ist immer das Erste, worauf sie angesprochen werden.

Wo kommst du her?

Aus Köln.

Nee, ich meine, wo kommen deine Eltern her?

Auch aus Köln.

Jaaa, neee, ich meine, ursprünglich?

Was erst mal wie Interesse an der anderen Person klingt, zwingt jetzt plötzlich meine Freundin, extrem intime Details über ihr Leben mit einem vielleicht völlig fremden Menschen zu teilen. Warum sollte sie jemandem, den sie kaum kennt, sagen, dass ihre leiblichen Eltern aus Vietnam stammen und sie adoptiert wurde? Oder sie ihren Vater nicht kennt, weil er in Afrika im Gefängnis gestorben ist? Wenn sie dann ausweichend reagiert, wird das als unsympathisch gewertet, die Frage aber als freundliches Interesse. Dabei ist es nur ein Abfragen von Stereotypen.

Genauso ist es mit der Kinderfrage. Es müsste doch eigentlich jedem klar sein, dass die Frage nach dem Kinderwunsch einer Frau, die über 35 ist, ein sehr heikles Thema sein kann.

Trotzdem wird sie immer und immer wieder gestellt. Oft wird außerdem vorausgesetzt, dass, wie auch immer die Antwort ist, es die freie Entscheidung der Frau gewesen ist, diesen Lebensweg einzuschlagen.

Hast du Kinder?

Nein.

Klar, du bist ja auch einfach ’ne Karrierefrau.

Ähm, ja.

Vielleicht ist es ja so.

Die Antwort auf die Frage, ob man Kinder hat, ist einfach. Aber eine Antwort auf die Frage, warum man keine hat, deutlich komplizierter.

»Ich will keine Kinder« ist da ja noch die klarste und einfachste. Aber darauf folgt gerne: Warte mal ab, du hast nur den richtigen Mann noch nicht getroffen. So als wäre man unmündig, das selbst zu entscheiden. So als wäre man als Frau nur komplett, wenn man sich reproduziert. Als hätte man nur dann seine Rolle als Frau erfüllt. Oder schlimmer noch: Man unterstellt der Frau, sie wisse gar nicht, was sie will.

Was sagt man aber, wenn die Antwort auf die Frage komplizierter ist?

Vielleicht will die Frau Kinder, aber es klappt nicht und sie weint sich jeden Tag in den Schlaf, weil die Panik, dass sie kinderlos bleiben könnte, sie auffrisst. Was, wenn sie schon

HAST DU SCHON GEHÖRT? DIE FRAUKE IST SCHON WIEDER SCHWANGER!
IST WOHL DAS BREITE BECKEN...
NAJA
WILLST DU NICHT MAL KINDER?
ER WILL DOCH GARKEINE
ER HAT SICH GETRENNT
WAR JA SCHON IN DER KINDER-KLINIK
DIE FEHLGEBURT LETZTES JAHR
UND?
HMM?
SPÄTER MAL

mehrere Fehlgeburten hinter sich hat, ihre Gebärmutter den Embryo immer wieder abstößt und sie deshalb beginnt, ihren eigenen Körper abgrundtief zu hassen? Was, wenn sie sich Kinder wünscht, aber ihr Partner keine Kinder will oder sie mit der Familienplanung seit Jahren hinhält und sie nicht weiß, ob sie sich trennen soll? Was, wenn sie die Bescheinigung vom Arzt hat, dass sie nur mit künstlicher Befruchtung Mutter werden kann, ihre Krankenkasse aber keine der Behandlungen, die pro Versuch mehrere Tausend Euro kosten, übernimmt, weil sie schon über vierzig ist? Sie sich also den Kinderwunsch schlicht und einfach nicht leisten kann?

Oder sie befindet sich in einer lesbischen oder queeren oder Transbeziehung. Dann ist es für sie mit anderen Hindernissen verbunden, eine Familie zu gründen, und extrem schwierig, rechtlich als solche anerkannt zu werden, weil es für Regenbogenfamilien immer noch keine soziale und gesetzliche Gleichberechtigung gibt. Ein Elternteil muss zum Beispiel einen langwierigen Adoptionsprozess hinter sich bringen. Für ein schwules Paar ist es natürlich noch schwieriger, ein Kind zu bekommen, von dem einer der Männer auch der leibliche Vater ist.

Also wird jede Frau in dieser Situation den einfachsten Weg wählen.

Einfach lügen.

Warum sollte man auch einem völlig Fremden derart private Umstände erklären?

Und welche Frau ist gerne in der Rolle der verkrampften Kinderwunschpatientin, die wie besessen nach einer Lösung für ihr Fruchtbarkeitsproblem sucht? Das passt nicht ins Bild. In so einer Rolle hast du als Frau ja schon versagt. Dafür gibt es keinen Platz. Wo soll sich die Frau mit dem unerfüllten Kinderwunsch denn einreihen? Was hat denn die Gesellschaft für einen Platz für sie vorgesehen, im Alter zum Beispiel? Sind solche Frauen für uns sichtbar?

Am besten versuchst du also, mindestens eine dieser Rollen zu erfüllen, um irgendwo reinzupassen.

Alle diese Rollenbilder sind ja nicht von Natur aus in uns drin, sondern werden uns vorgelebt und sind über Generationen festgefahren.

Ich bin wie gesagt in einer ganz klassischen Familie mit sehr traditionellem Rollenbild aufgewachsen. Mein Vater hat in einer Bank gearbeitet und war den ganzen Tag bei ebendieser Arbeit, und meine Mutter war zu Hause und hat sich um Haushalt und Kinder gekümmert.

Mein Vater ist morgens früh, bevor ich wach war, aus dem Haus gegangen und kam erst spätabends wieder. Dadurch hab ich ihn eigentlich nur am Wochenende richtig gesehen und habe darum unter der Woche manchmal etwas mit ihm gefremdelt.

Wenn er nach Hause kam, war ich schon bettfertig in Schlafanzug und Bademantel und er im Anzug. So saßen wir dann zusammen auf der Couch und ich durfte dann mit ihm zusammen die »Sesamstraße« im Fernsehen schauen. Wenn ich ganz lieb war, durfte ich danach noch sitzen bleiben und mit ihm zusammen die »Tagesschau« gucken.

Ich hab natürlich nicht verstanden, worum es ging, wusste aber, dass es sehr wichtige Sachen waren, die dort besprochen wurden. Manchmal hatte ich die Augen gar nicht auf dem Fernseher, sondern hab meinen Papa von der Seite aus angeguckt. Ich sah ihn ja sonst so selten!

Jedes Mal, wenn wir die »Tagesschau« anschauten, gab es auch Bilder aus dem Bundestag. Männer in grauen Anzügen erklärten, was für Gesetze beschlossen wurden oder wer eine Wahl gewonnen hatte.

Als Kind dachte ich: Das ist die Arbeit.

Das ist diese Arbeit, wo alle Papas tagsüber sind. Sie ziehen sich ihre grauen Anzüge an und gehen genau dort hin. Dort arbeiten sie dann mit den anderen Papas, und jeder darf mal an dieses Mikrofon und wichtige Sachen sagen. Abends schauen sie sich dann im Fernsehen an, was die anderen Männer noch Wichtiges arbeiten, während sie Feierabend haben.

In meinem kindlichen Rollenverständnis gingen also alle Papas zur Arbeit, um dort wichtige Dinge für alle Menschen zu regeln, und alle Mamas blieben zu Hause, um zu bügeln und Leberwurstbrote zu schmieren.

Wenn Frau davon abweicht, wird's schwierig. Eine meiner besten Freundinnen ist seit zwanzig Jahren mit einer Frau zusammen und hat schon immer Frauen geliebt. Sie war auch als Kind schon in ihre Lehrerin verknallt. Ihr Coming-out ist mittlerweile schon Jahrzehnte her, nur bei ihrer Oma war es extrem schwierig, dieses Thema anzusprechen. Nicht dass die Oma besonders intolerant wäre, aber sie ist mit Frauenbildern aufgewachsen, in denen so eine Rolle einfach gar nicht vorkommt.

Nachdem meine Freundin also jahrelang gefragt wurde, wann sie denn ihren Freund mal mit nach Hause bringen würde, hat sie der Oma ihre jahrelange Partnerin vor die Nase gesetzt. Die Oma hat erst mal geschluckt und dann gefragt: »Ja, aber reicht euch das denn? Die ganze Nacht nur reden?«

TAMPONS

Eines meiner Lieblingsthemen ist die aktuelle Diskussion um Periodenprodukte. Es ging los mit der sogenannten Tamponsteuer. Aber ich muss etwas weiter ausholen.

PAPA DU BIST IM FERNSEHN!

Zunächst einmal vorweg: Nicht nur Frauen menstruieren. Auch Transmänner menstruieren. Zum Beispiel, wenn sie keine Hormone nehmen. Manche bekommen sogar trotz Hormonen ihre Periode. Außerdem menstruieren auch nicht automatisch alle Frauen. So viel dazu.

Ich treffe mich mit meinen Freundinnen immer kurz vor Weihnachten. Wir machen dann so ein Weihnachtssaufen, wegen Jesu Geburtstag. Und bei dieser Gelegenheit schenken wir uns auch immer etwas, und eine Freundin schenkte uns allen eine Menstruationstasse.

Falls ihr euch jetzt fragt, was genau eine Menstruationstasse ist, na ja, der Name beschreibt es eigentlich schon ziemlich gut. Sie besteht aus einem ganz weichen Plastik-Gummi-Gemisch und sieht im Grunde aus wie ein biegsamer kleiner Kelch. Der wird gefaltet in die Scheide eingeführt, und im besten Fall entfaltet er sich und legt sich perfekt um den Muttermund. Das erfolgreiche Entfalten hängt dabei von der Übung und der Falttechnik ab. Ich hab auch eine gewisse Zeit gebraucht, denn nicht jede Faltung hat zu einer kompletten Entfaltung der Tasse geführt. Das merkt man dann erst, wenn die ganze Suppe sich ihren Weg an der Tasse vorbei in die Hose gesucht hat.

Wenn sie aber gut sitzt, ist es wirklich fantastisch. Dieser kleine Behälter nimmt also das Menstruationsblut auf, und das ist gar nicht so viel, wie man denkt oder wie es sich vielleicht anfühlt. Darum muss man die leider gar nicht so oft auskippen.

Ich sage hier leider, denn das ist für mich der schönste Teil. Wie oft hat man bitte vorher schon mal die Situation gehabt, das gesammelte Blut von mehreren Stunden, wenn nicht sogar von einem ganzen Tag, in einem Gefäß vor sich zu haben? Es ist von der Menge her zwar weniger, als man denkt, aber trotzdem ist es mehr, als man jetzt zum Beispiel beim Nasenbluten sammeln könnte. Es ist genug, um es ins Wasser der Toilette zu schütten. Wann schüttet man sonst bitte Blut aus einem Behälter in die Toilette, wenn man nicht gerade jemanden abgemurkst hat?

Mit dem Blut, das man in vollgesitschten Tampons sieht, ist diese Erfahrung wirklich nicht zu vergleichen.

Wenn ich dann so vor der Toilette stehe, mit diesem Kelch voll Blut in der Hand, und dann das ganze Blut langsam in die Toilette schütte, dann komm ich mir immer ein bisschen vor wie Jesus. Mit so ’nem Kelch Blut in der Hand. »Seht her, dies ist mein Blut, das für euch und für alle vergossen wird.«

Hui, ich glaube, das war die schlimmste Gotteslästerung, die ich je begangen hab. Oh Gott! Ich habe sicher schon viel gemacht und gesagt gegen die Kirche, aber ich denke, sich mit Jesus zu vergleichen – vor allen Dingen Jesus mit ’ner Frau zu vergleichen –, das kann nicht erlaubt sein!

Gehen Sie direkt in die Hölle. Gehen Sie nicht mehr über Los. Gehen Sie direkt in die Hölle.

Seltsam, bei Jesus sind wir mit der Geschichte seines vergossenen Blutes total fein, aber bei mir und allen anderen Frauen ist es eklig, oder was?

Was wäre denn eigentlich so schlimm daran, wenn Jesus ’ne Frau gewesen wär? Wäre die Geschichte dann so anders? Müsste man in der Bibel wirklich so viel umschreiben? Ich denke, das meiste könnte man stehen lassen. Gut, hier und da müsste man natürlich ein bisschen was angleichen, bisschen was optimieren. Zum Beispiel die ganze Leidensgeschichte Jesu. Die wär natürlich so nicht passiert. Da sollte man einiges umschreiben.

Denn eine Frau hätte das sicher nicht so zelebriert. Ist ja klar.

Wenn Jesus ’ne Frau gewesen wäre, dann hätte doch Jesus … Moment, Jesus würde natürlich anders heißen … dann hätte doch Jessi am Kreuz gehangen und gesagt: »Mein Gott, nächstes Mal lass ich mir die Nägel woanders machen, dauert ja hundert Jahre!«

Jedenfalls sind nach diesen geschenkten Menstruationstassen die Nachrichten in meiner Mädchen-Whatsapp-Gruppe explodiert! Ich hatte zunächst einen Schock, weil viele Nachrichten in dieser Gruppe eigentlich nur zwei Dinge bedeuten können: mit jemandem wurde Schluss gemacht oder eine der Freundinnen hat einen Heiratsantrag bekommen.

Diese Flut an Nachrichten bedeutet aber auch: Ich muss sie alle lesen!

Denn ich muss wissen, worum es geht! Planen wir einen Junggesellinnenabschied, oder müssen wir eine Leiche verschwinden lassen? Bring ich 'ne Schaufel mit oder 'nen Kartoffelsalat?

Aber nichts dergleichen ist passiert, sondern alle Nachrichten in der Gruppe waren ausnahmslos Sprachnachrichten. In diesen Sprachnachrichten versuchten meine Freundinnen, das Geräusch nachzumachen, das die Menstruationstasse verursacht beim Ein- und vor allen Dingen aber beim Ausführen aus der Scheide.

Haha.

Ja, ich weiß, liebe*r Leser*in, das war jetzt alles ein bisschen eklig. Vielen war das jetzt sicher zu viel und zu detailliert beschrieben. Ich erzähle diese Geschichte von der Menstruationstasse auch auf der Bühne, und ich kann euch sagen, wenn ich diese Nummer spiele, dann winden sich viele vor Ekel auf ihren Stühlen. Nicht nur die Männer! Viele Frauen schlagen sich die Hände über die Ohren und wiegen sich vor und zurück, als würden sie an ein schlimmes Trauma erinnert.

»Nein, hör sofort auf zu reden!«, scheinen sie mir kollektiv zuzurufen. Ich liebe diese Situation. Ich finde es extrem lustig, wie unangenehm uns das ist. Alles, was mit der Menstruation zusammenhängt, ist uns so wahnsinnig unangenehm, ist uns so schrecklich peinlich. Frauen sind in der Hinsicht manchmal etwas schizophren. Auf der einen Seite halten wir uns alle für wahnsinnig emanzipiert und weltoffen, aber Tampons geben wir uns untereinander immer noch so, als wäre es scheiß Heroin.

Wie wir uns gegenseitig die Dinger zustecken, das erinnert schon sehr an einen Drogendeal. Wir wären sehr gute Koksdealer geworden. Eines der vielen weiblichen Talente, die wir einfach ungenutzt brachliegen lassen. Wenn wir uns Tampons überreichen, bekommt das niemand mit! Niemand! Weil uns das so unangenehm ist. Das haben wir Generationen lang geübt. Ich könnte von der Bühne aus, in einer 15000-Plätze-Halle, bis in die allerletzte Reihe einen Super Plus durchgeben. Das würde niemand mitbekommen.

Uns ist das ganze Thema einfach unangenehm. Wir würden noch nicht mal 'ne andere Frau vor anderen menschlichen Wesen ganz offen nach einem Tampon fragen, wenn wir einen bräuchten. So wie man nach 'nem Taschentuch fragt. Weil wir ja nicht wollen, dass jemand weiß, dass wir gerade bluten. Weil das ist ja eklig. Nach 'nem Taschentuch fragen geht total easy. Obwohl das ja auch irgendwie eklig ist. Sogar noch viel ekliger, auch vor Corona. Da weiß auch jede*r: Igitt, der schnäuzt sich jetzt 'nen grünen Jilly in das Tuch. Bah! Dafür geht man noch nicht mal aufs Klo, die meisten machen das direkt neben einem. Bah!

Trotzdem würden wir niemals so wie nach einem Taschentuch nach einem Tampon fragen. Wir würden nie bei einem geselligen Essen, an einer vollen Tafel, ans andere Ende vom Tisch winken und rufen: »Ey, Sybille! Hast du 'nen Tampon? Einen Tampon! Ich blute wie ein Schwein! Haste? Komm, dann schmeiß! ... Wie, welche Größe? Den dicksten, den du hast, erster Tag! Brauchste nicht durchgeben, schmeiß! Ich fang das Biest.« Und dann hat man den Super Plus in der Hand und zeigt ihn noch mal allen: »Hier, seht ihr das? Damit geh ich jetzt aufs Klo. Ihr wisst alle, wo das gleich landet! Bin gleich wieder da, aber dann zugestöpselt, ciao!«

Nein. Das würden wir niemals tun. Die Wahrheit sieht anders aus. Wenn wir uns der schrecklichen Situation gewahr werden, dass wir einen Tampon benötigen, den aber nicht haben, scannen wir als Erstes den Raum nach einer anderen Frau ab, die uns aushelfen könnte. Nun versuchen wir, möglichst nonverbal, die Aufmerksamkeit dieser Frau auf uns zu lenken. Sitzt sie nicht in Flüsterhörweite, versuchen wir, in unauffälliger Zeichensprache auf unsere Misere hinzuweisen. Meistens reicht es tatsächlich, mit den Lippen das Wort »TAMPON« zu formen. Jede Frau weiß sofort, dass ihre und die Hilfe der unendlichen Weiten ihrer Handtasche gebraucht werden.

Der Tampon wird uns dann unauffällig in die Hand gedrückt, ähnlich eben, wie einem ein Tütchen Gras gegeben wird.

Niemand soll also mitbekommen, wenn wir unsere Tage haben.

Sehr schön ist auch die Situation, die nicht selten passiert, wenn wir in einer Kneipe oder irgendwo auf eine öffentliche Toilette müssen, um den Tampon zu wechseln.

Wir gehen also ganz normal, als wäre nichts, auf die Damentoilette. Dann machen wir die Klotür zu und bemerken erst, wenn wir die Hose schon halb unten haben: Mist, ich hab den neuen Tampon in der Handtasche vergessen. Shit. Also, was machen wir dann? Wir gehen natürlich sofort wieder aus der Toilette raus. Und immer steht doch dann irgend so ein Schlaumeier direkt neben der Klotür und sagt so: »Ohhh, das ging aber schnell!«

»Haha. Ja, ich bin hurtig.« Scheiße.

PSSST...
HAST DU SIE DABEI?
ALLES WAS DEIN HERZ BEGEHRT
DIE TAMPONS SEHN JA GUT AUS!
MIST
WIR WERDEN BEOBACHTET
RÜCKZUG

Jetzt können wir natürlich auf gar keinen Fall sofort zu unserer Handtasche gehen, einen neuen Tampon rausholen und dann direkt wieder auf die Toilette. Das wär megaauffällig, dann wüsste der Schlaumeier ja, was wir vorhaben. Also versuchen wir, eine möglichst angemessene Zeitspanne verstreichen zu lassen. Während dieses Zeitraums versuchen wir, uns möglichst wenig zu bewegen. Weder zu lachen noch zu husten. Dieser Teil ist essenziell wichtig für den weiteren Verlauf des Abends ... Wenn wir dann also das Gefühl haben, ein angemessener Zeitraum ist abgelaufen, gehen wir immer noch nicht wie normale Menschen einfach zu unserer Handtasche und holen uns das, was wir brauchen. Nein, immer noch ist unser Vorhaben topsecret und wir dürfen uns nicht erwischen lassen. Wir würden auch zum Beispiel niemals den neuen Tampon in einer engen Jeans hinten in die Gesäßtasche stecken. Haha, was für ein Anfängerinnenfehler! Nein! Der zeichnet sich doch da total deutlich ab!

Die wahre Kür ist folgende: Zunächst stülpen wir unseren Ärmel über unsere Hand, sodass die Leute denken: Oh, ist ihr vielleicht kalt geworden? Ha! Nein, uns ist nicht kalt! Sondern wir haben unbemerkt einen praktischen Rüssel gebaut und mit diesem fahren wir nun in unsere Handtasche ein und wühlen am Boden der Handtasche nach einem Tampon. Dieser Teil kann manchmal etwas länger dauern. Es kann sogar so lange dauern, dass einem langsam heiß wird und man eventuell sogar denkt: Scheiße, hab ich vielleicht gar keinen Tampon dabei? Oh nein, muss ich mir etwa einen Handschuh aus Klopapier zusammenrollen und in die Unterhose legen, der dann für den Rest des Abends durch meine Bewegungen zu einem fetten, unbequemen Klumpen wird und sich am Ende des Tages in Fetzen an und in meinem Körper befindet? Manchmal wird man wirklich schon leicht panisch.

Aber keine Angst. Wir haben immer einen dabei. Eigentlich ist immer einer da. In jeder Handtasche ist mindestens noch ein Tampon. Egal, wie lange wir die Handtasche eigentlich schon aussortiert hatten. Und wenn da keine Geldmünze mehr drin ist oder sonst was. Irgendwo ist noch ein Tampon. In irgendeiner Ecke, hinter einer Falte, voller Tabakreste, Knüssel, Knies und was auch immer alles in deiner Handtasche jemals verwest ist, befindet sich noch ein Tampon.

Manchmal sind die echt nicht mehr ansehnlich. Alles, was sich jemals in dieser Tasche aufgelöst hat, sammelt sich unter dem Plastik dieses einen Tampons. Und den finden wir, führen ihn mit dem Mittelfinger in die Handinnenfläche ein, schließen die Hand in unserem Rüssel zur Faust und: tadaaaa! So gehen wir dann auf die Toilette.

Aber diese Ausnahmesituationen sind natürlich nicht die Regel. Eigentlich sind wir immer auf alles vorbereitet. In dieser Hinsicht haben wir alles schon einmal erlebt. Darum sind wir normalerweise immer gerüstet. Also, wenn ich meine Tage kriege, direkt am ersten Tag, nehm ich meistens den ganzen Karton und dann leere ich den einfach komplett in meiner Handtasche aus. Das reicht dann für die nächsten Monate. Man kann ja nie wissen. Wer weiß, nachher gibt's 'nen Atomkrieg und dann hab ich keine Tampons dabei, safety first, girls!

Der größte Horror ist dann natürlich, wenn du irgendwo bist und dir diese Handtasche umkippt. Das ist das Schlimmste!

Oh Gott, man könnte jedes Mal im Boden versinken. Alles schon passiert. Besonders dumm mal in einer Kneipe. Da hab ich meine Handtasche offen (!) auf einen Barhocker gestellt. Manchmal bin ich mit so was so ein Vollidiot. Schon beim Abstellen der Handtasche denk ich: Na, ob das so 'ne schlaue Idee ist ... Und schon kippt die natürlich um. Und beim Herunterfallen von einem Barhocker hat die Tasche genug Zeit, sich um die eigene Achse zu drehen und sich komplett über den gesamten Kneipenboden zu übergeben.

Alles, was sich in der Tasche befunden hat, liegt dann auf dem klebrigen Bierboden. In meinem Fall immer wirklich alles, denn ich mache auch die kleinen Reißverschlüsse in den Innentaschen niemals zu.

Oder noch schlimmer ist es, wenn das ganze Szenario bei einem Job passiert. Bei einer Konferenz, einer Besprechung mit allen. Die Kolleg*innen oder eventuell sogar völlig fremde Geschäftspartner*innen sitzen an dem riesigen Konferenztisch, und du hast extra deine coole Business-Clutch dabei. Natürlich randvoll mit Tampons, das Ding. Diese Teile gehen ja schon auf und kippen um, wenn du die nur falsch anguckst. Du stellst das Ding hin, guckst es an. Auf!

Und dann fallen alle Tampons raus. Restlos. Durch ihre Form rollen die ja auch noch so ätzend gut.

Schön finde ich aber auch, wie Männer dann reagieren. Wenn die Tampons sehen, die irgendwo rausfallen, dann gucken die weg. Die gucken einfach in 'ne komplett andere Richtung, so als wäre uns gerade das Höschen geplatzt. »Ich hab nichts gesehen. Sammel du mal schnell deine Torpedosachen wieder ein.« Das ist tatsächlich der schlimmste Teil an dieser Misere. Alles wieder einsammeln. Das Demütigendste, das es gibt. Gebückt unter dem Tisch jeden einzelnen Tampon zwischen den Beinen der Kolleg*innen wieder einsammeln. Dann packen wir jeden einzelnen Tampon mit hochrotem Kopf an, als wär er heiße Munition. Als könnte jeder in unserer Hand explodieren. Es ist uns einfach peinlich. Jetzt hat das jede*r gesehen. Jetzt hat jede*r gesehen, dass ich Tampons dabeihab. Jede*r hat gesehen, dass ich 'ne Frau bin. Eine Frau mit einem gesunden Zyklus.

Während ich das schreibe, muss ich richtig lachen. Das ist doch wirklich so lustig, wie unangenehm uns das Ganze ist.

Wir schämen uns für eine völlig normale Körperfunktion. Die Hälfte der Weltbevölkerung blutet einmal im Monat, und wir sagen alle: »Nee, lass lieber mal so tun, als wär nix.«

Ja, wir schämen uns eben immer noch für die Sünde! Die Menstruation ist ja in der Bibel die Strafe Gottes für die Erbsünde. Weil Eva den Apfel vom Baum der Erkenntnis geklaut hat, werden alle Frauen bestraft und müssen ihr Leben lang bluten. Sorry, aber ich finde, da hat Gott echt ein bisschen überreagiert.

Aber die Wahrheit ist doch: Bis heute ist uns alles, was mit der Menstruation zusammenhängt, wahnsinnig unangenehm. In der Werbung wurde ewig kryptisch von einer »Geschichte voller Missverständnisse«[134] gesprochen und sich ein Tampon vielsagend in die Hand gelegt. Binden werden mit blauer Ersatzflüssigkeit angepriesen, und wenn eine Frau über ihre Periode redet, dann verniedlicht sie die Situation, indem sie von der »Erdbeerwoche« oder der »Roten Tante« spricht, die zu Besuch kommt. Tolle Tante, die einmal im Monat ungefragt vorbeikommt und als Geschenk 'ne Tüte Unterleibsschmerzen mitbringt. Alles, was mit der Periode zu tun hat, wird blumig umschrieben und nie beim Namen genannt. Das macht alles noch schlimmer und sogar noch mehr zum Tabuthema. Vor einigen Jahren forderte Plan International, dass es ein Emoji geben solle, das die Menstruation symbolisiert. Junge Mädchen sollten unbefangen darüber sprechen können und man wollte endlich der Stigmatisierung der Periode entgegenwirken. Eingereicht wurden wirklich sehr niedliche Bilder, zum Beispiel von kleinen blutigen Binden und Tampons. Eine Umfrage ergab dann, dass das Bild einer Unterhose mit zwei Blutstropfen alle Teilnehmer am besten fanden. Das war dann letztendlich für die Entscheider*innen dann doch zu deutlich.[135] Sah dann wohl doch etwas zu sehr nach Menstruation aus. Plan International tat sich dann mit dem National Health Service zusammen, der auch im Blut-Business unterwegs war und auf Blutspenden aufmerksam machen wollte. Jetzt steht offiziell das Emoji mit dem roten Blutstropfen sowohl für die Menstruation als auch fürs Blutspenden. Joa, ist ja irgendwie fast dasselbe. Blutspenden ist jedenfalls genauso diskriminierend wie das Tabu der Menstruation, denn immer noch werden schwule und bisexuelle Männer nur zur Blutspende zugelassen, wenn sie seit einem Jahr keinen Sex mit einem Mann hatten.[136] Von daher passt es ja dann irgendwie.

Die Frage: »Hast du deine Tage?«, wenn eine Frau emotional oder wütend reagiert, ist noch genauso an der Tagesordnung wie der allgemeine Ekel vor Menstruationsblut. 2015 lief die Marathonläuferin Kiran Gandhi mit blutiger Hose ins Ziel. Sie wurde mit Häme und Hass überschüttet, die Bilder von ihr wären widerlich und eine Zumutung.[137]

Es ist auch nicht lange her, da dachte man, das Menstruationsblut sei giftig, und auch in fast allen patriarchalen Religionen gelten oder galten Frauen während ihrer Periode als unrein. In einigen Teilen der Welt werden Frauen noch heute in dieser Zeit vom sozialen Leben ausgeschlossen. Alles in allem ein richtig beschissener Zustand, dem man sich als Frau nun nicht wirklich entziehen kann.

Dann gibt es natürlich noch die ganzen Geschichten, bestimmte Lebensmittel würden verderben und Milch würde sauer werden, wenn eine menstruierende Frau solchen Speisen zu nahe käme. Hefeteig geht natürlich auch nicht auf, wenn man seine Periode hat, und keine Ahnung, wahrscheinlich sind wir auch schuld, wenn das Soufflé zusammenfällt, die Eissplittertorte nicht so richtig friert und das WLAN wieder mal beschissen ist.

Unsere Nachbarin erinnert sich noch gut daran, dass der Bauer, dem sie beim Schlachten helfen sollte, immer zuerst gefragt hat, ob sie ihre Tage hätte, denn dann müsse sie wieder gehen. Ganz schön intimer Dialog für völlig Fremde und 'ne ganz schön große Angst vor so ein bisschen Blut. Ich hätte jetzt auch gedacht, gerade beim Schlachten würde es doch irgendwie gut passen, wenn man sich selbst mit Blut schon ein bisschen auskennt.

Im Rahmen der Kampagne »Armut ist sexistisch« der Organisation One[138] war ich in Sambia und habe dort gelernt, dass der Umgang mit der weiblichen Menstruation für viele Mädchen sogar den Ausschluss von Bildung bedeuten kann. Es gibt Gebiete, in denen Mädchen während ihrer Periode vom Unterricht ausgeschlossen werden. Oder aber es gibt keine Toiletten in der Schule, oder die Mädchen können sich schlicht und ergreifend keine Periodenprodukte leisten. Für sie sind Tampons und Binden reine Luxusartikel. Auch in Deutschland wurde der Luxussteuersatz für Periodenprodukte erst im Jahr 2020 von 19 % auf 7 % gesenkt. Bis dahin galten also Binden, Tampons und Menstruationstassen oder -hosen als Luxus. Selbst auf Trüffel gab es keine Luxussteuer! Laut Duden beschreibt man etwas als Luxus, wenn es »nicht nötig« ist. Sorry, da hat jemand die Bedeutung von dem Wort Blutung nicht verstanden. Wenn man dann etwas nötig braucht, dann ja wohl Periodenprodukte. Aber komm, sie haben ja recht. Wir kriegen einfach den Hals nicht voll vom Bling-Bling. Jeder und jede, die menstruiert, ist so 'ne Art Luxusweib ... So sind wir halt. Wir lieben es eben, uns mit luxuriösen Dingen zu umgeben. Tampons are a girls best friend, sagt man doch. Gott sei Dank haben nach dem Wegfall der Luxussteuer in Deutschland viele Händler von Menstruationsartikeln ihre Preise erhöht. So bleibt Menstruieren wenigstens ein teures Hobby.

In Schottland gibt es diese »Luxusartikel« übrigens jetzt an allen öffentlichen Einrichtungen wie Schulen und Universitäten gratis. Ein ähnliches Szenario wird nun für Deutschland diskutiert und natürlich sind alle Frauenhasser sofort auf den Barrikaden! Wie viele Menschen, vor allem natürlich Männer, sich von dieser Idee benachteiligt fühlen, ist schon erstaunlich. Alles total ungerecht, dann sollte man für Männer doch auch Rasierer und Rasierschaum umsonst anbieten. Okay, bin ich auch dabei. Kostenlose Rasierer in öffentlichen Einrichtungen? Nehm ich, kann ich auch gebrauchen. Aber ich wette, dann ist es nicht mehr so cool, wenn die Mädchen die auch haben können. Nein, wir wollen was ganz alleine haben. WTF? Hat sich schon mal ein Mann den akuten Bartwuchs mit billigem Toilettenpapier aus dem Gesicht reiben müssen? So wie wir unsere Blutflecke aus der Jeans, weil wir in der Schule plötzlich unsere Tage bekamen?

Auch sehr interessant, wie viele, denen vorher alles, was mit der Periode zu tun hatte, absolut abartig vorkam, plötzlich zu Experten der weiblichen Anatomie werden. Man wüsste ja wohl, wann die Periode kommt, also könne man an dem Tag ja morgens schon mal einen Tampon einwerfen, habe ich beispielsweise auf Twitter gelesen. Jaaaahaha, sehr gute Idee. Einen Tampon prophylaktisch benutzen, wenn man noch gar nicht seine Periode hat! Brillant. Sehr vorausschauend, aber das kann nur jemand ohne Uterus vorschlagen, der nicht weiß, wie viel Feuchtigkeit so ein Tampon dann statt Blut aufnimmt und wie (hust) ungemütlich das im Schritt werden kann. Außerdem kommt bei jungen Mädchen die Periode noch sehr unregelmäßig, und wenn du davon in der Schule überrascht wirst, viel Spaß! Im besten Fall hast du einen Pulli dabei, den du dir um die Hüften binden kannst, und im schlimmsten Fall ist Sommer und du hast diese Notlösung nicht parat, sondern in der nächsten Stunde Sport. Allein beim Gedanken an mein Sportoutfit damals bekomm ich noch mal Panik. Es waren die Neunziger, Leute, wir hatten ALLE weiße Radlerhosen an!

Es gibt viele haarsträubende Tweets von Mansplaining zur Periode. Ich habe ja von Männern schon wahnsinnig viel über meinen Job und sonst alles Mögliche erklärt bekommen, aber mir die Menstruation mansplainen zu wollen, ist einfach ... herrlich.

Die Userin @TanjaSagt fragte mal auf Twitter, was ihren Follower*innen schon Interessantes von Männern über die Periode berichtet wurde. Die Antworten waren haarsträubend.

Es gab etwa die Überzeugung, die Periode dauere nur einen Tag, man könne das Menstruationsblut einhalten wie Urin oder das Blut würde das gesammelte Sperma ausschwemmen.

Okay, das ist echt irre.

Es gab sogar jemanden, der sich fragte, wie Frauen denn eigentlich mit eingeführtem Tampon überhaupt urinieren könnten. Ach, weißt du, wir ziehen es hoch und spucken es aus.

Besonders schön fand ich auch einen englischsprachigen User, der die Blutmenge pro Tag ausrechnete und somit auf einen Tamponverbrauch von sieben Tampons pro Zyklus kam. Gnädigerweise erhöhte er diese Zahl auf zehn, für die »Ladies with an extra juicy uterine lining«.

Das Wort »saftig« im Zusammenhang mit der Gebärmutter hab ich wirklich noch nie gehört. Ich kann jetzt aber auch nicht wirklich sagen, es würde nicht passen. Alles in allem rechnete er aus, dass man doch als Frau nun echt nicht meckern sollte, und wenn einem die Tampons zu teuer wären, dann sollten wir einfach weniger Frappuccinos bei Starbucks kaufen und aufhören zu heulen.

Boooom. Ich muss zugeben, bei solchen Rechnungen schaltet ja mein debiles Mathematik-Hasser-Gehirn sofort ab. Aber sieben Tampons pro Zyklus? Sehr optimistisch, würde ich sagen.

Periodenprodukte bleiben auch mit gesenktem Steuersatz

teuer. Wenn ich Hartz-IV-Empfängerin wäre, dann bekäme ich einen Regelsatz von 446 Euro im Monat. Davon sind 3,8 %, also 16,11 Euro, für Gesundheitspflege vorgesehen. Wenn man davon auch noch Zahnpasta, Klopapier usw. kaufen muss, dann wird's am Ende des Monats doch ein bisschen eng. Die Pille kann man sich davon sowieso nicht leisten, Kondome oder Tampons, heißt es dann wahrscheinlich.

Das ist eine Diskriminierung von allen Menschen, die menstruieren. Genau das, was biologisch für unsere Fruchtbarkeit steht, wird in allen Religionen weltweit verteufelt. Eine sichtbare Frau ist schon starker Tobak, aber eine sichtbar fruchtbare Frau ist too much.

NONVERBALE KOMMUNIKATION

Wie sehr ich eine Frau vorher auch scheiße finden wollte, so sehr ging das einfach nicht mehr, wenn sie mich dann mit ihrem Talent oder ihrem Wesen angestrahlt hat. Eigentlich sind wir doch auch echt anders drauf. Wir haben doch wirklich andere, sogar tatsächlich bessere Möglichkeiten als Männer, uns zu verbünden. Wir sind doch geschaffen dafür, Allianzen zu bilden! Wer bitte, wenn nicht wir? Wir sind die Mütter der Allianz!

Es gibt doch diese besondere Verbindung zwischen Frauen. Wie eine Art unsichtbares Band, wie eine seltsame telepathische Fähigkeit, die uns alle verbindet. Niemand kennt und erkennt uns so gut wie andere Frauen. Wir spielen diese Fähigkeit nur viel zu oft gegen uns aus. Wir können uns so mies und tief verletzen, das schafft fast kein Mann. Gut, ein paar sind doch ganz gut darin.

Aber warum zur Hölle nutzen wir diese Verbindung nicht mehr? Es gibt sie doch. Habt ihr nicht auch das Gefühl, dass

Frauen immer alles checken? Also ich meine jetzt sozial, zwischenmenschlich.

Es gibt zum Beispiel diese Gespräche unter Frauen, in denen wir ALLES sagen, aber fast keine Worte benutzen:

»Oh mein Gott, hast du gehört?«, »Hab ich!«, »Ist das nicht ...?«, »Ja, ist es«, »Wir würden nie ...«, »Never«, »Krass«, »Unfassbar«.

Nonverbale Kommunikation, wir sind die Meisterinnen! Stellt euch so eine Kommunikation bitte mal in der Führungsebene eines DAX-Unternehmens vor. Das, was am meisten schiefläuft in Unternehmen, ist doch die Kommunikation! Was das alles an Papierkram einsparen würde. Mehr Frauen in Führungspositionen schont sogar die Umwelt. Ha!

Frauen haben diese Gabe! Jede Frau kennt die Situation, dass einen irgendein Problem hart beschäftigt. Man ist aber nicht in der Lage, darüber zu sprechen, und tut beim Abend mit den Freund*innen so, als wäre nix. Zu tausend Prozent ruft dich eine deiner Freundinnen danach an und sagt dir auf den Kopf zu, welches Problem dich quält. Und wenn sie so ist wie meine besten Freundinnen, liefert sie die Lösungsvorschläge gleich mit.

Wer hatte nicht schon mal ein Gespräch, mit Männern und Frauen, das am Anfang okay war, dann aber, warum auch immer, eine für dich unangenehme Wendung nahm. Du fühltest dich langsam immer unwohler, aber fandest keinen Ausweg aus dem Gespräch. Die andere Frau hat aber genau das gespürt! Sie spürte es durch unser unsichtbares Band! So lenkte sie das Gespräch in eine andere Richtung und du warst gerettet, sie hat dich aufgefangen.

Wir tun so was. Wir können füreinander einstehen und uns gegenseitig supporten. Es ist eine unserer besten Eigenschaften. Wir müssen sie nur besser für uns nutzen und uns nicht einreden lassen, wir wären stutenbissig. Vor allem müssen wir lernen, dass wir durch unsere Solidarität und gegenseitige Unterstützung so viel ändern können. Wir haben alle Fähigkeiten dazu. Die sind doch wirklich übermenschlich, wenn man ehrlich ist.

Wenn eine Frau in einen Raum kommt, wo sie niemanden kennt, hat sie doch trotzdem die Lage gecheckt. Oder? Wir haben den Laden durchschaut und wissen ganz genau, was abgeht. Alles, was so zwischenmenschlich im Raum liegt. Auch wenn sie diese Personen alle noch nie gesehen hat, eine Frau scannt den Raum und weiß: Aha. Die da quatscht mit einem Typen, den sie superhot findet, ist aber bisher nicht zum Ziel gekommen. Der da tut so, als wäre er über seine Ex hinweg, die am anderen Ende des Raumes steht, ist er aber nicht. Die beiden waren mal allerbeste Freundinnen, hassen sich aber jetzt, und sie hat 'ne Hose an, die ist drei Nummern zu klein, sieht aber trotzdem Bombe aus.

Ein Mann würde doch in denselben Raum gehen und sagen: »Hallo! Ich weiß nicht.«

Bestimmt auch schön, wenn man all diese Informationen, die auf uns hereinprasseln, einfach ausblenden kann. Männer sind da anders resistent, die bekommen einfach vieles gar nicht mit. Und das Schlimmste ist doch, wenn du aber aus irgendeinem Grund auf diese rudimentären Informationen, die so ein Mann aufnimmt, angewiesen bist, oder?

Als wir Anfang zwanzig waren, bin ich mal auf einer Party in meinem Freundeskreis NICHT gewesen. Ich bekam aber eine Nachricht, dass sich auf dieser Party wohl ein befreundetes Pärchen getrennt habe. Und zwar mit ALLEM, was dazugehört. Das war 'ne Riesenshow: mit Anschreien, Heulen, Sachen an die Wand werfen, es muss das Spektakel des Jahrhunderts gewesen sein. Jetzt wollte ich unbedingt an Informationen aus erster Hand kommen, und der Erste, den ich zu fassen bekam, war mein damaliger Freund. Er war nämlich auf der Party gewesen. Ich ahnte schon, dass ich es mir lieber verkneifen sollte, ihn zu fragen. Ich hätte ja viel lieber die Geschichte von 'ner Frau erzählt bekommen.

Denn eine Frau hätte mir das so schön erzählt! Sie hätte es mir so wunderbar übertrieben, unrealistisch ausgeschmückt … Aber nur mein Freund war auf der Party gewesen, also hatte ich keine Wahl. Ich wartete, bis der nach Hause kam, und baute ihm direkt eine dramatische Rampe, um ihm den Einstieg für eine gute Story zu erleichtern.

Ich sagte:

»Oh mein Gott, was ist auf der Party passiert?«

Und er so: »Was war denn?«

»Ähm, hallo? Britta und Jan haben sich doch getrennt.«

»Ja? Ich hab nichts mitbekommen.«

»Entschuldigung, aber die haben sich doch wohl angeschrien und Sachen auf sich geschmissen. Das hast du nicht mitbekommen? Wo warst du denn?«

»Ich war in der Küche, da gab's Suppe, die Suppe war lecker.«

»Was? Aber da ist doch auch 'ne Couch aus dem Fenster geflogen?«

»Ja? In der Suppe war Wurst.«

Eine Frau hätte mir das ganz anders erzählt. Ich hab schon so verrückte Situationen erlebt. Ich war mal in einem Sommer im Urlaub, mit Freund*innen von mir und Freund*innen von meinem Bruder, und da gab's eine sehr interessante, aber auch hochkomplizierte Situation. Denn 'ne Freundin von mir hatte was mit 'nem Freund von meinem Bruder. Eigentlich super, ABER kompliziert, weil er zu Hause schon 'ne feste Freundin hatte. Also durfte das natürlich niemand auf der Welt wissen.

Deswegen hab ich auch nur EINER Freundin in Köln davon erzählt. Keine Angst, die Situation war völlig safe, denn die kannte niemanden von den anderen. Das war ja wohl völlig in Ordnung, denn diese Geschichte MUSSTE raus. Also stand ich dann mit meiner Freundin in dieser vollen Kneipe und hab ihr diese Geschichte erzählt. Ich habe sie wirklich so wunderbar, wunderbar erzählt. Ich habe dramatische Pausen gelassen und unfassbar übertrieben und unrealistisch ausgeschmückt. Es war ein Fest. Dass sie sich beim Zuhören nicht 'ne Tüte Popcorn aufgemacht hat, war alles. Und dann, ich schwöre, das ist die Wahrheit, auf dem Höhepunkt der Geschichte, geht die Tür von der Kneipe auf und genau der Typ, über den ich gerade rede, kommt mit seiner Freundin rein und steht einen Millimeter neben meinem Gesicht.

Ich hab also keine Zeit, meiner Freundin zu erklären, warum wir plötzlich nur noch über Salamander reden, aber wir reden über Salamander. Wir reden über eine sehr interessante Salamanderpopulation. Ich habe zwar keine Zeit, es ihr irgendwie zu erklären, aber meine Freundin hinterfragt es auch nicht eine Sekunde und redet mit mir über Salamander, als wär nichts passiert! So als hätten wir den ganzen Abend schon über Salamander geredet. Ich kann nichts sagen, sondern sie nur angucken ... Sie hat natürlich sofort verstanden.

Ist das nicht der Wahnsinn? Wir Frauen haben diese Verbindung, das ist magic! Wir könnten das viel mehr ausnutzen. Aber auf der anderen Seite sind wir auch diejenigen, die uns am meisten verletzen können. Weil wir auch genau wissen, wo es richtig wehtut.

Kommt, wir lassen das jetzt und machen mehr von den Situationen mit den Salamandern, okay?

Vielleicht müssen wir ja gar nicht die vermeintlich männlichen Eigenschaften kopieren, um selbst Seilschaften und

Allianzen zu gründen. Wir haben selbst so viele Skills, um auf unsere eigene Art erfolgreich zu sein, und vor allem: ohne andere Frauen auszuschließen. Besonders cool und tough zu sein, so wie ein Mann, ist vielleicht einfach überhaupt nicht unser Weg. Wir sind emotionaler und natürlich auch anders geprägt, aber Bünde zu schmieden und Karrieren zu verfolgen, genau so, wie Männer es machen, ist vielleicht auch nicht der einzige Weg. Geht das nicht auch anders? Eben weiblicher?

12 LÖSUNGEN

GIRLGANGS

Heute fordern Frauen in allen Bereichen ihre Sichtbarkeit. Und tatsächlich sind wir sichtbarer als je zuvor. Egal, ob man die sozialen Medien für ein Produkt des Teufels oder ein Geschenk des Himmels hält. Instagram, Facebook, Twitter und Co. haben wahnsinnig vielen Menschen eine Stimme gegeben, die man sonst nicht gehört hätte. Natürlich nicht nur Menschen, die coole Sachen zu sagen haben. Aber irgendwas ist ja immer. Fakt ist aber: Dank der sozialen Medien kann man fast schon von einer feministischen Revolution 2.0 sprechen. Frauen können auf lange Sicht nicht mehr mundtot gemacht werden, und diese Bewegung lässt sich nicht aufhalten.

Solange Frauen nicht in allen Belangen unserer Gesellschaft mitentscheiden dürfen, solange kann es keine richtige Gleichberechtigung geben. Diese Entwicklung ist in meinen Augen nicht mehr zu stoppen. Und nur wenn Frauen mitentscheiden, entscheiden sie auch im Sinne von Frauen. Dann gibt es bessere Bedingungen für Familien, von denen letztendlich auch Männer profitieren.

Natürlich gibt es immer noch viel Frauenfeindlichkeit, aber wenigstens sind die Randbedingungen erschwert. Längst sind die Zeiten vorbei, in denen Männer einfach offen frauenfeindlich agieren konnten, ohne nennenswerten Gegenwind zu bekommen. Dafür wird aber auch umso offensichtlicher: Diejenigen Männer, die sich noch öffentlich frauenfeindlich äußern, die wollen das wirklich. Man kennt das von kleinen Kindern. Grenzen austesten, um sich selbst zu finden. In gewisser Hinsicht vielleicht verständlich. Früher hat die klitzekleine Tatsache ausgereicht, dass Mann einen Penis hat, um uneingeschränkt sämtliche Privilegien genießen zu können, und heute fordern Frauen superlaut Gleichberechtigung. Und dabei hatte Mann sich gerade erst dran gewöhnt, dass er auch seine Ehefrau jetzt nicht mehr einfach vergewaltigen darf. Man muss also Verständnis haben, wenn viele Männer sich überfahren fühlen. Diese recht neue Änderung von 1997 steckt ihnen einfach noch in den Knochen.

Und natürlich wissen die Männer, dass wir noch nicht richtig angefangen haben, gleichberechtigt zu verteilen. Deswegen klammern sie sich schließlich auch umso fester an die Bonbontüte. »NEIN!!!! ICH WILL DIR NIX ABGEBEN: DAS IST ALLES MEINS!!«

Kontra geben, das müssen wir Frauen. Was die Männer als Gegenwind empfinden, das ist für uns Rückenwind, und mit dem surfen wir. Kommst du uns blöd, dann lassen wir einen Shitstorm wehen. Also pack besser einen Schirm ein, ich bin mit meiner Girlgang hier. Wenn heute männliche Kabarettkollegen Kolumnistinnen und Bloggerinnen als pauschal ungebumst betiteln, dann steht ihnen sofort eine Armada von ihnen sprachlich und intellektuell so krass überlegenen Frauen gegenüber, die sie einfach komplett auseinandernehmen.

Jedenfalls in meiner Bubble ist das so.

Trotzdem: Es ist noch ein langer Weg. Denn immer noch werden solche Männer, vor allem die in gewissen Stellungen, protegiert. Auch von Frauen.

Sollte ich zum Beispiel in meiner Sendung einen Buchtitel zum Anlass nehmen, um ein Fass über das Thema »Rassismus gegen Weiße« aufzumachen (den es de facto nicht gibt, wie wir alle wissen) ... und sagen wir mal, ich hätte dieses Buch nicht nur nicht gelesen, sondern noch nicht mal recherchiert, ob es die Übersetzung eines amerikanischen Buchs ist oder ob es von einer deutschen Autorin geschrieben wurde. Ich hätte mir sogar nicht die Mühe gemacht, den Namen der Autorin zu googeln, und natürlich hätte ich den Inhalt nicht mal annähernd überflogen! Ich würde in der Nummer sogar zugeben, dass ich meine komplette These auf etwas stütze, das ich »im Vorbeigehen gesehen habe«.

Was würde mir wohl nach meiner Sendung passieren? Ich denke, ich müsste mich nicht nur vor meinem Sender rechtfertigen und würde eventuell sanktioniert werden, sondern ich würde wahrscheinlich sogar meine Sendung verlieren.

Jetzt hat all das aber ein Mann gemacht. Klar gab es einen Shitstorm, und klar gab es Entschuldigungen dafür, dass man sich null Komma gar nicht informiert hat, aber Konsequenzen? Nope.

Ich bin mir sicher, einer Frau in der gleichen Position wäre es in dem Zusammenhang anders ergangen.

Trotzdem gibt es viele, auch Frauen, die das Problem gar nicht sehen oder sehen wollen.

Als ob nicht jede Frau davon profitieren würde, wenn wir endlich komplett gleichberechtigt wären, als ob nicht jede Frau bemerkt, dass doppelte Standards herrschen. Gerade im Job! Frauen, die eingestellt oder gar befördert werden möchten, werden erst einmal nach ihrem Kinderwunsch befragt. Sarah Cooper hat die Problematik in ihrem Buch »How to Be Successful Without Hurting Men's Feelings« sehr schön zusammengefasst. Sarah selbst ist übrigens nicht nur ebenfalls Comedienne, sondern sie hat auch bei Google gearbeitet. Sie ist also auch Expertin in Sachen Penis-Überschuss am Arbeitsplatz. Ein Mann, der zum Beispiel sagt, dass in ein Projekt noch mal mehr Arbeit reingesteckt werden muss, wirkt hilfsbereit. Eine Frau hingegen, die das gleiche Problem anspricht, gilt eher als bissig. Ein Mann, der seine Gefühle im Job rauslässt, gilt als leidenschaftlich. Das ist lieb gemeint. Eine Frau hingegen als emotional. Nicht so lieb gemeint. Eine Frau, die sich selbst als die Beste für ihren Posten beschreibt, ist arrogant, ein Mann vertrauenswürdig und zuversichtlich. Und so weiter und so weiter. An dieser Stelle bitte mal einen kurzen Applaus für uns Frauen in Jobs, die noch sehr männlich besetzt sind. Krass, dass wir diese Scheiße mitmachen.

Aber lasst uns auf jeden Fall dranbleiben. Wir sind auf einem guten Weg. Versprochen. Noch zweitausend Jahre oder so, und es ist geschafft.

Wenn man sich in dieser Welt oder in den Facebook-Kommentarspalten so umsieht, dann hat man ja wirklich oft das Gefühl, es dauert nicht mehr lange und wir sind bei: »Antifeministen und Antifeministinnen, das Musical«. Denn das ganze Gejammer dort ist definitiv eine Never Ending Story. Nur dass es in diesem Fall nicht hilft, diese Mitmenschen einfach beim Namen zu nennen. Ich schwöre, ich habe mehrfach das Fenster aufgerissen und wie Bastian »Antifeminist*innen« in die stürmische Nacht gerufen. Keine kindliche Kaiserin kam, um mir zu sagen, dass jetzt alles gut wird. Also müssen andere Lösungen her. Bloßstellen hilft. Aber das ist zum einen sehr männlich geprägt und sollte zum anderen, wenn überhaupt, nur im Notfall greifen. Oder, Mr. Weinstein? Und dann haben wir ja jetzt auch schon oft genug festgestellt, dass auch Frauen Antifeministinnen oder Sexistinnen sein können. Manchmal sind sie sogar die besseren alten weißen Männer.

Das darf natürlich keinesfalls dazu führen, dass wir uns schulterzuckend zurückziehen und resignieren. Dann halt Flucht nach vorne und Mitstreiterinnen suchen. Und wenn ich die nicht im Büro finde, dann halt in der Kneipe. Und das Versprechen, solidarischer zu sein und mehr aufeinander achtzugeben, kann man mit Kölsch ja auch viel besser begießen als mit stillem Wasser aus dem Büro-Wasserspender. Hauptsache ist aber sowieso, dass man irgendwo anfängt mit der Solidarität und dem Feminismus. Deswegen heißt es ja auch Feminis*mus* und nicht Feminis*kann*. Aber apropos Feminismus: Noch einmal zur Erinnerung, es geht bei meinem Feminismus wirklich nur darum, dass Frauen und Männer gleichbehandelt werden und sich gleichbehandeln. Es geht um alle Menschen. Egal, welchen Geschlechts.

MATRIARCHAT

Ich will nicht das Matriarchat ausrufen. Wobei wir auch das hinbekommen könnten, wenn wir Frauen uns nur anständig zusammenrotten würden.

Glaubt ihr nicht? Nun, in Brasilien ist Mann bzw. Frau da bereits mit gutem Beispiel vorangegangen. Christoph Wiechmann hat diesbezüglich einen langen Artikel im »Stern« geschrieben, in dem er die Geschichte von Dona Carmen und ihren Kampfgenossinnen erzählt.[139] Laut WHO wird jede dritte Frau Opfer von häuslicher Gewalt. In Brasilien sogar jede zweite.

Irgendwann hatte Dona Carmen dann die Nase voll. Von den Schlägen und von den Männern.

Sie hat angefangen, sich zu wehren. Seitdem gibt es in ihrer Favela keine Gewalt gegen Frauen und Kinder mehr – und auch keinen Drogenhandel. Man könnte also vielleicht über das Matriarchat am Kotti in Berlin nachdenken.

Aber zurück zu Dona Carmen. Eines Nachts wachte sie wieder davon auf, dass ihre schwangere Nachbarin von ihrem Mann verprügelt wurde. Also stand sie auf, holte zwei weitere Nachbarinnen zur Unterstützung, um dann mit Knüppeln bewaffnet ins Haus der geschlagenen Frau einzudringen. Gemeinsam vertrieben die Frauen den prügelnden Mann aus dem Haus. Eine Frau konnte er vielleicht schlagen. Drei nicht. Die Lösung für die alltägliche Gewalt gegenüber Frauen in den Favelas war gefunden. Und schon in den nächsten Tagen gründete sich eine Gruppe aus dreißig Frauen. Eine Art Bürgerinnenwehr. Nur halt in wirklich notwendig und nicht so ekelhaft und rassistisch, wie das besorgte Bürger in Brandenburg machen. Die Frauen bewaffneten sich mit Trillerpfeifen und Knüppeln. So konnten sie sich wehren und gleichzeitig weitere Unterstützung holen.

Inzwischen sind es übrigens einige mehr als dreißig. Natürlich möchte ich hier nicht zur Selbstjustiz aufrufen. Aber gerade bei Gewalt gegen Frauen und Kinder muss man sich die Frage stellen: Wo beginnt eigentlich Notwehr?

Und natürlich besteht das System der Frauen nicht nur aus Gegengewalt, sondern auch aus Disziplinierung. Wir sprechen hier schließlich von Frauen.

Disciplina – wie die Bewohnerinnen dieser Favela es nennen – ist ein ausgeklügeltes Strafsystem, mit dem die Männer erzogen werden sollen. Anfangs war sogar die Rede von Domestizierung, aber die Bezeichnung war den Männern in der Favela zu hart oder zu erniedrigend. Und darauf wurde Rücksicht genommen. Finde ich eigentlich sehr nett. Das Patriarchat nimmt ja selten Rücksicht auf die Gefühle von uns Frauen.

Die Disciplina beinhaltet zum Beispiel, dass Männer, die betrunken ihren Frauen oder Kindern gegenüber handgreiflich werden, an einen Baum gebunden werden, um dort auszunüchtern. Diejenigen von uns, die das Mittelalter noch miterlebt haben, erinnern sich vielleicht noch an die Schandpfähle. Das Prinzip ist ähnlich. Nur halt mit Baumkontakt. Und daran soll ja nicht alles schlecht sein. Nein, natürlich bin ich nicht dafür, Männer an Bäume zu binden. Aber auch bei #MeToo wurden Täter öffentlich angeklagt, und manchmal muss Frau Männer halt in die Öffentlichkeit zerren, damit es zu Veränderung kommen kann. Natürlich ist das für die Männer unangenehm. Aber sie können ja etwas dagegen tun. Es ist ganz einfach: Mann muss dafür nur Gewalt gegen Frauen unterlassen. Wirklich, Mann kann das schaffen.

Die anderen Methoden der Disciplina bedienen sich sehr der klassischen Pädagogik. Genauer gesagt des Konzepts der Konditionierung. Ihr kennt das: Pawlow, der Hund und die Glocke. Allerdings arbeiten die Frauen im Gegensatz zu Pawlow mit negativen Verstärkern. Das heißt: Auf eine unerwünschte Aktion, wie zum Beispiel eine Ohrfeige, folgt ein negativer Reiz. Eine Strafe. Und kein Leckerli. Im Falle der Disciplina bedeutet das für den Mann: eine Woche nicht in die Kneipe, kein Fußball und Sexverbot. Die Sprüche der anderen Männer gibt es gratis dazu.

Die Sache mit dem Sexentzug hat im Übrigen auch schon im Jahre 411 v. Chr. der griechische Dichter Aristophanes vorgeschlagen. In seinem Stück »Lysistrata« haben die Frauen genug vom Kriegstreiben ihrer Männer und verweigern ihnen so lange den Sex, bis Frieden herrscht. Ich mag mich irren, aber irgendwas scheint an dem Konzept dran zu sein. Sollte man vielleicht noch mal intensiver drüber nachdenken.

Aber zurück nach Brasilien. Natürlich wirkt das Geschehen dort wie ein willkürliches Parallelsystem, wo vermutlich auch Ungerechtigkeit herrscht. Frauen sind nicht perfekt. Aber die Frauen dort sind Pionierinnen, und selbst wenn ich mir dieses System nicht eins zu eins nach Deutschland wünsche, weil mein Ziel eben Gleichberechtigung und nicht der Austausch der Herrschaftssysteme ist, so ist dennoch faszinierend, was wir Frauen alles erreichen können, wenn wir uns entschließen, zusammenzuhalten und gemeinsam zu kämpfen. Deswegen kann und muss eine Lösung für eine bessere Zukunft Zusammenhalt heißen.

Also. Wie kriegen wir diesen Karren aus Neid, Missgunst und Stutenbeißerei jetzt aus dem Dreck?

Der nächste wichtige Punkt auf meiner Liste der Lösungen ist folgender: die Sache mit dem Feminismus einfach durchziehen. Es geht nicht darum, sich stets moralisch einwandfrei sämtlichen »feministischen Regeln« zu unterwerfen. Viel wichtiger ist es, sich selbst treu zu bleiben. Beim Feminismus geht es um grundlegende Rechte. Also um Gleichberechtigung und Freiheit. Nicht um Selbstgeißelung und Wettbewerb. Mach, was dir gefällt. Zieh das pinke Kleid an, back sonntags den Kuchen, blas jemandem einen. Aber mach es, weil du Lust darauf hast, und nicht, weil es jemand von dir erwartet. Und erwarte gleichzeitig nicht von anderen Frauen, dass sie die gleichen Dinge mögen wie du. Man kann sich in seinen Gegensätzen akzeptieren und trotzdem gemeinsam etwas erreichen. Also zumindest habe ich mal irgendwo gehört, dass das geht.

Wir brauchen Vorbilder. Das ist total klar. Wie sollen wir uns denn aus dem Gender-Pay-Gap oder aus den »interfemininen Konflikten« befreien, wenn wir gar keine Vorstellung davon haben, was oder wer wir alles sein könnten?

Wenn ich nicht so großartige Frauen wie Gaby Köster oder Anke Engelke gesehen hätte, dann wäre mir nicht einfach eines Tages von selbst eingefallen, dass ich mit dem Komischsein Geld verdienen könnte. Mehr noch, dass es ein richtiger Beruf sein könnte. Ich kannte in meiner Kindheit nur lustige Männer, die diese Eigenschaft auch zum Beruf gemacht hatten. Ich habe Rudi Carrell gesehen, Otto Waalkes, Manfred Krug, Dieter Hallervorden, Diether Krebs … Manche haben natürlich auch mit Frauen zusammengespielt, aber dass die Frauen aus sich selbst heraus komisch waren und nicht nur Stichwortgeberin für den Mann, das habe ich als kleines Mädchen nicht wahrgenommen. Bis ich Gaby Köster gesehen habe. Meine Eltern waren große Fans vom alternativen Karneval in Köln. Der bewegte sich weit weg vom patriarchalen, traditionellen Sitzungskarneval. Die alternativen Karnevalist*innen der Stunksitzung waren politisch, extrem lustig, mutig und eben: weiblich. Die ersten Präsidenten waren zwar noch Männer, aber 1999 wurde der Posten von der großartigen Biggi Wanninger übernommen. Damit bildet die Stunksitzung den absoluten Gegenentwurf zum traditionellen Kölner Karneval. Hier wurde schon Kritik an der katholischen Kirche geübt, da war ich noch ein unanständiger Gedanke. Legendär, wie der damalige Präsident Jürgen Becker Kardinal Meisner in weiser Voraussicht schon vor zwanzig Jahren ein »Arschloch« nannte. Die Stunksitzung wurde wegen ihrer kritischen Sketche über die katholische Kirche mehrfach zensiert und angezeigt und darum von mir und auch meinem Vater sehr verehrt. In Köln sind das alles sowieso totale Held*innen, aber gerade für mich als Kind waren alle aus dem Ensemble der Kölner Stunksitzung Superstars. Als ich irgendwann angefangen habe, Kindertheater zu spielen, haben wir die Headsets von einigen der Darsteller*innen zum Proben nutzen dürfen und ich bin vor Ehrfurcht fast erstarrt. Ich habe von diesen Künstler*innen eine sehr wichtige Sache schon früh mitgenommen: dass es wichtig ist, als Künstler*in für etwas zu stehen. Dass man eine Stimme hat, die gehört wird, und dass man die nutzen muss. Da meine Eltern jedes Jahr so begeistert waren, war auch für mich klar: Das sind großartige Künstler*innen, die ihre Kunst mit der Kritik an der Gesellschaft und für die gute Sache verbinden. Also war für mich schon immer klar, wenn man Künstler*in wird, dann so.

Dann sah ich also Gaby Köster damals zum ersten Mal bei der Stunksitzung auf der Bühne. Sie spielte eine Blondine, »die dümmste Praline der Welt«, und machte eigentlich ein Standup, das ich sehr schnell auswendig konnte. »Ich hab auch einen Namen, den sag ich aber nicht, der is nämlich Nicole« (ausgesprochen mit Doppel-l am Ende). Wann immer ich darum gebeten wurde, und das geschah oft, rezitierte ich die komplette Nummer und heimste schön den Applaus ein. Es war das erste Mal, dass ich eine Frau alleine auf der Bühne sah, die lustig war. Laut und exzentrisch und schreiend komisch.

Dann gab es irgendwann in meiner Kindheits-Bubble die »Missfits«, ein Kabarettduo mit Stephanie Überall und Gerburg Jahnke. Die beiden hab ich auch als Teenagerin mit meiner Mutter zusammen gesehen, ich meine, es war bei den »Mitternachtsspitzen« im WDR. In dem Sketch saßen die beiden nebeneinander auf dem Klo und unterhielten sich über Binden und die Wechseljahre. Ich weiß noch, wie meine Mutter sich kaputtlachte und alle völlig baff waren wegen dieses heftigen

Tabubruchs, dass sich zwei Frauen auf dem Klo über das Klimakterium unterhalten.

Als ich dann einige Jahre später Anke Engelke in der »Wochenshow« sah, hat es bei mir endgültig geklickt. Ach so! Das ist ein richtiger Beruf! Und man kann auch so entspannt lustig sein wie Anke Engelke und sich auch mal hässlich machen. Ach so! Für mich war dann eigentlich klar: Dann kann ich das ja auch machen. Irgendwann, als Anke »Ladykracher« drehte, hat einer meiner besten Freunde für sie geschrieben und mich gefragt, ob ich (damals noch kleine Redaktionsassistentin) eine Tonaufnahme machen könnte, denn Anke sollte einen Sketch spielen in einem Dialekt, den ich besonders gut beherrschte. Ich war natürlich absolut stolz, in irgendeiner Art und Weise bei »Ladykracher« mitzuwirken, auch wenn es nun wirklich nur über drei Ecken war. Trotzdem war ich so frei und habe mir dann in meine Schauspiel-Vita einfach unter TV-Mitwirkung »Ladykracher« eingetragen. Kontrolliert ja keiner und sieht erst mal gut aus. Macht was her! Ich habe in meiner Vita sowieso die Wahrheit recht großzügig ausgelegt. Ich konnte beispielsweise überhaupt nicht Roller fahren, was mich aber nicht davon abhielt, eine Rolle in einem Kurzfilm, die genau diese Fähigkeit erforderte, anzunehmen. Der größtmögliche Albtraum eines jungen Regisseurs trat somit ein. Sorry noch mal, Jungs.

Wenn ich heute meine erste Nummer ansehe, dann muss ich wirklich lachen. Ich glaube, ich habe ein wenig versucht, Gaby zu imitieren. Es hat eben gedauert, bis ich meinen eigenen Weg und meine eigene Stimme gefunden habe. Aber ohne diese Vorbilder hätte ich definitiv nicht gewusst, dass es mein Weg werden könnte. Wenn andere Frauen jetzt mich oder Hazel Brugger oder Tahnee oder all die anderen Comediennes sehen, dann wird es für sie auch so sein. Logisch. Nur so geht es. Also müssen wir alle Vorbilder sein, egal, in welchem Beruf, in welcher

Branche. Darum müssen Frauen überall sichtbarer werden und stattfinden, damit wir auch selbst sehen: Hey, es gibt ja doch genug Platz für alle! Dann müssen wir uns ja gar nicht so mies bekämpfen.

FRAUENQUOTE

Und genau darum bin ich auch für die Frauenquote. Denn anders schaffen wir es offenbar nicht, die Gleichberechtigung auf dem Arbeitsmarkt herzustellen. Wie sonst sollen wir denn Vorbilder für Frauen ermöglichen? Wenn wir einfach warten, bis das gesellschaftlich sowieso irgendwann passiert, dann können wir noch hundert Jahre warten. Seit 2015 müssen sich börsennotierte Unternehmen an eine Frauenquote von 30 % halten. In den Vorständen gilt das nicht.

Die bereits erwähnte Studie der Albright-Stiftung hat ergeben, dass es mehr Vorstandsvorsitzende mit dem Vornamen Thomas gibt als Frauen auf einem solchen Posten. Der Vorstand befördert eben nur Männer. Dabei bevorzugt er jüngere Kopien von sich selbst – teils, weil er sie für am besten geeignet hält, teils, weil er am besten mit ihnen umzugehen weiß. Kennt ihr diese Typen, die sich beim Sex vor dem Spiegel die ganze Zeit nur selbst anschauen? Keine Ahnung, wie ich da jetzt drauf komme ...

Alle börsennotierten Unternehmen sind allerdings verpflichtet, sich selbst eine feste Quote für Frauen in den Vorständen als Ziel zu setzen. Es wurde allerdings keine Mindesthöhe vorgegeben. Darum haben sich 53 Unternehmen eine Frauenquote von 0 % gegeben. Juchhu! Ziel schon erreicht.

Begründet wird das damit, dass man sagt: Läuft doch gut

HALLO FRAU SCHMITZ
WAS WILL DER DENN?
SIE SIND AB SOFORT IM VORSTAND VON SIEMENS!
ABER ICH HAB DOCH SPORT STUDIERT?
QUOTE BLEIBT QUOTE

so, warum was ändern? Ich warte ja nur darauf, dass bei allen durchsickert, dass ein divers aufgestellter Vorstand innovativere Entscheidungen trifft und das Unternehmen viel besser performen lässt. So wie Supermärkte, die merken, dass die Leute kein Plastik mehr mögen, und plötzlich ist es gar kein Problem mehr, Verpackungen umzugestalten. Die Umwelt ist denen immer noch scheißegal, aber plötzlich merken sie, dass sie mehr Gewinn machen ohne Plastik.

Noch mal: Frauen supporten ist eine fucking Cashcow, Leute!

Ich weiß schon, es gibt natürlich jede Menge Kritik an der Frauenquote. Ich höre immer: Die Frauenquote ist scheiße, weil man doch für seine Leistung anerkannt werden will. Ich will meine Position nicht nur wegen der Quote, sondern wegen meiner Leistung!

Das klingt so, als würde man einfach irgendeine x-beliebige Frau auf einen Vorstandsposten setzen, nur wegen der Quote, die mit dem ganzen Job überhaupt nichts zu tun hat!

Als würde man für die Quote einfach auf 'nem Parkplatz irgendeine Frau aussuchen und sagen:

»Glückwunsch, Frau Schmitz, Sie sind ab sofort im Vorstand von Siemens.« Die Frau lässt dann die Tüten vor Schreck fallen: »Oh, was? Aber ich versteh gar nix von Maschinen!«

Was ich auch schon nicht mehr hören kann, ist: »Jaja, bei der Müllabfuhr wollt ihr keine Frauenquote, was? Hahahahahaha.«

Ja. Haha. Nein danke. Im Niedriglohnsektor performen wir schon sehr gut. Danke schön.

Eine gesetzliche Frauenquote würde Unternehmen zwingen, die Chancen für Frauen in ihrer Branche zu erhöhen oder sogar überhaupt eine Karriere in dieser Richtung attraktiv zu machen. Außerdem müssten sie eine bessere Vereinbarkeit von Familie und Beruf gewährleisten. Und davon profitieren wir ja wohl alle.

Gendern wäre auch so ’ne Sache, die hilfreich wäre. Ist doch schön, wenn man gerade in beruflichen Fragen auch die Frauen mit anspricht. Oder, noch besser, direkt auch alle anderen Geschlechter. In Jobanzeigen zum Beispiel. Die fühlen sich dann mitgemeint und erwägen eventuell eine Karriere in diesem Beruf. Es könnte so einfach sein, aber um Sprache zu ändern, braucht man einen langen Atem. Lasst es uns einfach machen, Leute. Die Zeit, die sich darüber aufgeregt wird, wie furchtbar lästig es ist, zu gendern, können wir echt sinnvoller nutzen.

Anne Wizorek hat dazu so schön gesagt:

> »Der Witz ist ja: Unsere Sprache ist schon gegendert. Sie ist halt nur maskulin gegendert, aber das wird als Norm dargestellt und deswegen als neutral.«

Ja, der Mann ist eben in unser aller Köpfe der normale Mensch. Ich persönlich habe keinen Bock, darauf zu warten, bis alle Gendern okay finden und die ganze Gesellschaft doch die Frauenquote akzeptiert und sich so ganz langsam ändert. Ich will jetzt etwas ändern. Das können wir alle. Ich bin zum Beispiel irgendwann dazu übergegangen, dass ich allen Frauen, die ich toll finde, das auch ganz ausdrücklich sage. Ich habe mir das irgendwann vorgenommen und eventuell damit schon oft Frauen überrascht. Ich war einmal zusammen mit Jessica Schwarz bei einer Preisverleihung auf der Bühne, weil ich die ganze Sache moderierte. Ich war total beeindruckt von ihr, es ging richtig die Sonne auf, als sie den Raum betrat. Danach habe ich sie auf der Aftershowparty gesucht, um ihr genau das zu sagen. Eventuell hat sie gedacht, ich will sie abschleppen ... Seit ich das mache, fällt mir auf, wie wenig wir Frauen Komplimente annehmen können. Vor allem in meiner Branche: Es geht mittlerweile echt besser, aber immer noch höre ich als Antwort auf ein Kompliment so was wie: Ach, Quatsch, ich hab nur schnell was übergeworfen. Oder: Ach, ich hatte eben auch einen sehr gute*n Regisseur*in. Oder: Ich war sonst besser, ich hab auch sehr viel Make-up benutzt, der Schnitt vom Film war eben sehr gut, ich hab gute Autor*innen, das Licht war aber auch vorteilhaft ... bla, bla, bla. Warum fällt es uns so schwer zu sagen: Danke schön. Das ist auch 'ne Sache, die wir uns vornehmen könnten. Komplimente annehmen: Danke, ich finde auch, das habe ich sehr gut gemacht. Danke, ich habe für diesen Film auch sehr viel gearbeitet.

Wir können alle unsere beruflichen Verbindungen anschauen und mal überlegen: Fällt mir da nicht vielleicht auch 'ne Frau für den Posten ein? Arbeite ich überhaupt in einem divers aufgestellten Team?

MENTORIN SEIN

Dann wäre da noch Folgendes: Sei eine Mentorin! Es gibt viel zu wenige weibliche Vorbilder für junge Frauen. Du kannst eine sein. Öffne Türen, lenke in die richtige Richtung, solidarisiere dich mit der Praktikantin und hilf ihr, sich wirklich im Job zu orientieren. Kaffee kochen kann sie nämlich bestimmt schon und Kopieren ist ohnehin schlecht fürs Klima. Empfiehl junge Kolleginnen. Sag ihnen, was du verdienst. Hilf ihnen, damit sie sich nicht ausnehmen lassen. Sie müssen nicht die gleichen schlechten Erfahrungen machen wie du. Jetzt bist du ja da und kannst sie unterstützen. Bist du jetzt schon ein bisschen selbst gerührt von deinem zukünftigen Mentorinnen-Ich? Also ich schwöre, mir ist gerade ein Tränchen runtergekullert ...

Männer helfen sich übrigens ständig gegenseitig nach oben.

Sie gründen Männerbünde, Verbindungen und all solche seltsamen Sachen, und aus denen heraus wird sich dann lustig gegenseitig gefördert. Und die Jobs kann man sich so auch ganz prima zuschustern. Am Tresen und auf dem Golfplatz werden halt die wirklich wichtigen Entscheidungen getroffen.

Und damit wären wir Frauen, wie oben erwähnt, auch wieder in der Kneipe. Also, meine Damen, lasst uns Stammtische gründen und uns gegenseitig nach oben helfen. Und wenn wir JETZT damit anfangen, wird das für unsere Töchtergeneration schon zu einer Selbstverständlichkeit. Es gibt so einen dummen Spruch, den ich aber irgendwie gut finde: Sei die Frau, die die Krone der anderen Frau repariert, ohne der Welt zu erzählen, dass sie kaputt war. Klingt schlimm nach Wandtattoo, aber ich mag ihn. Ich hatte solche Frauen auf meinem Weg. Vor allem die Freundschaft zu meiner lieben Charlotte Roche hat mir in so vielen Dingen die Augen geöffnet. Sie hat mich so leicht und unbefangen in viele Richtungen gestupst und ermutigt, für meinen eigenen Wert einzustehen. Sie hat einfach gerne ihre Erfahrungen weitergegeben und sich an meinem Erfolg mitgefreut. Das ist verrückt und toll. Also seid alle wie Charlotte zu anderen Frauen. Oder seid so wie Geburg Jahnke. Von der ich auf Tour so viel gelernt habe und die bei jedem Auftritt hinterm Vorhang gelauscht und mich so angespornt hat, dass ich sie jedes Mal mit etwas Neuem überraschen wollte.

Nächster Punkt (wir arbeiten hier ja immer noch eine Liste ab). Versuche, andere Frauen positiv zu sehen. Denn egal, wie unterschiedlich wir auf den ersten Blick wirken mögen und wie grauenhaft zum Beispiel ihr Musikgeschmack erscheint: Man findet immer etwas, was man mit anderen Frauen gemeinsam hat. Und Verbindungen sind wichtig. Wir brauchen mehr Verbündete und weniger Konkurrentinnen.

Lasst uns Banden bilden. Oder halt Social-Media-Gruppen. Meinetwegen sogar Whatsapp-Gruppen. Aber lasst uns vernetzen. Ich würde mir auch wieder ein Faxgerät anschaffen, wenn es sein müsste.

Vorurteile besiegt man am besten durchs Zuhören. Empathie erlangt man am besten durchs Zuhören. Zuhören ist das Schweizer Taschenmesser, wenn es darum geht, jemandem näherkommen zu wollen. Wenn das nichts bringt, kommen Kletterparks und Vertrauensübungen. Aber lasst uns erst einmal mit dem Aperitif starten. Dann bleiben uns die Kletterparks eventuell erspart.

Und vergesst nicht, wir sind nicht GEGEN Jungs. Wir sind FÜR Mädchen (Molly Neumann).

ICH LIEBE MÄNNER

Mir und wahrscheinlich jeder Feministin wird irgendwann im Leben einmal vorgeworfen, wir würden Männer hassen. Was für ein himmelschreiender Bullshit. Noch mal zum Mitschreiben: Ich liebe Männer.

Immer wieder wird mir Männerhass vorgeworfen. »Du machst Witze auf Kosten von Männern. Du bist total männerfeindlich!« Das ist totaler Quatsch. Ich kenne sehr viele Männer. Einige meiner besten Freunde sind Männer! Das Einzige, worauf man eventuell ein wenig achten muss, ist, dass sie nicht sterben. Denn vor allem junge und heranwachsende Männer beschäftigen sich gerne mit Dingen, bei denen sie potenziell draufgehen können. Die meisten Hobbys von Jungs sind einfach nur fucking gefährlich. Wir Mädchen waren am Wochenende immer eher so drauf, dass wir vorschlugen, Dinge zu tun, die in die Richtung gingen: abhängen, Film gucken, Tüte drehen, »Tekken« spielen und wieder 'ne Tüte drehen. Mit den Jungs war so was nur zeitlich limitiert möglich. Als würde eine innere Uhr ablaufen, sagten sie irgendwann: Oder wollen wir uns mit dem Skateboard ans Auto hängen? Oder wollen wir von diesem krassen Felsen ins Meer springen, ohne zu wissen, ob unten im Wasser spitze Felsen sind? Oder wollen wir aus einem Rohr, einem Feuerzeugzünder und Haarspray eine Kartoffelkanone bauen, mit der wir faustgroße Löcher in Plastikstühle und Gartentore schießen? Wollen wir bei unserem VW-Bus auf der Offroadstrecke die Sitzbank halb aus der Tür hängen lassen und deinen kleinen Bruder draufsetzen? Spoiler: Ich fand alle diese Ideen immer schlimm und wollte niemals mitmachen. Daher kam übrigens ganz schnell mein Spitzname: Pussy.

Ich hasse keine Männer, aber ich hasse Strukturen, die Menschen aufgrund ihres Geschlechts oder ihrer Sexualität benachteiligen. Patriarchale Strukturen bevorzugen Männer und setzen sie gleichzeitig unter Druck. Geschlechtergerechtigkeit würde uns alle bereichern und wir würden alle in allen Lebenslagen davon profitieren.

Die Professorin Valerie M. Hudson sagt im Gespräch mit Sybille Berg im Buch »Nerds«, dass kein männliches Baby mit der Veranlagung geboren wird, Frauen zu verletzen und zu unterwerfen. Und kein weibliches Baby wird mit der Bereitschaft geboren, sich unterzuordnen und Gewalt zu akzeptieren (und andere weibliche Babys zu Konkurrentinnen zu machen und ihnen die Augen auszustechen). Wir haben es also selbst in der Hand. Also lasst uns anfangen.

Denn es gibt genug Platz für alle, wir müssen ihn uns nur nehmen.

DANKE

An alle meine lieben Freundinnen für Euren Input und
Euren Austausch. Allen voran: Mariella und Jeannine
An meine liebe Constanze für deinen klaren Kompass
An Kathrin und Sylvie und meinen lieben Willi
für die All-inclusive-Behandlung
An alle meine großartigen Kolleginnen, die mich
gefördert, gefordert und inspiriert haben
An Mila für die fantastischen Illustrationen
An Mumpi für die tollen Fotos
An Sisters of Comedy für die lange Liste von
Komikerinnen
An Helga von Kiwi für alle schlauen Anregungen
An meine Mama für mein furchtloses Leben
An meine lieben Bonusmädchen fürs Zuhören und
Schlau-Nachfragen
An meine Liebe für deine Bedingungslosigkeit

ANMERKUNGEN

1 Auch wenn das Wort »man« von »Mann« abstammen mag, benutze ich es fröhlich im gesamten Buch.
2 http://www.bibelkritik.ch/kirchenkritik/e24.htm
3 https://de.wikipedia.org/wiki/Dornröschen, aufgerufen am 21.5.2021
4 https://de.wikipedia.org/wiki/Allerleirauh, aufgerufen am 21.5.2021
5 https://www.emma.de/artikel/maerchenhafte-daemonisierung-313017
6 Judith Butler: Das Unbehagen der Geschlechter. Frankfurt 1991.
7 https://www.tz.de/tv/expertin-fordert-mehr-vielfaelt-fuer-maedchen-im-kinder-tv-zr-9416479.html
8 Ebenda
9 https://www.br-online.de/jugend/izi/deutsch/publikation/televizion/30_2017_2/Linke_Stuewe_Eisenbeis-Ueberwiegend_unnatuerlich.pdf
10 Ebenda
11 Ebenda
12 https://www.swr3.de/aktuell/nachrichten/barbie-wie-geht-es-dir-gesundheitlich-100.html, nicht mehr abrufbar
13 https://www.br-online.de/jugend/izi/deutsch/publikation/televizion/30_2017_2/Linke_Stuewe_Eisenbeis-Ueberwiegend_unnatuerlich.pdf
14 https://www.swr.de/wissen/article-swr-19990.html
15 https://www.vice.com/de/article/3kaw89/ja-es-gibt-auch-trans-tiere
16 Ebenda
17 https://schlumpf.fandom.com/de/wiki/Schlumpfine, aufgerufen am 3.6.2021
18 Ebenda
19 https://de.wikipedia.org/wiki/Die_Schlümpfe_(Fernsehserie), aufgerufen am 3.6.2021
20 https://schlumpf.fandom.com/de/wiki/Schlumpfine, aufgerufen am 3.6.2021
21 https://de.wikipedia.org/wiki/TKKG, aufgerufen am 3.6.2021

22 TKKG, Band 41: »Spion auf der Flucht«
23 TKKG, Band 69: »Der böse Geist vom Waisenhaus«
24 https://www.tkkg.de/ueber-tkkg/gaby, aufgerufen am 3.6.2021
25 https://www.planet-interview.de/interviews/stefan-wolf/34059/
26 https://www.tkkg.de/ueber-tkkg/gaby, aufgerufen am 3.6.2021
27 TKKG, Hörspielfolge 56: »Todesgruß vom Gelben Drachen«
28 https://www.tkkg.de/ueber-tkkg/gaby, aufgerufen am 3.6.2021
29 https://hoerspielbaer.de/blog/wo-ist-boris/
30 https://www.tkkg.de/ueber-tkkg/gaby, aufgerufen am 3.6.2021
31 Ebenda
32 https://taz.de/Rassismus-in-TKKG-Hoerbuechern/!5478011/
33 https://www.deutschlandfunkkultur.de/enid-blyton-politisch-korrekt.954.de.html?dram:article_id=142314
34 https://www.imf.uni-rostock.de/storages/uni-rostock/Alle_PHF/IMF/Forschung/Medienforschung/Audiovisuelle_Diversitaet/Broschuere_din_a4_audiovisuelle_Diversitaet_v06072017_V3.pdf
35 https://www.tagesspiegel.de/gesellschaft/medien/studie-zur-geschlechterdarstellung-in-tv-und-kino-maenner-dominieren-frauen-kommen-vor/20052966.html
36 https://www.halem-verlag.de/ausgeblendet/
37 https://www.dasgleichstellungswissen.de/geschlechter-in-filmen-wo-frauen-kaum-zu-wort-kommen.html
38 Ebenda
39 Ebenda
40 Mary Beard: Frauen und Macht. Frankfurt 2018.
41 https://de.wikipedia.org/wiki/Bechdel-Test, aufgerufen am 3.6.2021
42 https://www.derstandard.at/story/2000001060658/studie-frauen-in-tragender-rolle-sind-kein-kassengift
43 Emma, 25.4.2021
44 Dr. Sandra Konrad: Das beherrschte Geschlecht – Warum sie will, was er will. München 2019.
45 https://www.brigitte.de/beauty/haut/studie–warum-die-meisten-frauen-unzufrieden-mit-ihrem-koerper-sind-10208672.html
46 https://pinkstinks.de/beulenpest-und-schenkelschande/
47 Caroline Criado-Perez: Unsichtbare Frauen. Wie eine von Daten beherrschte Welt die Hälfte der Bevölkerung ignoriert. München 2020.
48 https://www.spiegel.de/wissenschaft/empfindsame-zwiebel-a-ba78 11f0-0002-0001-0000-000007960205

49 Ausgestrahlt am 25.6.2020

50 https://www.diw.de/de/diw_01.c.812250.de/publikationen/wochenberichte/2021_09_3/gender_pay_gap_im_europaeischen_vergleich__positiver_zusammenhang_zwischen_frauenerwerbsquote_und_lohnluecke.html

51 https://goodjobs.eu/de/articles/equal-pay-day-warum-frauen-nicht-schlechter-verhandeln

52 https://de.statista.com/statistik/daten/studie/38796/umfrage/teilzeitquote-von-maennern-und-frauen-mit-kindern/

53 https://www.boeckler.de/pdf/p_wsi_report_29_2016.pdf

54 https://de.wikipedia.org/wiki/Ehegattensplitting, aufgerufen am 3.6.2021

55 https://de.wikipedia.org/wiki/Wehrmachthelferin, aufgerufen am 3.6.2021

56 https://www.mdr.de/mdr-klassik-radio/klassikthemen/studie-frauen-in-deutschen-orchestern-100.html

57 Ebenda

58 Margarete Stokowski: Die letzten Tage des Patriarchats. Hamburg 2019.

59 Geena Davis Institute on Gender in Media

60 https://genderequalitymedia.org/wp-content/uploads/2020/04/20200426_Studie_Wer-erklärt-die-Welt.pdf

61 »FAZ« vom 15.5.2004

62 https://taz.de/!669285/

63 https://www.daserste.de/specials/ueber-uns/ard-unterhaltungsgipfel-2018-100.html

64 https://www.rnd.de/medien/die-ard-und-ihr-manner-problem-WFVXCJQBQFHJJBWJNM3LT3K5I4.html

65 Ebenda

66 https://www.watson.de/unterhaltung/analyse/783708248-zdf-ard-das-frauen-problem-der-tv-sender-und-was-diese-dazu-sagen

67 https://www.rnd.de/medien/influencer-kai-pflaume-begeisterung-oder-cringe-55IJKUX5FFBKLHYPV2PRWYAJ6E.html

68 Stand Mai 2021. Danke an Sisters of Comedy, die die Liste auf der Seite https://www.sisters-of-comedy-nachgelacht.de/künstlerinnen/ aktualisieren.

69 Leitspruch von ONE.org

70 Jon Evans, Jerel Slaughter: Gender and the evaluation of humor at work. In: Applied Psychology 104(8), 2019.

71 https://www.deutschlandfunknova.de/beitrag/humor-gender-gap-frauen-die-humor-haben-werden-negativer-eingeschaetzt-als-maenner

72 https://www.barbaramerziger.de/pdf/freitagslachen.pdf

73 Der Tagesspiegel, 28.7.2019

74 Die Anstalt, 28.4.2015

75 https://www.emotion.de/psychologie-partnerschaft/persoenlichkeit/weibliche-konkurrenz

76 https://www.cosmopolitan.de/erfolg-im-beruf-diese-7-tricks-lassen-dich-sofort-intelligenter-wirken-79672.html

77 https://www.essence.com/news/politics/alexandria-ocasio-cortez-advice-to-woc-sxsw/

78 https://www.faz.net/aktuell/wirtschaft/unternehmen/frauen-in-start-ups-darum-ist-die-gruenderwelt-maennlich-16839664.html

79 Ebenda

80 Ebenda

81 https://gruender.wiwo.de/finanzierung-gruenderinnen-machen-mehr-aus-ihrem-geld/

82 https://de.wikipedia.org/wiki/Unbefleckte_Empfängnis, aufgerufen am 3.6.2021

83 Christiane Florin: Der Weiberaufstand. Warum Frauen in der katholischen Kirche mehr Macht brauchen. München 2017.

84 https://www.rnd.de/panorama/rainer-maria-woelki-staatsanwaltschaft-ermittelt-jetzt-in-zwei-faellen-gegen-koelner-kardinal-UVZ3H3NRPFU7C4ZFXKHGPDXC7U.html

85 https://www.zeit.de/2009/38/C-Kirche-Frauen

86 https://www.vatican.va/roman_curia/congregations/cfaith/ladaria-ferrer/documents/rc_con_cfaith_doc_20180529_caratteredefinitivo-ordinatiosacerdotalis_ge.html

87 https://www.domradio.de/themen/erzbistum-koeln/2019-10-29/alles-andere-sind-taschenspielertricks-woelki-debatte-ueber-frauenweihe-ist-definitiv-abgeschlossen

88 https://www.katholisch.de/artikel/25036-uni-bonn-suchte-priester-und-frau-als-professor-anzeige-geaendert

89 https://www.wiwo.de/politik/deutschland/carsten-frerk-ueber-die-privilegien-der-kirchen-warum-die-kirche-so-vermoegend-ist/12559868-2.html

90 https://www.deutschlandfunk.de/kirchen-in-deutschland-wirtschaftsbetriebe-mit-religioesem.886.de.html?dram:article_id=339538

91 https://de.wikipedia.org/wiki/OutInChurch, aufgerufen am 16.2.2023

92 Ebenda

93 https://www.weiberaufstand.com

94 https://www.emma.de/artikel/ehefrauen-duerfen-ihren-namen-behalten-265002

95 Ebenda

96 https://www.bmfsfj.de/blob/93896/4b19d8e2b198dae1cad6f102007cc53e/frauengesundheitsbericht-kapitel5-gewalt-data.pdf

97 https://www.emma.de/artikel/gender-gap-frauen-waehlen-anders-265922

98 https://de.wikipedia.org/wiki/Ehelicher_Beischlaf, aufgerufen am 3.6.2021

99 https://taz.de/Scheidungsprozess-in-Frankreich/!5755003/

100 https://www.facebook.com/tagesschau/videos/vergewaltigung-in-der-ehe-wird-strafbar/10155393962669407/

101 https://de.wikipedia.org/wiki/Ehelicher_Beischlaf, aufgerufen am 3.6.2021

102 https://www.buzzfeed.de/recherchen/das-wuerden-frauen-auf-twitter-wirklich-tun-wenn-sie-mannfuereinentag-waeren-90134825.html

103 https://www.gesetze-im-internet.de/stgb/__219a.html

104 vgl. www.gwi-boell.de/de/2016/04/14/selbstbestimmung-und-das-recht-auf-abtreibung

105 https://de.wikipedia.org/wiki/Kristina_Hänel, aufgerufen am 3.6.2021

106 https://www.spiegel.de/panorama/justiz/neues-urteil-zu-abtreibungsparagraf-219a-es-macht-keinen-sinn-a-1301020.html

107 https://www.tagesschau.de/ausland/polen-abtreibungen-101.html

108 https://www1.wdr.de/archiv/missbrauch/vergewaltigungsopfer100.html

109 https://www.tagesspiegel.de/gesellschaft/panorama/abgewiesenes-vergewaltigungsopfer-kritik-an-katholischen-kliniken-und-der-kirche-von-allen-seiten/7649804.html

110 Ebenda

111 https://twitter.com/jensspahn/status/422627124185669633?lang=de

112 https://frauenseiten.bremen.de/blog/purity-ball-das-ewige-geschaeft-mit-der-weiblichen-jungfraeulichkeit/

113 Ebenda

114 Ebenda

115 »Der Spiegel«, Ausgabe 7/2021 vom 12.2.2021

116 https://www.zeit.de/politik/deutschland/2021-02/frauen-politik-frauenfeindlichkeit-bundestag-umfrage-spiegel

117 »Sex und Gewalt« von Kollegah und MC Bomber

118 »Dynamit« von Kollegah und Farid Bang

119 »Der Spiegel«, Ausgabe 7/2021 vom 12.2.2021

120 https://www.derstandard.de/story/2000097655139/darum-fordern-rechtsextreme-die-abschaffung-des-frauenwahlrechts

121 https://www.sueddeutsche.de/politik/tobias-r-frauenhass-rechtsextreme-1.4809396

122 Ebenda

123 Amoklauf von Isla Vista

124 »Der Spiegel«, Ausgabe 7/2021 vom 12.2.2021

125 https://www.dw.com/de/gewalt-gegen-frauen-mehr-femizide-in-deutschland/a-55562981

126 https://www.tagesspiegel.de/politik/kavanaugh-anhoerung-im-us-justizausschuss-ich-dachte-dass-brett-mich-versehentlich-toeten-wuerde/23123694.html

127 https://www.frauenrechte.de/images/downloads/hgewalt/Sexuelle-Gewalt-in-Deutschland.pdf

128 https://de.statista.com/statistik/daten/studie/315920/umfrage/anteil-der-computerspieler-in-deutschland-nach-geschlecht/

129 https://www.pcgames.de/Studie-Thema-208650/News/Diese-Videospiel-Genres-spielen-Frauen-am-meisten-1218782/?_gsa=1&_js_v=a6&usqp=mq331AQHKAFQArABIA==

130 https://de.wikipedia.org/wiki/Figuren_aus_dem_Mario-Universum#Prinzessin_Peach, aufgerufen am 3.6.2021

131 https://www.newyorker.com/tech/annals-of-technology/zoe-quinns-depression-quest

132 https://www.faz.net/aktuell/feuilleton/medien/gamergate-wenn-kritik-kommt-hoert-das-spiel-auf-13232818.html

133 https://www.youtube.com/watch?v=JKKRBnpDpBY

134 https://www.youtube.com/watch?v=vwMI6uO8j1k

135 https://www.emotion.de/leben-arbeit/gesellschaft/menstruations-emoji

136 https://www.aidshilfe.de/blutspendeverbot-schwule-bisexuelle-maenner

137 https://www.independent.co.uk/voices/comment/here-s-why-i-ran-london-marathon-first-day-my-period-and-chose-not-wear-tampon-10455176.html

138 https://www.frauenrechte.de/informationen/nachrichten-aktuelles/aktuelles-zu-frauenrechten-allgemein/3694-die-monatsblutung-die-natuerlichste-sache-der-welt

139 »Die Unbeugsamen: Wie Frauen in einer Favela die Macht übernehmen«. Stern, 19.11.2019

Der Verlag Kiepenheuer & Witsch hat sich zu einer nachhaltigen Buchproduktion verpflichtet. Gemeinsam mit unseren Partnern und Lieferanten setzen wir uns für eine klimaneutrale Buchproduktion ein, die den Erwerb von Klimazertifikaten zur Kompensation des CO_2-Ausstoßes einschließt. Weitere Informationen finden Sie unter www.klimaneutralerverlag.de

FSC
www.fsc.org
MIX
Papier | Fördert gute Waldnutzung
FSC® C014496

1. Auflage 2023

Covergestaltung Barbara Thoben, Köln
Covermotive © Moritz Künster
Illustrationen Studio Mila
Gesetzt aus der Neutra und der Freight Text
Satz Wilhelm Vornehm, München
Druck und Bindung GGP Media GmbH, Pößneck

ISBN 978-3-462-00450-2